DAS GROSSE GU KOCHBUCH

KOCHEN FÜR GÄSTE & FESTE

Über 300 Rezepte, die sicher gelingen

AUTORIN: DAGMAR VON CRAMM
REZEPTFOTOS: BARBARA BONISOLLI UND MICHAEL BRAUNER

DAS GROSSE GU KOCHBUCH

KOCHEN FÜR GÄSTE UND FESTE

Auf einen Blick: Das alles

Organisieren ohne Stress

Rezepte für Gäste

steckt in diesem Buch

Zum Nachschlagen:

Organisieren ohne Stress

Wie organisiere ich ein Fest?

Ob spontan oder lange im voraus geplant: Feste feiern ist ein großes Vergnügen. Als Gastgeber können Sie ganz gelassen bleiben, wenn Sie die Vorbereitungen für den Freudentag Schritt für Schritt treffen. Denn mit guter Organisation klappt's einfach besser. In den Kästen finden Sie wichtige Anregungen zu Tischwäsche, zum Geschirr, zum Raum und last but not least zum Essen und Trinken übersichtlich zusammengefasst. Lassen Sie sich inspirieren! Wichtigste Zutat um den Überblick und einen kühlen Kopf zu behalten: die folgende Checkliste zum Abhaken.

Die Checkliste

- Der Anlass

Was wollen Sie feiern und in welchem Rahmen? Soll es eine große Fete, ein Familienfest, ein Stehempfang oder ein festliches Abendessen sein?

- Die Gäste

Wie viele und welche Gäste wollen Sie einladen? Das hängt natürlich vom Anlass ab und in welcher Größenordnung Sie die Feier gestalten wollen.

- Der Zeitpunkt

Wann wollen Sie feiern? Legen Sie ein Datum und den Beginn der Feier fest.

- Die Einladung

Wie soll die Einladung aussehen, die Sie versenden? Alles Wissenswerte über formelle oder lockere Einladungen finden Sie auf Seite 10.

- Die Räumlichkeiten

Wo wollen Sie feiern? Zu Hause: Im kleinen Kreis ist das kein Problem, bei vielen Gästen können Sie durch Umräumen Platz schaffen.
Auswärts: Rechtzeitig (schon etwa zwei bis sechs Monate vorher) daran denken, im Lokal oder Restaurant zu reservieren.

- Die Hilfen

Wer kann Ihnen während der Feier zur Hand gehen? Bei Feiern in kleinerem Kreis (unter 12 Personen) kann eine helfende Hand, z. B. eine gute Freundin, schon eine große Entlastung sein, damit Sie sich mehr auf Ihre Gastgeberrolle konzentrieren können.
Stehempfang oder formelles Essen – zu diesen Anlässen brauchen Sie Servicekräfte. Engagieren Sie Jugendliche aus dem Bekanntenkreis, Hilfen vom Studentenschnelldienst oder routinierte Aushilfen:
bei 12–20 Gästen – 1 Hilfe,
bei 20–35 Gästen – 2 Hilfen (davon 1 in der Küche), bei bis zu 50 Gästen – 3 Hilfen (1 davon in der Küche).
Alle Hilfen rechtzeitig vor Festbeginn in ihre Aufgaben einweisen.

- Das Essen und die Getränke

Womit wollen Sie Ihre Gäste verwöhnen? Holen Sie sich Anregungen und Appetit beim Schmökern in diesem Buch und nutzen Sie auch unseren Fest-Rezept-Wegweiser (S. 228–233). Stellen Sie dann Ihr Menü oder Buffet nach den Rezepten zusammen.
Passende Rezeptkombinationen für verschiedene Festanlässe stehen auch im Anhang dieses Buches nach dem Rezeptteil.
Soll's »Schnell« gehen, »Preiswert« oder »Gut vorzubereiten« sein, finden Sie Anregungen unter diesen Schlagwörtern ebenfalls auf den Seiten 228-233.
Außerdem sollten Sie Getränke jetzt schon aussuchen (S. 22/23), damit Sie sie rechtzeitig bestellen oder besorgen können.

Tischlein, deck Dich!

Schöne Tischdecken und Servietten gibt's in jedem Haushalt – für die kleine Runde. Doch was tun, wenn die Tischrunde größer ist als gewohnt?

- Peppige Meterware: ist dekorativ, sehr preiswert und in Kauf- und Einrichtungshäusern zu bekommen.
- Lackfolie: nahezu unverwüstlich und daher immer wieder verwendbar.
- Besonders hübsch: weiße oder bunte Folie mit Sets aus Rupfen (Jutegewebe) eindecken.
- Bodenlange Bettlaken: schön schlicht und sie kaschieren evtl. unschöne Tischbeine. Edel: zusätzlich eine Stoffbahn oder ein Tischtuch darüber raffen.
- Ausrangierte Tischtücher: kommen kräftig eingefärbt zu neuen Ehren, auch zu Servietten genäht. Witzig: Farbe passend zum Geschirr oder Fest-Motto aussuchen.
- Papier- und Vliesservietten: gibt es in enormer Auswahl und mit wunderschönen Dessins zu kaufen.
- Aus eins mach' vier: große, alte Servietten in vier kleine Quadrate schneiden und säumen.

Besteck, Gläser und Geschirr

Wenn der eigene Bestand nicht reicht:

- Bei Gläsern kein Problem: Kaufen Sie die Getränke für Ihre Feier bei einem Händler, der Ihnen die Gläser gleich mitliefert – zum Nulltarif!
- Geschirr können Sie beim Partyservice oder Haushaltsfachgeschäft ausleihen. Günstiger: Weißes Glaskeramikgeschirr kaufen. Es ist zeitlos, unzerbrechlich und lässt sich platzsparend stapeln.
- Besteck: Sonderposten in Kaufhaus oder Fachhandel nutzen. Oder Ausleihen – im Fachhandel, bei Freunden, bei Verein, Kantine oder Gemeinde. (www.allerleih.de)
- Servierplatten gibt's günstig aus Pressglas. Bei Bestellung liefern Metzger und Partyservice sie mit. Preiswert: Tabletts und Backbleche mit Alufolie überziehen.
Chic: Glasplatten und Spiegel. Rustikal: Holzbretter in passenden Größen.
- Schüsseln: bunt mischen. Sehen auch in unterschiedlichen Farben, Mustern und Größen gut zusammen aus.

• Die Sitzordnung
Wer sitzt wo und neben wem? Was Sie dabei beachten sollten, erfahren Sie auf Seite 14.

• Die Dekoration
Wie wollen Sie Ihre Räume gestalten und den Tisch decken? Lassen Sie sich von den Anregungen auf dieser und den nächsten Seiten inspirieren.

• Das Rahmenprogramm
Wollen Sie Ihre Gäste mit einem besonderen Unterhaltungsprogramm überraschen?
Planen Sie Zeit und Platz dafür ein. Wollen Sie Profis engagieren, finden Sie in den gelben Seiten des Telefonbuchs unter den Begriffen »Artisten«, »Künstler«, »Musikkapellen« oder bei der Künstleragentur des Arbeitsamtes die passenden »Animateure«.

• Der Einkauf
Welche Lebensmittel brauchen Sie für die Feier? Schreiben Sie sich Listen, bestellen und kaufen Sie alles Nötige ein. Mehr dazu auf Seite 11.

• Die Zubereitung
Welche Gerichte lassen sich gut vorbereiten oder im voraus kochen und einfrieren?
Mit einer guten Planung können Sie die Arbeit kräfteschonend auf mehrere Tage verteilen (S. 11).

Der Countdown läuft ...

Am Vortag und am Festtag selbst sollten Sie an Folgendes denken:
1. Räume vorbereiten, evtl. umräumen und dekorieren.
2. Tische decken und Buffet aufbauen.
3. Platz für die Garderobe der Gäste schaffen, z. B. im Schlafzimmer.
4. Vasen für Blumengeschenke bereitstellen.
5. Getränke kühlen: vom Händler vorkühlen lassen und mit Kühlelementen, z. B. in einem Wäschekorb, weiterkühlen. Für eine kleinere Einladung die Flaschen am Vortag in den Kühlschrank legen.
6. Evtl. Sitzordnung und Tischkarten schreiben, gut sichtbar aufhängen bzw. auf die Tische stellen.
7. Evtl. WC-Schild malen.
8. Schöpferische Pause: mindestens eine halbe Stunde vor Festbeginn einlegen. Wenn es Ihnen gut geht, überträgt sich das auch auf die Gäste.

Der Tag danach ...

So schön der Abend ist – der nächste Morgen kommt bestimmt. Gut, wenn die Hilfen abends die Küche schon aufräumen, soviel wie möglich spülen und wegräumen. Sie werden am nächsten Morgen dankbar dafür sein.

Haben Sie auswärtige Gäste, sollten Sie ab 11 Uhr ein Katerfrühstück ansetzen. Denn jeder wird ohnehin vorbeikommen, um sich zu verabschieden. Da erwartet keiner mehr kulinarische Höhenflüge: Reste essen ist angesagt, allenfalls frische Brötchen und Laugengebäck besorgen, eine heiße Suppe, Kaffee und Tee anbieten. Und wenn schwere Tische zu schleppen sind, sollten Sie gleich um Hilfe bitten, bevor Sie alleine zurückbleiben.

Platz ist in der kleinsten Hütte

Mit sinnvoll genutzten Zimmern, geliehenem Mobiliar und kreativen Ideen schaffen Sie sich im Handumdrehen Raum für Ihre Feier:

• Platzregel: Pro Gast genügen 2 qm, dann wird es vielleicht eng, aber gemütlich.
Sitzgelegenheiten schaffen:
• Küche zum Buffet umfunktionieren: einfach dort Speisen und Getränke aufbauen.
• Sitzgruppen, schmale Bierbänke und kleine Beistelltische im Flur verteilen.
• Schmale Tische und Bänke, vom Getränkehändler geliehen, bieten auf wenig Raum vielen Gästen Platz.
• Klapp- und Gartenstühle einfacher Art passen immer gut zusammen – bei Freunden ausborgen.
• Tapeziertische ergeben, mit schönen Tüchern verhüllt und evtl. zusätzlich abgestützt, prächtige Tafeln.
• Tischlerplatten vergrößern jeden normalen Tisch. An der Unterseite Leisten anbringen, damit nichts verrutscht.
• Kommunikativ: eine Stehparty ist ideal für offizielle Empfänge oder kurze Anlässe geeignet, da die Gäste nicht so lange bleiben.
Extratipp: Wenn Sie wirklich keinen Platz haben, fragen Sie bei Ihrer Gemeinde, bei Vereinen, Museen oder Selbsthilfegruppen nach, ob Räume gemietet werden können.

Essen & Trinken gut geplant

Gute Organisation ist das Geheimnis jedes gelungenen Festes. Bei Essen und Trinken können folgende »Strategien« helfen:

• Listen Sie auf, welche Arbeiten für Menü oder Buffet anfallen.
• Verteilen Sie die Arbeit auf mehrere Tage, indem Sie gut vorzubereitende Gerichte, die Sie fix und fertig einfrieren können, mit Speisen kombinieren, die Sie frisch zubereiten wollen.
• Nutzen Sie Backofen und Herd gleichermaßen aus – vermeiden Sie Doppelbelegungen.
• Überlegen Sie, ob einzelne Teile von Buffet oder Menü durch Halbfertigprodukte ersetzt oder beim Partyservice zugekauft werden können (S. 20/21).
• Richten Sie Ihre Zutatenauswahl nach der Saison.
• Das Auge isst mit: Sorgen Sie für farbliche Variationen in der Menüfolge oder auf dem Buffet.
• Abwechslung ist angesagt: Gehaltvolles und Leichtes, Knackiges und Cremiges, Fisch, vegetarische Gerichte und Fleisch im Wechsel auftragen oder auf dem Buffet kombinieren.
• Nehmen Sie sich Zeit, die Getränke im voraus auszusuchen und einzukaufen.

Einmaleins der Einladungen

Eine Einladung muss sein

… aber nicht unbedingt schriftlich und formvollendet. Im Gegenteil, die Sitten sind lockerer geworden. »Surprise-Parties« mit spontanem Rundruf werden in Zeiten ansonsten langfristiger Terminplanung immer beliebter. Erst ab 10 Personen ist es einfacher, schriftlich einzuladen. Diese Form der Einladung hat sich auch bei noch größeren Festen oder offiziellen Anlässen bewährt. Sie verlieren sonst leicht den Überblick!

Wie lange vorher?

- Spontanparty: per Telefon 1–2 Tage vorher.
- Kleines Abendessen mit Freunden, familiärer Brunch, Kaffeeklatsch oder Kinderfest: per Telefon oder Fax 1–2 Wochen vorher, zu Brunch oder Kaffeeklatsch kann man bei guten Freunden auch ganz kurzfristig 1–2 Tage vorher einladen.

Halten Sie sich bei schriftlichen Einladungen an die gesellschaftlich üblichen Fristen:
- nicht zu früh, damit die Einladung nicht vergessen wird.
- nicht zu spät, damit sich der Eingeladene nicht als Lückenbüßer fühlt.

Traditionelle Fristen:
- Mittagessen – geschäftlich oder privat: 2–3 Wochen
- Empfang oder Cocktailparty: 3–4 Wochen
- Festliches Abendessen: 4–6 Wochen
- Wichtiges Familienfest: 6–8 Wochen
- Hochzeit oder ein anderes großes Fest: 10–12 Wochen vorher.

Extratipp: Bei sehr wichtigen Festen 3–4 Monate vorher eine schriftliche Vorankündigung schicken – die Einladung folgt dann später.

Die 5 Ws der Einladung

Wer lädt wen wozu wann und wohin ein? Diese Informationen gehören auf jede Einladung, ob formell oder locker. Auf der abgebildeten Musterkarte ist zu sehen, wo diese Informationen ganz klassisch platziert sind:

- **Wer?**

Auf den Briefkopf kommt ganz nach oben, wer einlädt. Geht die Einladung an Freunde, wird die Anrede »Herr« und »Frau« durchgestrichen oder ganz weggelassen.

- **Wen?**

Es folgen die Namen der Gäste. Auch hier bei engen Freunden nur die Vornamen nennen, bei Verwandten evtl. die verwandtschaftliche Bezeichnung: z. B. Tante Marga, Mami, Patenonkel Philip, am besten handschriftlich.

- **Wozu?**

Dann folgt der Anlass, zu dem eingeladen wird.

- **Wann?**

Links unten erscheint nach »U.A.w.g.« (Um Antwort wird gebeten) oder formeller das französische »r.s.v.p.« (réponse, s'il vous plaît) das Datum, bis zu dem Sie eine Zu- oder Absage erwarten.

- **Wohin?**

Die Adresse und Telefonnummer des Gastgebers ist immer rechts unten abgedruckt, auch wenn in ein Lokal eingeladen wird. Dessen Adresse steht direkt beim Anlass der Einladung, also: Abendessen im Restaurant XY, Talstr. 1, Hof. Die Zu- oder Absage soll aber immer an die Adresse des Gastgebers gehen.

- **Anzug**

Bei offiziellen Anlässen und großen Festen ist es wichtig, noch einen Hinweis auf die Garderobe zu geben. So weiß jeder Gast, woran er ist. Meist wird nur das Herrenoutfit genannt – die Damen wissen dann, was sie erwartet. Wenn Sie allerdings gerne alle in Lang sehen möchten, sollten Sie das dazuschreiben: Abendkleid (lang).

Herr und Frau Edgar und Dagmar von Cramm
bitten

Herrn Magnus Huber und
Frau Dr. Cornelia Meier

zu einem Abendessen
am Freitag, dem 8. August 2003 um 20.00 Uhr

U.A.w.g. bis 31. 7. 03
Dunkler Anzug
oder Blazer

Milchstraße 22
87342 Schönberg
Telefon (0 40) 4 23 15

Die Form

Karten wie oben abgebildet können Sie relativ preiswert drucken lassen – das lohnt sich, wenn Sie öfter einladen. Gäste, Anlass und Zeit werden freigelassen und von Ihnen handschriftlich ergänzt. Sind Sie mit Computer ausgerüstet, können Sie sie selber gestalten, ausdrucken und dann auf Briefkarten kopieren. Es gibt dazu zahlreiche Programme. Aber auch in diesem Fall die Namen handschriftlich einsetzen.

Mit Phantasie gestalten

Wenn's nicht ganz so formell wird, können Sie bei der Gestaltung der Karten Ihrer Phantasie freien Lauf lassen. Das macht Ihren Gästen schon Lust auf's Fest! Wie wär's damit:
- Für ein Fischessen wellenförmig geschnittenes Schmirgelpapier auf blauen Karton setzen, obenauf Muscheln kleben.
- Neonsternchen auf nachtblauen Lackkarten für die Mitternachtsfete.
- Die Nationalfarben (rot und gelb) für eine Einladungskarte zu einem spanischen Abend, Karte mit schönem Spitzenband zusammenhalten.
- Lavendelzweige auf lavendelfarbenem Karton mit einer Schleife fixieret: schön für eine Einladung zum provençalischen Fest.
- Zur arabischen Nacht bitten Sie mit einer tauben- oder nachtblauen Karte mit arabischen Schriftzeichen und Verzierungen aus Siegellack.
- Pastellfarbene Karten in Blütenform passen zum Sommerfest.

Einkauf und Mengenlehre

Zeitplan für den Einkauf

Das Geheimnis guter Organisation: soviel wie möglich, so früh wie möglich erledigen! Das zweite Geheimnis heißt: delegieren. Denn wenn Sie über beide Ohren in Aktivitäten verstrickt sind, verlieren Sie schnell den Überblick. Wer gut plant, kann leichter delegieren. So mancher Gast bietet Hilfe an – gut, wenn Sie dann gleich eine Aufgabe parat haben und abhaken können. Auch die eigene Familie schätzt es, wenn sie rechtzeitig vorgewarnt wird.

Einkaufsplan

- Wählen Sie aus dem Rezeptteil die Rezepte aus, die Sie kochen wollen. Berücksichtigen Sie dabei die Saison, das macht die Beschaffung preiswerter und einfacher.
- Legen Sie die Mengen fest. Unsere Rezepte enthalten immer eine kleine Reserve.
- Schreiben Sie sich Einkaufslisten nach Produktgruppen getrennt. Sie können Ihre Besorgungen so zielgerichteter machen und sparen viel Zeit. Extratipp: Nach dem Einkauf Vorräte für die Feier kennzeichnen, sonst ist die Hälfte davon bis zum großen Tag womöglich wieder verschwunden.
- Schreiben Sie eine Checkliste, was wer wann erledigen sollte.

1–2 Wochen vorher

- Haltbares wie Mehl, Butter, Gewürze, Nüsse und Samen, Essig und Öl, Konserven oder Tiefkühlprodukte in Ihren Vorräten überprüfen. Fehlendes auf eine Liste setzen und ergänzen.
- Getränke besorgen oder bestellen.
- Spezialitäten vorbestellen. Manche Zutaten (Fleisch, Fisch, Meeresfrüchte) sind nicht immer vorrätig. Bestellen Sie sie im zuständigen Geschäft für den richtigen Zeitpunkt.
- Für Gerichte, die Sie vorkochen und einfrieren möchten, jetzt schon alle Zutaten besorgen.

2–3 Tage vorher

- Käse einkaufen, in Frischhaltefolie schlagen, kühl lagern.
- Milchprodukte und Eier einkaufen, im Kühlschrank lagern.
- Festes, dickschaliges Gemüse wie Kohl, Auberginen und Gurken kaufen.

Am Vortag

- Obst einkaufen: dickschaliges Obst lässt sich länger, Beeren nur sehr kurz lagern.
- Frische Kräuter besorgen, waschen, vorbereiten und in dicht schließenden Plastikboxen kühl lagern. Extratipp: Erntefrisch sind Kräuter in Töpfchen.
- Blattsalate und -gemüse kaufen, evtl. putzen, waschen, in Plastiktüten wickeln und kühl lagern.
- Spargel besorgen, evtl. schälen, in feuchte Tücher schlagen, ins Gemüsefach legen.
- Von Wurzelgemüse und Radieschen nach dem Einkauf Blätter entfernen, sie entziehen den Wurzeln Energie und lassen sie welken.
- Vorbestelltes wie Fleisch, Fisch, Meeresfrüchte, aber auch Blumen im entsprechenden Geschäft abholen.

Am Festtag

Möglichst nichts mehr kaufen – das kostet Sie zuviel Zeit und Nerven.

Wer liefert frei Haus?

- Einzelhändler um die Ecke.
- Gute Kaufhäuser mit Lebensmittelabteilungen liefern ab einem bestimmten Warenwert.
- Heimdienste liefern Ihnen Tiefgefrorenes frei Haus.

Tipp: Rufen Sie beim Lebensmittelhändler an, wenn Sie spezielle Vorstellungen haben – das erspart Lauferei.

Kleine Mengenlehre: wieviel wofür?

Bei ungewohnten Mengen gerät selbst die routinierte Hausfrau ins Schleudern. Hier einige grobe Richtwerte pro Person für ein viergängiges Menü bzw. für ein Buffet. Je mehr Gänge ein Menü hat, desto kleiner wird natürlich die einzelne Portion. Und je umfangreicher ein Buffet, desto kleiner darf die Menge der einzelnen Bestandteile sein.

Gericht	als Vorspeise/Beilage	als Hauptgang
Klare Brühe	150–200 ml	
Suppe	200–250 ml	400 ml
Salat	100 g	200 g
Fisch	50–100 g	150–200 g
Fleisch	50–80 g	150–200 g
Gemüse	150–200 g	300–350 g
Kartoffeln	150–200 g	300 g
Reis, Teigwaren, Getreide (Trockengew.)	50–70 g	80–100 g
Saucen (gehaltvoll, cremig)	80 ml	
Saucen (leicht, dünnflüssig)	125 ml	
Brot & Brötchen	80–100 g	
Dessert	150–200 g	300–350 g
Käse	50 g	80–100 g
Obst	80–100 g	
Gebäck, 1 runde Form (Ø 24–26 cm):	für 12 Pers.	für 3–4 Pers.
1 Backblech:	für 20 Pers.	für 5–6 Pers.

Feste feiern mit Freunden

Wer mit Freunden, Kollegen und Bekannten feiert, dem sind (fast) keine kreativen Grenzen gesetzt. Allerdings: auch der lockeren Einladung tut ein bisschen Planung gut.

Einladung? Spontan!

Per Rundruf laden Sie ein, wenn Sie im kleineren Kreis feiern. Per Fax, Brief oder Karte: bei größeren Feten. Extratipp: Peppen Sie ein Einladungsfax mit einem witzigen Cartoon oder Foto auf.
Wenn Sie um Rückmeldung bitten wollen und Ihnen »U.A.w.g.« (Um Antwort wird gebeten) zu förmlich oder konventionell ist, schreiben Sie »Bitte um Zusage bis ...« oder »Wenn Ihr nicht kommen könnt, sagt bitte bis ... Bescheid.«

Kreative Tisch-Ideen

Die Basis für das harmonische Gesamtbild einer jeden Tischdekoration bildet die passende Tischauflage:
- Lackdecken: unifarbene sind eine ideale Unterlage für bunte Servietten, verschiedenfarbige Schals zum Darüberraffen oder kleinere Stoffdecken, die diagonal darüber gebreitet werden können. Besonders schön: Decke lang herunterhängen lassen.
- Durchsichtige Foliendecken: eine langfristig lohnende Investition! Sie können darunter, z. B. bei Jubiläen, Collagen alter Fotos fixieren, eine Landkarte für das »Nach-Urlaubstreffen«, schönes Geschenkpapier und anderes.
- Packpapier: edel mit Naturmaterialien und der Farbe Weiß kombiniert. Raffen Sie Baststränge über den Tisch, umlegt mit allerlei Zapfen, Nüssen oder Kastanien. Oder legen Sie Gruppen mit Moos, Pilzen und Sammelgut darauf.
- Weißes Papier: witzig für Zeichenkünstler: Malen Sie für jeden Gast den Umriss von Teller, Set mit Name und Besteck auf. Das Papier finden Sie in Bastelläden und beim Party-Bedarf in Kaufhäusern.
- Reisstrohmatten: verbreiten Ferienstimmung. Mit Blüten von Hibiskus bis Bougainvillea dekorieren.
- Tisch üppig: Raffen Sie quer über die blanke Tafel duftige Stoffschals (aus Resten oder Seidenschals, notfalls Kunstseide kaufen). Mit Kordeln, Geschenkband oder Perlenschnüren umschlingen. Murmeln, Perlen oder Glitzersteine in die Falten legen.
- Tisch pur: Strenge Läufer, die fast die ganze Tafel bedecken, ein schöner Stoff quer über den Tisch gelegt, schlichte Sets aus strukturierten Materialien sind trendy. Sie lassen sich mit Windlichtern, einzelnen Blüten und anderen Naturmaterialien aufpeppen.

Weitere Tipps finden Sie bei Mottofesten (S. 226).
Extratipp: Feiern Sie draußen, sehen Windlichter auf den Tischen sehr schön aus. Gläserne Vasen oder Wassergläser mit großer Öffnung halb mit Sand füllen, Kerzen hineinstellen. Auch Fackeln, Lampions oder Lichterketten geben im Garten, auf Balkon oder Terrasse ein schönes Licht.

Tolle Sets

Jede Tafel wird noch bunter und vielseitiger, wenn Sie sie mit Sets decken, die Sie ganz leicht selbermachen können:
- Rupfensets: Schneiden Sie Rupfen (Jutegewebe) in der passenden Größe zurecht und fransen Sie ihn rundherum aus.
- Auch toll: Kopien von alten Klassenfotos, traumhaft schönes Geschenkpapier, Kalenderblätter oder Konfetti auf dünnen Karton legen und mit selbstklebender Klarsichtfolie kleckerfest machen.
- Wirkungsvoll: Gepresste Herbstblätter zwischen zwei Folien legen.
- Ganz einfach: Bunte Bastelwellpappe mit wellig geschnittenem Sandpapier bekleben. Muscheln und Plastikseepferdchen darauf fixieren.
- Niedlich: Rechteckige silberne Konditordeckchen mit Kinderfotos bekleben, mit Klarsichtfolie überziehen.
- Bunt: Farbkopien einer Straßenkarte (z. B. von Italien) mit aus einer (italienischen) Zeitschrift ausgeschnittenen Schlagzeilen bekleben.

Lust auf Meer?

Decken Sie in türkisblauem Lack oder mit einer blauen Tischdecke oder mit Papier. Darauf kleine Inseln aus Sand und Muscheln gestalten. Schön dazu: Glasschalen mit »Meeresgrund« und Schwimmkerzen.

Ein Hauch von Exotik

Legen Sie statt Sets Palmblätter unter die Teller. Evtl. mit Folie abdecken und auf der Tafel Orchideen- oder Hibiskusblüten arrangieren.

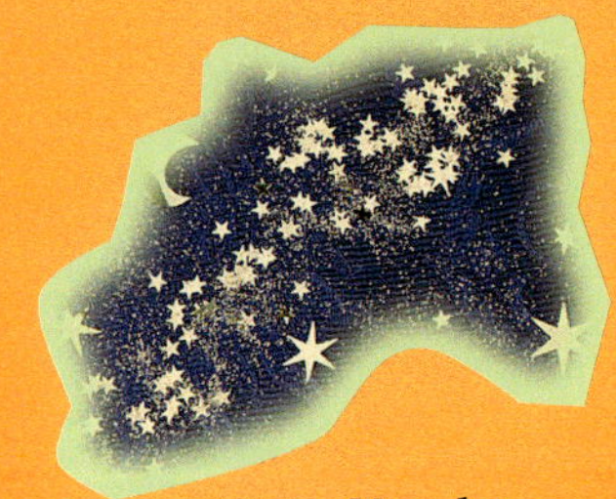

1001 Nacht

Monde und Sterne aus Glanzpapier ausschneiden und auf nachtdunklem Untergrund verteilen. Große Sterne als Untersetzer für Stumpenkerzen nutzen. Mit kleinen Glitzersternen eine Milchstraße über die Tafel ziehen. (siehe auch S. 226)

Checkliste für Last-Minute-Gastgeber

Für alle, die mit einem Vorbereitungstag auskommen müssen und vor Eintreffen der Gäste nur 3 Stunden Zeit haben:

Am Vortag
- Rezepte planen – wählen Sie das aus, was Ihnen leicht von der Hand geht und was Saison hat. (Mein Tipp: Blitz-Kürbissuppe, S. 84; Tomatenscheiben mit Ziegenkäse, S. 62; Lachs aus dem Bratschlauch, S. 146; Basmatireis (Variante), S. 170; Schokosahne auf Ananas, S. 202.)
- Vorräte sichten – einkaufen.
- Getränke kalt stellen, Eiswürfel gefrieren.
- Wohnung optisch auf Vordermann bringen.
- Abends schon das Dessert, den Dip bzw. das Dressing oder die Suppe zubereiten. Evtl. Fisch oder Fleisch marinieren.

Morgens
- Lüften!
- Bad okay?
- Tisch decken, Vorlegebesteck, Tabletts, Gläser für den Aperitif nicht vergessen.
- Kleinen Kochplan für den Nachmittag machen.

3 Stunden vorher
- Auf dem Heimweg von der Arbeit fehlende Kleinigkeiten wie Servietten, Brot oder Blumen kaufen.
- Kochplan sichten. Mit den Vorarbeiten zu den Gerichten beginnen, die die längste Garzeit haben.

2 Stunden vorher
- Rechnen Sie aus, wann das Essen wirklich auf dem Tisch stehen soll (Aperitif nicht vergessen!). Garzeit zurückrechnen – jetzt evtl. mit Kochen und Backen beginnen.
- Evtl. noch schnell unter die Dusche, nachher kommen Sie nicht mehr dazu.

1 Stunde vorher
- Platten und Schüsseln bereitstellen, evtl. vorwärmen.
- Flaschenkühler bereitstellen.
- Rohkost/Gemüsesalate anrichten.
- Vorspeisen auf die Teller verteilen, auf die Plätze stellen.
- Brot auftischen.
- Kochliste durchgehen – nichts vergessen?

5 Minuten vorher
- Anrufbeantworter einstellen, Haare durchschütteln, Lippenstift … tief durchatmen.
- Entspannt die Gäste erwarten.

Food: praktische Tipps & Tricks

Planen Sie Speisen, die Sie gut vorbereiten können. So haben Sie eine Menge Luft und können sich in aller Ruhe Ihren Gästen widmen:

- Pasteten und Terrinen sind z. B. lange im voraus zuzubereiten – eine ideale Vorspeise!
- Kalte Vorspeisen schon auf Tellern arrangieren und kurz bevor die Gäste eintreffen auf die Plätze stellen.
- Suppen sind besonders praktisch bei einem größeren Kreis. Man kann sie gut vorbereiten und bis zum Tag der Feier einfrieren.
- Dressings lassen sich gut schon am Vortag im Schüttelbecher mixen und kühl aufbewahren. Dann in letzter Minute über den Salat geben.
- Große Braten ganz einfach, wenn sie im Backofen zubereitet werden. Ausnahme: alles, was viele Knochen hat und tranchiert werden muss.
- Fisch und Fleisch bleiben im Bratschlauch oder mit Alufolie abgedeckt saftig, auch wenn sie ein paar Minuten länger im Backofen bleiben müssen als geplant.
- Reis lässt sich nach dem Kochen ganz einfach im geschlossenen Topf bei schwacher Hitze körnig und heiß halten.
- Gratins oder pikantes Gebäck in tischfeinen Formen zubereitet, sind servierfertig und bleiben lange heiß.
- Desserts am besten in eine große Dessertschüssel füllen, eine Charlotte oder Eisbombe vorbereiten, fertig dekorieren und kalt stellen bzw. tiefkühlen.

Extratipp: Wollen Sie etwas warm halten, in Schüsseln geben, ein tiefes Backblech mit etwas Wasser füllen, Backofen auf 80° (Umluft 60°) heizen, Schüsseln ins Wasserbad stellen.

Ganz entspannt bewirten

Mit Freunden zu essen, soll einfach Spaß machen – auch dem Gastgeber. Sie wollen keine Bedienung, keine strengen Regeln, aber das Essen soll warm auf den Tisch kommen. Sind Sie zu zweit, verteilen Sie die Arbeit gerecht untereinander: Der »Koch« serviert, der andere übernimmt das Abräumen und das Ein- und Nachschenken der Getränke. Sind Sie allein, delegieren Sie die Versorgung der Gäste mit Getränken an einen Freund.

Die festliche Einladung

Große Feste und kleine feine Einladungen sind selten, aber wichtig. Beachten Sie ein paar wenige Regeln und Sie bestehen diese Feiern mit Bravour. Und auch der Spaß kommt nicht zu kurz.

Wer sitzt wo?

Bei offiziellen Anlässen ist eine Tischordnung unerlässlich. Das hat etwas mit Tradition und Rangordnung, aber auch mit Unterhaltung und Harmonie zu tun. Fragen Sie sich zunächst:

- Wer kommt mit wem gut zurecht?
- Wer redet gern, wer schweigt lieber?
- Besprechen Sie dann die Sitzordnung mit Ihrem Partner.
- Erleichtern Sie sich die Planung, indem Sie die Namen Ihrer Gäste auf kleine Zettel schreiben, die sie hin- und herschieben können.

Durch diese sorgfältige Vorarbeit schaffen Sie eine ausgewogene, unterhaltsame Basis für Ihr Fest. Konflikte und Langeweile werden von vornherein vermieden.
Abgesehen von diesen kommunikativen Strukturen gibt es auch einige Grundregeln, die Sie kennen sollten:

- Der wichtigste männliche Gast sitzt rechts neben der Hausfrau, das weibliche »Gegenstück« rechts vom Hausherrn.
- Der zweite Ehrenplatz ist an der linken Seite der Hausfrau bzw. zur Linken des Hausherrn.
- Damen und Herren sollten möglichst in »bunter Reihe« sitzen, der »Tischherr« dabei immer links von seiner Dame. Er kümmert sich darum, dass ihr Glas nicht leer wird und sie sich nicht langweilt. Er tanzt mindestens einmal mit ihr.
- Ehepaare nicht, Verlobte immer nebeneinander setzen.
- Engste Familienmitglieder und beste Freunde bekommen die »abgelegeneren« Plätze – sie dürfen sich durch dieses Vertrauen geehrt fühlen.
- Bei zwei Tischen sitzt die Hausfrau an dem einen, der Hausherr am anderen Tisch.

Von diesen Regeln abgesehen, haben Sie den größten Erfolg, wenn Sie mutig mischen: Familien, Altersgruppen, Berufsstände, Freundeskreise.

Tischkarte: klein & fein

Wie findet der Gast seinen Platz?
Ist die Gästezahl groß oder wollen Sie besonders festlich feiern, sind Tischkarten ideal:

Bei großen Festen wie einer Hochzeit können Sie statt vieler Tischkarten auch eine große Liste schreiben. Darauf die vorhandenen Tische mit Nummern versehen abbilden und den Gästen zuordnen. Die Liste mehrfach kopieren und gut sichtbar an verschiedenen Stellen aushängen.

- schlichte weiße Karten flach auf die Serviette legen oder
- einmal knicken und hinter den Teller stellen.

Gut dafür geeignet: Fotokarton aus dem Bastelgeschäft, den Sie passend schneiden.

Was gehört auf die Kärtchen?
Bei offiziellen Anlässen: die Anrede »Frau« oder »Herr« ohne akademische Titel mit dem Nachnamen.
Bei Freunden und Bekannten: Vor- und Nachnamen.
Bei engen Freunden: nur der Vorname.
Bei engen Familienfesten: die familiäre Anrede.
Die Gastgeber: erscheinen als »Hausfrau« und »Hausherr« oder einfach mit ihren Vornamen. Steht eine bestimmte Person im Mittelpunkt einer Feier, kann das auf ihrer Tischkarte stehen: z. B. »Geburtstagskind« oder »Jubilar«.

Tisch- und Menükarte

Eine schöne Erinnerung bei Familienfesten ist eine Kombination aus Tisch- und Menükarte. Auf die Front einer Doppelkarte kommt der Name des Gastes und das Foto des Tages. Innen liegt die Menükarte. Beides ist mit einer Kordel oder Bast zusammengehalten.

Die Aufteilung:

- Anlass und Datum stellen Sie auf die rechte Seite der Karte oben.
- Das Menü erscheint ebenfalls auf der rechten Kartenseite. Listen Sie die einzelnen Gänge – durch einen Abstand klar voneinander getrennt – untereinander auf.

- Die Getränke, z. B. Aperitif, Weine und Digestif, listen Sie parallel zu den dazugehörigen Speisen auf der linken Kartenseite auf.

Bitte zu Tisch
Ein festlich gedeckter Tisch ist der magische Anziehungspunkt für jede Feier. Ganz leicht geht Ihnen das Eindecken mit folgenden Grundregeln von der Hand:
Das Gedeck
Planen Sie pro Gedeck mindestens 60–70 cm Platz ein, sonst kommen sich Ihre Gäste ins Gehege. Platzteller und Griffe des größten Bestecks etwa eine Daumenbreite von der Tischkante entfernt platzieren.
Platzteller
Als Platzhalter sehr dekorativ, aber nicht zwingend nötig. Jeder Teller, der größer als der Speiseteller ist, erfüllt diese Funktion.
Der Speiseteller
Das ist der Teller für den Hauptgang. Decken Sie ihn (ohne das Essen) ein und servieren Sie dieses in Schüsseln und auf Platten.
Vorspeisenteller
Der kleine Bruder des Speisetellers. Er entspricht dem Frühstücks- und Dessertteller. Besonders praktisch: Die Vorspeise schon eindecken, bevor die Gäste sich setzen. Drapieren Sie die Serviette dann neben dem Teller.
Suppentassen
Mit Untertassen auf den Speiseteller gesetzt, sind sie ideal für Essenzen und klare Bouillons. Alternative: Kaffee- oder Teetassen. Die Henkel dann nach links drehen.
Tiefe Teller
Meist nur für gebundene Suppen oder Pasta. Flache Suppentassen gelten als feiner.
Brotteller
Steht links vom Platzteller und wird erst zum Dessert abgeräumt.
Dessertteller oder -schale
Dessertteller entweder schon mit dem Dessert nach der Hauptspeise auftischen, oder aber leere Teller eindecken und das Dessert ganz familiär in großen Schüsseln anbieten.
Besteck
Hier gilt die Regel: Es wird von außen nach innen »gegessen«. Links neben dem Teller liegen die Gabeln, rechts die Messer und evtl. ein Suppenlöffel. Quer oberhalb des Platztellers liegt das Dessertbesteck: beim Löffel zeigt der Griff nach rechts, bei der Gabel nach links. Übrigens: Auch zum Fischgang können Sie heute ohne weiteres mit »normalen« Messern und Gabeln decken.
Gläser
Sie stehen rechts oberhalb des Tellers und der Gast arbeitet sich von rechts nach links vor. Das Wasserglas steht dabei vor dem Glas für den Hauptgang. Ist der Platz knapp, die Gläser im Block zusammenstellen.
Servietten
Am feinsten sind immer Stoffservietten. Auf Flohmärkten bekommt man alte Exemplare im Riesenformat – sie lassen sich meist vierteln zu Servietten normaler Größe. Mehr zum Thema Servietten auf der nächsten Seite.

Echter Service
Bei einem festlichen, »gesetzten« Essen ist Bedienung eine große Hilfe. Das müssen jedoch nicht immer Profis sein (siehe S. 8).
Grundregel beim Servieren: von links auftragen, von rechts abräumen.
Zusätzliche Erleichterung: Auch das Nachschenken der Getränke delegieren.

Blumen, Bänder, Kerzen ...

Je eleganter das Geschirr, desto schlichter darf die Dekoration sein. Drei Dinge machen den Tisch zur Augenweide: Blumen, Bänder und Kerzen. Achten Sie darauf, dass sie farblich harmonieren.

- Gestecke auf der Tafel platzieren, wenn Sie Platz haben. Sie sollten jedoch nicht zu hoch sein – das stört den Blickkontakt zum Gegenüber.
- Bänder, zu Schleifen gebunden, setzen auf einem gerafften Tischtuch farbliche Akzente. Als Tischläufer machen sie sich als Mittellinie der Tafel gut, und die übrige Dekoration kann sich entlang dieser Linie gruppieren.
- Lange Kerzen in schönen Leuchtern wirken besonders festlich. Alternativen sind dekorative Stumpenkerzen auf schlichten Glastellern. Auch Schwimmkerzen oder Teelichter in Gläsern sind dezente Lichtspender.

Romantisch:
Efeu, Weinlaub oder andere Ranken dekorativ über die Tischmitte laufen lassen bzw. Kerzenleuchter oder Teller damit umkränzen. Einzelne schöne Blätter evtl. mit Namen auf Servietten legen. Besonders haltbar: Ranken und Blätter am Vortag mit Bronze einsprühen.

Einfache Frühlingsdeko:
Kleine Topfblumen in bemalte Tontöpfe mit dekorativer Bauchschleife oder Kordel, passend zum Geschirr, stellen.

Stimmungsvoll:
Kerzen auf Spiegelplatten arrangieren und damit ihre Lichtwirkung vervielfachen.

Herbstlich-rustikal:
Die Tafel mit buntem Herbstlaub, Kastanien, Eicheln schmücken. Für den Advent: Girlanden oder Sträuße aus Tannenzweigen oder Stechpalme mit Äpfeln oder vergoldeten Nüssen kombinieren.

Preiswert und einfach:
Rosenblätter üppig auf die Tafel verstreuen. Oder voll erblühte Blumenkelche (Rosen, Chrysanthemen, Hortensien, Tulpen) mit Schwimmkerzen in großen, mit Wasser gefüllten Schalen schwimmen lassen.

Servietten falten

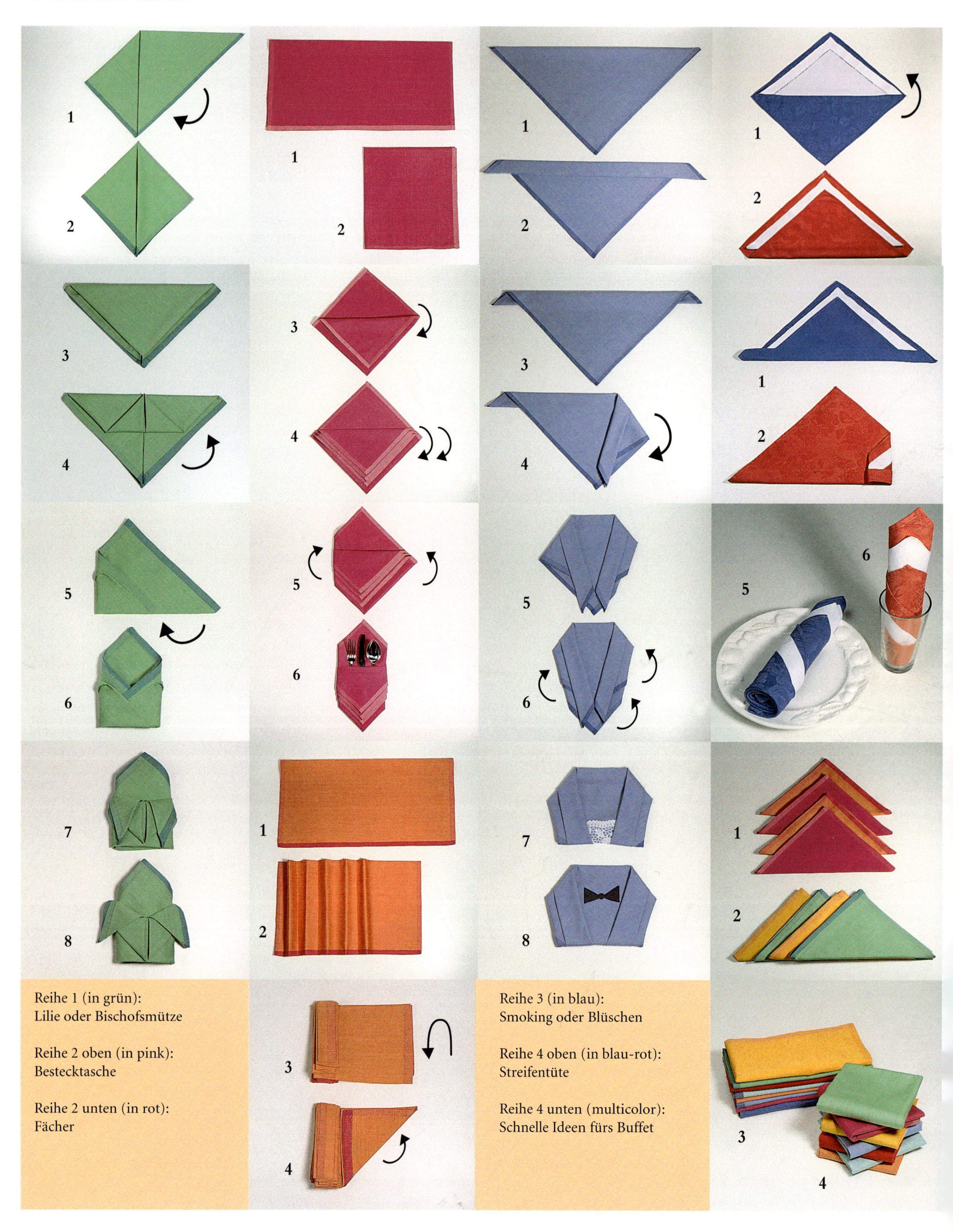

Reihe 1 (in grün):
Lilie oder Bischofsmütze

Reihe 2 oben (in pink):
Bestecktasche

Reihe 2 unten (in rot):
Fächer

Reihe 3 (in blau):
Smoking oder Blüschen

Reihe 4 oben (in blau-rot):
Streifentüte

Reihe 4 unten (multicolor):
Schnelle Ideen fürs Buffet

Servietten falten

Eine raffiniert drapierte Serviette gibt Ihrer Tafel optisch den letzten Schliff. Das Material sollte nicht zu weich sein, weil sonst die Kniffe nicht halten. Am besten »stehen« Vliesservietten. Stoffservietten vor dem Falten stärken – sie legen sich dann viel leichter und erhalten die nötige Stabilität. Probieren Sie die von Ihnen gewählte Faltvariante vorher aus.

Serviettenringe

- Essbare Serviettenringe aus Brotteig.
- Schleifen: aus Kordel, Spitze, Bast oder Band binden. Pro Ring etwa 25 cm rechnen; ist das Band breit, muss es länger sein.
- Kränze aus Perlen auf Draht oder Schnur: Perlen auf Basteldraht, Lederschnur oder Kordeln aufziehen, auch Hagebutten oder Eicheln eignen sich.
- Gewürzpotpourri aus Zimtstangen, Sternanis und getrockneten, mit Nelken besteckten Zitronen- oder Orangenscheiben mit Golddraht verknüpfen und um die Serviette drapieren.

Lilie oder Bischofsmütze

Serviette zum Dreieck, mit der Spitze nach unten legen.
Klappen Sie dann zuerst die linke (1) und dann die rechte Ecke des Dreiecks auf die Spitze (2), so dass eine Raute entsteht.
Dann die obere Spitze der Raute nach unten klappen, dabei einen fingerbreiten Rand stehen lassen (3). Die obenliegende Spitze nach oben zum Bruch schlagen (4).
Dort gut festhalten, Serviette auf die Rückseite mit der Spitze nach oben drehen. Linke Ecke etwas mehr als über die Hälfte hinaus nach rechts klappen. Rechte Seite nach links klappen (5), fest in die linke Falte stecken (6). Gut festhalten, Serviette umdrehen, die erste Spitze nach unten klappen. Die beiden folgenden Spitzen nach rechts und links umklappen (7), auseinanderziehen (8).

Smoking oder Blüschen

Serviette zum Dreieck legen, Spitze zeigt nach unten (1).
Die Oberkante des Dreiecks fingerbreit nach vorne klappen (2). Serviette wenden (3). Rechte Ecke schräg nach unten zur Mitte falten (4). Dann auch noch die linke Ecke schräg nach unten zur Mitte falten (5).
Rechte und linke Ecke nach hinten klappen und die untere Spitze nach Belieben nach hinten einschlagen (6). Servietten für die Dame bekommen einen Spitzeneinsatz (7), die für die Herren eine Fliege aus Spitze oder Band (8).

Fächer

Falten Sie die Serviette einmal in der Mitte quer zu einem Rechteck zusammen (1).
Dann die Serviette von einer Seite her zu etwa zwei Dritteln in 1–2 cm breite Ziehharmonikafalten legen (2).
Serviette in der Mitte längs so zusammenfalten, dass der ungefaltete Teil nach rechts zeigt (3). Anschließend die rechte untere Ecke des ungefalteten Teils diagonal nach oben klappen, in den gefalteten Teil der Serviette stecken (4). Dann die Serviette zum Fächer aufstellen.

Tipp: Wenn's schnell gehen muss
Ein schlichtes Dreieck oder Rechteck mit einer kleinen Deko, z. B. einer Blume, einem Schoko-Maikäfer oder Efeublatt kombinieren.

Bestecktasche

Serviette zu einem Rechteck falten (1), dann zu einem Quadrat zusammenlegen (2).
Serviette mit der offenen Spitze nach oben legen, die äußerste Spitze mit einem fingerbreiten Abstand auf die untere Kante klappen (3). Die nächsten beiden Spitzen in etwa dem gleichen Abstand ebenso nach unten umschlagen (4).
Die linke und rechte Ecke jeweils nach hinten klappen (5), in die so entstandene Tasche Besteck legen (6).

Streifentüte

Eine schöne Falttechnik für zwei verschiedenfarbige Servietten:
Bunte Serviette diagonal legen.
Weiße Serviette zum Dreieck falten und so auf die bunte Serviette legen, dass oben ein 2 cm breiter bunter Rand sichtbar bleibt (1). Untere bunte Ecke nach oben klappen (2).
Untere Kante 2 cm breit nach oben einschlagen (3), Servietten umdrehen und von der Seite her einrollen (4).
Streifentüte entweder auf einen Teller legen (5) oder in ein Glas stellen (6).

Schnelle Ideen für's Buffet:

Ganz einfach: Servietten in zwei verschiedenen Farben zu Dreiecken falten und dachziegelartig in mehreren Reihen übereinander legen (1). Sie können die Dreiecke auch versetzt nebeneinander legen (2).
Bunt: Einen Serviettenturm aus breiten Lagen von verschiedenfarbigen Servietten aufbauen (3), evtl. noch über Eck versetzen (4).

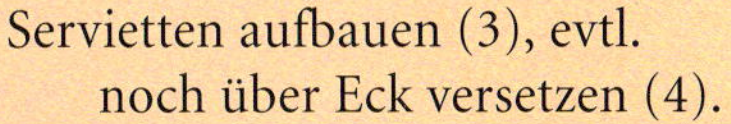

Rund ums Buffet

Buffets sind die Erfindung für Menschen, die ohne viele Hilfen und ohne großes Esszimmer viele Gäste bewirten möchten. Während ein Menü mit 3–4 Gängen auskommt, herrscht auf einem Buffet etwas mehr Auswahl. Wählen Sie Rezepte, die sich gut vorbereiten lassen. So können Sie Stück für Stück im Laufe der Woche ein tolles Buffet zusammenkochen.

Wichtig: Checkliste
Lassen Sie das Fest beim Zusammenstellen der Checkliste (S. 8) schon einmal vor Ihrem geistigen Auge ablaufen. Das hilft, mögliche Schwachpunkte oder Probleme rechtzeitig zu erkennen und schon im Vorfeld zu beseitigen oder zu lösen.

Die Buffetfläche
Zunächst brauchen Sie einfach Fläche: für Geschirr, Besteck, Servietten und Gläser – und natürlich fürs Essen. Nicht jeder hat einen ausreichend großen Tisch. Kombinieren Sie Schreib-, Ess- und Küchentische, auch über Eck, zu größeren Buffetflächen. Oder bauen Sie Tapezier- oder Biertische auf. Die Platzierung des Tisches bestimmt die Marschrichtung der hungrigen Gäste: Steht er an der Wand, können sie sich natürlich nur von einer Seite bedienen. Praktisch ist es, wenn das Buffet von allen Seiten erreichbar ist. Dann brauchen Sie allerdings viel Platz und können das Buffet nicht stufenförmig aufbauen.

Höhen und Tiefen
Für die Präsentation der Gerichte eines einseitig begehbaren Buffets sind verschiedene Ebenen ideal. Sie sind auch für Ihre Gäste leichter zugänglich. Stellen Sie Etageren und hohe Schüsseln in die hintere Reihe. Platten mit einigen umgedrehten Untertassen oder Holzklötzchen im hinteren Teil »aufbocken«, so dass sie schräg zum Gast hin stehen. Auch die Buffetfläche selbst können Sie in unterschiedlichen Ebenen gestalten.

Aufbau einer Stufenlandschaft
Die Tische mit Leintüchern o. ä. bis auf den Boden zuhängen und dekorativ raffen. Schaffen Sie dann auf den Tischflächen einen Unterbau aus Pappkartons, Gemüsekisten oder Bücherstapeln – fixiert mit Klebeband. Alle dazwischen entstandenen Kanten und Unebenheiten mit Frotteetüchern oder Molton ausgleichen. Anschließend weich fallende Tücher, Ton in Ton, über die Aufbauten legen und raffen.

Die Reihenfolge
Versetzen Sie sich beim Arrangieren des Buffets in die Rolle des Gastes:

1. Teller
Zunächst braucht man einen Teller. Deshalb gehören die Tellerstapel an den Anfang. Haben Sie auf dem Buffet dafür zu wenig Platz, decken Sie die Plätze ein – fast wie beim Menü. Sie können die Teller aber auch auf einen Extra-Tisch zusammen mit Servietten und Besteck stellen.

2. Brot und Butter
Dahinter könnten Sie einen Brotkorb mit Butter platzieren, denn es passt zu fast allen Gerichten.

3. Suppe oder Eintopf
Wenn eingeplant, folgen jetzt Suppe oder Eintopf. Hier dürfen die Tassen und Löffel direkt um die Terrine arrangiert werden.

4. Vorspeisen
Terrinen, Fischgerichte, mariniertes Gemüse, kleine Snacks und Häppchen, pikante Salate jeweils mit Dips und Dressings bilden die Vorspeise.

5. Das Kernstück
Dann folgt das Kernstück des Buffets – in der Regel ein Braten, ein Ragout, ein Fischgericht oder ein vegetarischer Hauptgang. Bei rustikalen Buffets kann das auch ein Eintopf oder Auflauf sein. Oft ist dieser Gang warm. Dazu gehören evtl. noch Saucen, Dips oder andere Beilagen, die daneben stehen müssen.

6. Das süße Ende und der Käse
Die Desserts, ein Obstkorb und eine Käseplatte stehen am Ende des Buffets. Neben die Desserts Teller oder Schälchen sowie Löffelchen stellen. Zum Käse gehört nochmal eine Portion Brot.

7. Besteck und Servietten
Können ganz am Schluss des Buffets liegen oder auf einem gut erreichbaren Extra-Tisch.

8. Getränke
Gläser, Getränke und Mokka machen sich ebenfalls auf einem Extra-Tisch an zentraler Stelle am besten.

Das festliche Buffet
Sie können zum Buffet ganz locker einladen – mit verstreuten Sitzgruppen und zwangloser Essensfolge.
Aber auch festlichere Anlässe lassen sich mit einem Buffet feiern. Dabei bietet sich eine Sitzordnung an (S. 14). Sehr formell, aber hübsch ist es, jeden Herren eine Dame zu Tisch führen zu lassen. Dazu schreiben Sie eine Gästeliste, geordnet nach einander zugedachten Paaren. Zur Erleichterung können Sie dabei gleichzeitig diese Paare ihren Tischen zuordnen.
Bei festlicheren Anlässen teilen Sie das Buffet noch deutlicher in Vorspeisen, Hauptgang und Dessert ein und fordern zu diesen einzelnen Gängen auf. Dazwischen ist Zeit für eventuell geplante Reden.
Ein Kompromiss zwischen Buffet und Menü ist es, die Vorspeisen auf den Plätzen schon einzudecken, den Hauptgang als Buffet anzubieten und das Dessert wieder auf Tellern zu servieren.
Vielleicht schreiben Sie noch eine dekorative »Buffetkarte« mit allen Gerichten, die aufgetischt sind, und hängen sie in Sichthöhe aus. Oder Sie spendieren jedem Tisch eine Speisekarte. Das erleichtert Ihren Gästen die Qual der Wahl.

So bleibt's warm!
Wenn die Suppe, der Eintopf oder Braten heiß serviert werden sollen:
- Auf Rechauds mit Teelichtern setzen. Sie können Rechauds auch selber bauen aus schlichten weißen Steinen und Lochblechen (bekommen Sie im Baumarkt). Die Wärme reicht in der Regel aus. Rühren Sie ab und zu um, damit nichts anbrennt.
- Warmhalteplatten sind ebenfalls sehr praktisch.
- »Chafing Dishes«, in der Gastronomie übliche Warmhaltesysteme mit Wasserbad und Brennpasten in Dosen, sind auch in Privathaushalten weit verbreitet – fragen Sie im Freundeskreis nach. Sie können Sie aber auch beim Partyservice leihen.

Schön kühl!
Manche Gerichte brauchen aber, vor allem zur warmen Jahreszeit, auch Kühlung, z. B. Fisch, sahnige Dips oder Desserts:
- Platten aus Metall wählen und gut vorkühlen. Kühlelemente aus der Kühltasche mit Alufolie verkleiden – blanke Seite nach außen – und gut vorgekühlt unter die Platten legen.
- Dekorativ und praktisch: Dessert- oder Saucenschalen in größere Salatschüsseln aus Plexiglas setzen und rundum Eiswürfel einfüllen.

So bleibt's frisch!
Gerichte müssen vor allem gegen Austrocknen und Sich-Absetzen oder Zusammenfallen geschützt werden.
- Die Speisen so lange wie möglich vorkühlen. Wenn die Kühlkapazität nicht reicht: Styroporboxen aus dem Lebensmittelhandel besorgen, z. B. vom Fischhändler, und mit Kühlelementen bestücken.
- Gerichte so spät wie möglich abfüllen und auf Platten arrangieren oder in Saucieren füllen. Salate erst kurz vorher mit Dressing mischen.
- Platten und Schüsseln mit Frischhaltefolie abdecken und erst unmittelbar vor Festbeginn »enthüllen«.

Buffetpflege
Nichts ist trauriger als der Anblick eines abgegessenen Buffets. Deshalb alle 15 Minuten kontrollieren:
- Abgegessene Platten abräumen.
- Neue Platten in der Küche aus verschiedenen Resten zusammenstellen.
- Salate, Dips und Saucen auffüllen, Reste evtl. in kleinere Schalen geben oder zusammenstellen.
- Flecken mit Servietten abdecken.

Der Nachschlag um Mitternacht
Bei großen Festen ist es toll, nach Mitternacht noch eine kräftige Suppe (z. B. Mulligatawny-Suppe, S. 91, Ochsenschwanzsuppe, S. 89, oder Zwiebelsuppe, S. 90) anzubieten. Aber auch Süßes findet jetzt noch Abnehmer. Dazu Kaffee/Espresso reichen.

... oder das Stand-by-Buffet
Dauert Ihr Fest bis in den frühen Morgen, ein kleines Kernbuffet stehen lassen, das auch nach Stunden noch appetitlich aussieht: z. B. Brot- und Obstkorb, dazu Buttermischungen (S. 105), Cornichons und Silberzwiebeln, Marinierte Pilze (S. 50, ohne Schinken im Sud), Käse und luftgetrocknete Salami.

Wichtig: das Drumherum
Unverzichtbar auf jedem Buffet sind:
- Brot als Beilage,
- eine Käseplatte,
- ein Obstkorb und
- Kaffee oder Mokka bzw. Espresso, eventuell mit ein paar Keksen.

Mit etwas mehr oder weniger Brot, Käse und Obst können Sie eine leichte Erhöhung oder Verringerung der Gästezahl auffangen. Halten Sie sich an die folgenden Empfehlungen und kaufen Sie nicht viel zuviel ein (vgl. auch Mengenlehre, S. 11), damit Sie nicht tagelang Reste essen müssen. Mehr über Kaffeespezialitäten und ihre Zubereitung finden Sie auf Seite 214/215.

Eine Brotauswahl

- Baguette
- Spezialitäten wie Laugenbrötchen, Croissants, Gebäck mit Vollkorn, Nüssen, Samen (z. B. Brötchen-Sonne, S. 115)
- Dunkles Brot am Stück

Der Brotkorb
Brot ist die neutralste Beilage zu allen Gerichten. Rechnen Sie insgesamt 80–100 g Brot, Baguette und Brötchen pro Person. Das sind z. B. 1 Brötchen und 1 Brotscheibe (Achtung: nachwiegen!).

Praktisch: das Brot im Ganzen mit Messer zur Selbstbedienung auf ein Brett legen. So trocknet es nicht aus.
Platz sparend: Baguette in einen hohen Korb stellen.
Hübsch: Brötchen in einen Korb mit Serviette legen.
Besonders köstlich: Brötchen und Baguette in Alufolie – blanke Seite nach innen – wickeln und bevor die Gäste eintreffen kurz (etwa 8 Min. bei 200°, Mitte, Umluft 180°) aufbacken.
Bei Sonntagsparties: auf TK- oder Halbfertiggebäck zurückgreifen oder beim »Sonntagsbäcker« bestellen.
Notfalls Baguette vom Vortag wie oben beschrieben aufbacken.

Eine Käseauswahl

- Ein Hartkäse wie Emmentaler, Gruyère, Cheddar, Manchego oder Parmesan.
- Ein Schnittkäse wie Gouda, Morbier, Saint Paulin, Pyrenäenkäse, Gaperon.
- Ein Edelpilzkäse wie Roquefort, Gor gonzola, Danablu, Stilton.
- Ein Weichkäse wie Brie, Camembert, Chaumes oder Vignotte.

Die Käseplatte
Gehört zum klassischen Buffet, denn Käse schließt den Magen. Wie umfangreich die Käseplatte ist, hängt vom Buffet ab. Sie sollten jedoch mindestens 1 kg anbieten, das reicht für 8 bis 10 Gäste. Sagen in letzter Minute noch einige Gäste mehr zu, lässt sich das mit einer größeren Käseplatte ausgleichen. Dabei lieber auf wenige Sorten beschränken: Zu viele kleine Käsestückchen wirken etwas verloren!
Präsentation: Käse am Stück auf ein Brett oder eine Marmorplatte legen, auf der er auch geschnitten werden kann.
Werkzeug: ein scharfes Käsemesser für Hartkäse, evtl. einen Käsehobel für den Schnittkäse und 1–2 kleine Messer für weichere Käsesorten.

Klassisches Beiwerk: weiße oder blaue Trauben.
Pikant: Radieschen, Salat, Tomaten und Gurken dazulegen.
Fruchtig: mit Feigen, Birnen und Melonenspalten anrichten.
Die Käsesorten werden im Uhrzeigersinn ihrer Schärfe nach geordnet. Die Käseplatte können Sie schon lange vorher vorbereiten, dann alles mit Frischhaltefolie bedecken bis die Gäste eintreffen. Auf keinen Fall kühlen: Das Aroma entfaltet sich bei Zimmertemperatur am besten.

Eine Obstauswahl

- Eine Basis aus preiswertem Obst der Saison: Äpfel, Birnen, Pfirsiche, Mandarinen.
- Trauben - zur Traube gelegt, aber bereits in kleine Zweiglein getrennt oder mit Traubenschere. Alternativ Beeren oder Kapstachelbeeren.
- Melone oder Ananas in mundgerechte Schiffchen geteilt.

Der Obstkorb
... ist ein dekorativer Blickfang der Tafel. Und eine gute Ergänzung des Angebots, wenn zu später Stunde noch einmal der Appetit erwacht (vgl. auch S. 29).

Für Eilige

Wenn es einmal ganz schnell gehen soll, helfen Ihnen die folgenden Rezepte weiter, die im Handumdrehen gemacht sind. Je nach Anzahl der Gäste können Sie die Zutaten verdoppeln oder verdreifachen.

Käse & Wein

Eine Käseplatte (links) herrichten. Dazu Obatzten mixen: 100 g entrindeten Camembert mit 100 g Frischkäse, 1 gehackten Zwiebel, 2 EL gehackter Petersilie, 1 TL Paprikapulver, edelsüß, Salz und Pfeffer verrühren. Dazu: helles und dunkles Brot, Kirschtomaten, Selleriestangen, Gurkenscheiben, Obst. Wein: Primeur oder Neuer Wein.

Salat & Gemüse

Rechnen Sie pro Person insgesamt etwa 150 g Salat und Gemüse.

- Eisbergsalat klein schneiden (muss nicht geputzt werden!), 1 Salatgurke in dünne Scheiben, Tomaten in Spalten schneiden und Staudensellerie, Möhren oder Pilze hobeln. Dazu: kaltgepresstes Öl, Essig, Salz, Pfeffer und je 1 Schale mit frischen oder TK-Kräutern sowie Nüssen oder Kernen stellen, so kann sich jeder seinen Rohkostmix selber anmachen.

Vorspeisenteller (für 4 Personen): Etwa 16 Oliven, 1 kleine Dose Artischockenherzen, 8 in Öl eingelegte Tomaten und 8 eingelegte milde Peperoni mit 100 g Parma- oder Serranoschinken zu Röschen gedreht auf Tellern anrichten. Dazu: Ciabatta (italienisches Weißbrot).

Suppen

Mit einem Salat, einer Käseplatte oder einem Dessert ein kleines feines Essen!

- Tomatensuppe (für 4 Personen): 1 große Dose Tomaten pürieren, erhitzen. 1 gewürfelte Paprika und 125 g geschlagene Sahne unterziehen, abschmecken.
- Zwiebelsuppe (für 2–3 Personen): 500 g Zwiebeln in Streifen schneiden, in 2 EL Butter anbraten. Mit je 250 ml Weißwein und Brühe ablöschen, mit frisch geriebenem Parmesan und Croûtons servieren.
- Möhrencremesuppe (für 4 Personen): 2 Gläser Karottenpüree (Babynahrung, 120 g), 500 ml Möhrensaft und 100 g Frischkäse, Salz und Pfeffer verrühren. Mit Curry, Worcestersauce, Rosinen oder Orangenspalten abschmecken.

Pasta

- Ravioli-Gratin (für 2 Personen): 1 Tasse Tomatenstückchen mit 1 Tasse Selleriestückchen schmoren, salzen, pfeffern, mit 250 g vorgegarten Ravioli und 100 g Feta oder Gorgonzola im Backofen 15 Min. bei 200° (Mitte, Umluft 180°) gratinieren.
- Pasta mit Rucola (für 2 Personen): 250 g gekochte Pasta in 1 EL Olivenöl erhitzen. Dazu 1 Bund Rucola mit 3–4 EL Olivenöl, Salz und Pfeffer püriert und geriebenen Parmesan.

Pizza

- Pitta-Pizza (für 4–6 Personen): 1 großes Pittabrot quer halbieren, mit 6 EL Pesto (aus dem Glas) bestreichen. 1 große Dose Tomaten abtropfen und 300 g TK-Blattspinat auftauen lassen. Pittabrot mit beidem belegen, salzen, pfeffern. 200 g Mozzarella oder Gouda in Scheiben darauf legen, mit 3 EL Sesam bestreuen und alles im Backofen 15 Min. bei 200° (Mitte, Umluft 180°) backen.

Fisch

- Räucherforellen (für 1 Person): Pro Forelle 1 EL saure Sahne mit 1 TL Sahnemeerrettich und 1 EL TK-Beeren mischen. Dazu: Vollkornbrot.
- Matjes (für 6 Personen): Pro 6 Matjes 1 Bund Radieschen pürieren, abtropfen lassen, dann mit 3 EL Crème fraîche, Salz, Pfeffer mischen. Dazu: Pellkartoffeln.

Fleisch

- Carpaccio (für 2 Personen): 100 g dünn aufgeschnittenes Roastbeef (ersatzweise Schinken) mit je 1 EL Aceto Balsamico und Olivenöl beträufeln, mit 100 g eingelegten Pilzen und 2 EL Parmesan anrichten. Dazu: Baguette.
- Überbackenes Hähnchen (für 2–3 Personen): Fleisch von 1 kalten Brathähnchen mit 250 g abgetropften Pfirsichspalten in eine Auflaufform geben. 6 EL Pfirsichsaft, 6 EL Vermouth, 150 g Crème fraîche, 1/2 TL Thymian und 1 TL Curry vermischen, sparsam salzen, pfeffern, darüber geben. Im Backofen 20 Min. bei 200° (Mitte, Umluft 180°) backen. Dazu: Reis.
- Grillsteaks (für 4 Personen): 4 Schweinesteaks (à 150–175 g) mit 4 Tomaten und 3 in Scheiben geschnittenen Zucchini aufs Backblech geben. Mit einem Mix aus 1 EL Ketchup, 1 EL Senf, 1 EL Öl, 1/2 TL Kräuter der Provence, Salz und Pfeffer bepinseln. Im Backofen 20 Min. bei 200° (Mitte, Umluft 180°) grillen. Dazu: Baguette.

Beilagen

Parboiled und Basmatireis, Bulgur und Couscous sind sehr schnell gar. Kartoffelpüree aus der Tüte mit einigen Löffeln Kräuterfrischkäse oder TK-Kräutern und Sahne aufpeppen.

Desserts

- Schnelle Schichtspeise (für 4 Personen): 100 g Löffelbiskuits mit 6 cl Obstler beträufeln, abwechselnd mit 500 g Fruchtjoghurt und 500 g Obst (TK-Beeren, Aprikosen und Sauerkirschen aus dem Glas) in eine Form schichten.
- Gerührtes Eis (für 4 Personen): 500 g Vanilleeis mit 200 g frischen oder TK-Beeren und 50 ml Sekt im Mixer cremig schlagen, 125 g geschlagene Sahne unterziehen und mit 3 EL Raspelschokolade bestreuen. Sofort servieren.

Getränkekunde

Die Gläser mit ihrem Inhalt von links oben: Weißwein- (kleinere für leichte säurebetonte Weine), Rotwein- (die größeren für Bordeaux), Wasserglas, Biertulpe (für Export und Pils), Champagnerkelch (auch für Cocktails) und Sektflöte. Darunter von links: Cocktail, Tumbler für Drinks on the rocks, Longdrink, Sherry, Port und Südwein, Cognacschwenker und Schnapsbecher. Die Gläser müssen nicht komplett sein: Das Londrinkglas eignet sich für Wasser, Saft und Bier, und wenn Sie nur eine Sorte Weingläser im Haus haben, ist das kein Malheur. Für Schaumweine und süße Cocktails reicht eine Stielglassorte.

Gekonntes Vorspiel: der Aperitif
Beim Aperitif lernen sich die Gäste kennen, wird die Wartezeit auf die Nachzügler überbrückt, und er schafft Ihnen als Gastgeber einen Freiraum, in dem Sie die letzten Vorbereitungen treffen können. Der Aperitif (lat. aperire = öffnen) soll anregend wirken auf Konversation und Verdauung. Deshalb ist der Aperitif oftmals leicht oder ein Bitter.

Klassische Aperitifs sind trockener Sherry oder Port, Vermouth, Bitters wie Pastis, Campari, Cynar.

Sherry wird pur getrunken und passt sehr gut in die kalte Jahreszeit. Bitters serviert man meist mit Soda sowie auf Eis oder in Form eines Cocktails.

Sekt und Co. oder leichte Champagnercocktails sind ebenfalls ideale Starter in einen langen Abend. Probieren Sie einmal Kir (S. 33), die Cocktails von S. 34/35 und als nicht-alkoholische Version Ingwer-Apéro (S. 39). Extratipp: Bestücken Sie ein Tablett schon vor Eintreffen der Gäste mit Gläsern, so dass der Aperitif nur noch eingeschenkt zu werden braucht.

Getränke: Wieviel wovon?

Aperitif: Rechnen Sie mit höchstens 2 Gläsern pro Person.
Wein: Gibt es nur Wein, kalkulieren Sie pro Person 0,7–1 l.
Bier: Der Verbrauch liegt hier pro Person bei 1,5–2 l.
Alkoholfreie Getränke: Die Nachfrage steigt bei diesen Getränken mit der Temperatur, dem Anteil an weiblichen Gästen und Autofahrern.
Mineralwasser: Halten Sie pro Gast etwa 2 Flaschen bereit.
Säfte: Wollen Sie zusätzlich Säfte anbieten, reichen 500 ml pro Person aus.
Kaffee oder Mokka: Planen Sie davon 2 Tassen pro Person und die dazugehörige Sahne oder Milch ein.

Von Sekt bis Champagner
Schaumwein ist der schlichte Oberbegriff für dieses prickelnde Vergnügen. Die Qualitätsunterschiede rühren von verschiedenen Kriterien wie Rebsorte, Jahrgang, Gärung und unterschiedlichen Herstellungsverfahren her. Damit Sie keine »süße Überraschung« beim Kauf eines trockenen oder halbtrockenen Schaumweins erleben, sollten Sie die Bezeichnungen, die sich nach dem Restzuckergehalt richten, kennen:
- extra herb, extra brut: 0–6 g
- herb, brut: 0–15 g
- sehr trocken, extra dry: 12–20 g
- trocken, sec, dry, secco: 17–35 g
- halbtrocken, demi-sec, demi-doux, medium dry, semi secco: 33–50 g
- mild, süß, doux: über 50 g

Das richtige Tischgetränk
- Bier schmeckt am besten zu einem rustikalen Essen (bayerische Brotzeit, Picknick, Grillfest, Raclette) und ergänzt sich hervorragend mit exotischen Spezialitäten.
- Wein ist klassisch zu einem festlichen Essen. Er sollte jedoch nicht zu schwer oder zu süß sein.
- Rotwein wird traditionell zu dunklem Fleisch (Rind, Lamm, Wild) gereicht.
- Weißwein passt zu weißem Fleisch (Kalb, Geflügel, Schwein) und Fisch.
- Rosé kann zu beidem getrunken werden.

Bieten Sie bei einem sehr festlichen Essen sowohl einen Weiß- als auch einen Rotwein an, damit Ihre Gäste die Wahl haben.
- Land- und Tischweine können Sie zu einem schlichteren Essen reichen, für ein stilvolles Menü oder Festbuffet sollten es schon Qualitätsweine sein. Da die einzelnen Länder unterschiedliche Kriterien für die Qualitätsbezeichnungen haben, lassen Sie sich von Ihrem Weinhändler beraten und verlassen Sie sich auf Ihre Zunge.

Getränke kühlen, aber wie?
Bei einer kleinen Gästeschar reicht meist der Kühlschrank aus, um Getränke zu kühlen. Im Winter, wenn es nicht zu kalt ist, kann man Bier oder Wein auch schon mal draußen lagern. Folgende Tipps helfen, wenn Sie viele Gäste bekommen.
- Am einfachsten: Ihr Getränkehändler kühlt die Getränke vor und liefert sie erst kurz vor Festbeginn. Größere Flaschenmengen lassen sich dann weiter in Kühlboxen oder Styroporkästen mit Kühlelementen kühlen.
- Preiswert: Vorgekühlte Flaschen in Thermotüten aus dem Supermarkt stellen.
- Praktisch: Eis beim Einzelhändler vorbestellen und die Flaschen in der Badewanne kühlen.
- Tonkühler: sind ideal für einzelne Flaschen. Durch die Verdunstungskälte halten sie auch der Sommerhitze stand.
- Eiswürfel: helfen Ihnen bei der Kühlung – ganz abgesehen davon, dass Sie sie für bestimmte Drinks und Säfte brauchen.

Extratipp: Wer nicht genug Eiswürfelbereiter hat, nimmt Eiswürfelbeutel von der Rolle. Weiterer Vorteil: Sie sind im Eisfach besonders Platz sparend zu lagern.

Zum Schluss: der Digestif
Mit einem Digestif, der den Magen schließen soll, klingt ein Menü aus. Klassische Digestifs sind klare Schnäpse (Grappa, Obstbrände) und Cognac oder Liköre (Kräuter- oder Fruchtliköre, Amaretto, Mokkalikör). Süße Cocktails, wie z. B. Old Fashioned (S. 35) können auch nach dem Dessert gereicht werden.

Die ideale Temperatur

- trockene frische Weißweine: 9–11°
- halbtrockene körperreiche Weißweine 12–14°
- leichte frische Rotweine, Rosés 12–15°
- schwere Rotweine 14–16°
- Schaumweine 8–12°
- Süß- und Likörweine 10–16°

Das gehört in Ihre Minibar:

Zum Schütteln von Cocktails: Shaker und Strainer (Sieb).
Zum Rühren von Cocktails: Barlöffel und Rührglas.
Zum Abmessen der Zutaten: Messbecher oder geeichte Schnapsgläser.
Weiteres »Handwerkszeug«: Flaschenöffner, Korkenzieher, Eiseimer mit Eiszange, Cocktailspießchen, Strohhalme, witzige Sticks.
Mit folgenden Zutaten können Sie alle Drinks aus dem Kapitel »Cocktails und Bowlen«, S. 32–39, mixen (Apricot Brandy gegen Cognac austauschen):
- Grenadine, Zitronensaft oder Lime Juice, Soda, Zuckersirup, Angostura, Salz und Pfeffer, Worcestersauce
- Cocktailkirschen, Zitronen- oder Orangenscheiben, Oliven
- Fuchtsäfte, Tomatensaft
- Gin, Vermouth, Cognac, Rum, Whiskey, Wodka, Campari, Cassis, Weißwein, Sekt. o. ä.

Schwere Süßweine oder Eiswein passen auch sehr gut.
Liebliche Schaumweine wählt, wer es zum Abschluss spritziger mag.

Mokka, Espresso & Co.
Nach einem ausgiebigen festlichen Essen freuen sich Ihre Gäste sicher über diese Muntermacher.
Mokka: Er ist der Klassiker unter den kleinen Schwarzen. Er wird in Mokkatassen mit Zucker und nur ausnahmsweise mit Sahne serviert. Für 1 l Mokka sollten Sie 80–100 g Mokka-Kaffeemehl rechnen.
Espresso: Seit Jahren der große Hit aus Italien! Nehmen Sie pro Liter Wasser 150–180 g Kaffeepulver. Bei größeren Mengen ist Espresso etwas schwieriger herzustellen. Die meisten Espressomaschinen sind nur für 2–4 Tassen ausgelegt.
Kaffee: Auch ein starker Kaffee, den Sie ganz »normal« in der Kaffeemaschine brühen, wird bei Ihren Gästen gut ankommen. Sie können ihn wie den Mokka dosieren und eine kräftige Sorte wählen.
Extratipp: Notfalls können Sie Kaffee, Espresso oder Mokka vorher kochen und in einer Isolierkanne bis zum Servieren warm halten.

Die Kunst des Mixens: Cocktails
Laden Sie Ihre Gäste doch mal zu einer »Happy Hour« ein, bei der Cocktails und Drinks im Mittelpunkt stehen. Hier eine kleine Empfehlungsliste (Handwerkszeuge und richtige Zutaten siehe Kasten):
- Vormittags: Pussy Foot, S. 33, Champagner-Cocktail, S. 34, Bellini, S. 35, Blaues Wunder, S. 39.
- Zur Happy Hour: Pussy Foot, S. 33, Martini Dry, S. 34, Black Velvet, S. 34, Pick me up, S. 34, Old Fashioned, S. 35, Whiskey sour, S. 35, Screwdriver, S. 35, Gin Fizz, S. 38, Planter's Punch, S. 38, Singapore Sling, S. 38, Piña Colada, S. 38, Pink Flamingo, S. 39, Coco-Mara, S. 39.

Bei Cocktails spielt die Deko eine große Rolle, wie witzige Sticks zum Umrühren, bunte Strohhalme, dekorativ aufgespießte kleine Früchte, Fruchtstücke oder Oliven. Schnell gemacht ist ein Zuckerrand. Dazu befeuchten Sie den Glasrand zunächst mit einer angeschnittenen Zitrone und tauchen ihn dann in Zucker. Passt zu allen fruchtig-säuerlichen Drinks (z. B. Pisco sour, S. 35).
Servieren Sie auch salzige Nüsse, Oliven, Knabbergebäck und kleine Käsewürfel. Oder köstliche Kleinigkeiten aus dem Kapitel »Häppchen & Kanapees«, S. 40–53.

Garnieren und Verzieren

Obst und Gemüse mit ihren bunten Farben sind die beste Dekoration. Wichtig: Nur knackfrische Zutaten lassen sich gut schneiden. Die meisten »Figuren« entfalten sich und werden praller, wenn Sie sie 1 Std. in Eiswasser legen. Evtl. »Biosmon« (Mineralsalzmischung, Reformhaus) zugeben.

Tomatenrose (12)
Bei einer glattschaligen, festen roten Tomate beim Blütenansatz mit dem Sparschäler ansetzen, eine Endlosspirale abschälen. Mit der Schnittseite nach innen zusammenrollen, zurechtzupfen und auf grünen Blättern anrichten. Auch hübsch aus bunten Apfel- oder Zitrusschalen.

Radieschenblüten, -rosetten (8)
Makellose Radieschen von Grün und Wurzel befreien. Am Wurzelansatz die Radieschen rosetten- oder sternförmig einschneiden. Dabei auch kleine Keile auslösen. Radieschen in Eiswasser legen, bis sie aufgeblüht sind. Für Radieschen-Mäuse Wurzel als Schwanz, Stielansatz als Schnauze stehen lassen. Eine halbierte Scheibe von der Unterseite als Ohren oben einstecken, Nelken oder Pfefferkörner dienen als Augen.

Bunte Sträußchen (11)
Frühlingszwiebeln, Staudensellerie, Gurkenstückchen und Chilischoten (Vorsicht – Inneres höllisch scharf!) von oben bis knapp an Stielansatz oder Wurzel so schmal wie möglich dicht an dicht einschneiden. In Eiswasser aufspringen lassen.

Rosettenblüten (16)
Mit einem Hobel rosa Rettich oder Zucchini der Länge nach in feine Scheiben hobeln. Rettich salzen, bis er geschmeidig ist. Die Streifen von einer Seite her kammartig einschneiden. Aufrollen, unten mit Garn oder Schnittlauch fixieren. Oder in einen Gurkenring oder Tomatenkorb setzen.

Körbchen, Krone & Co (10)
Tomatenkörbchen: Bei der Tomate von oben zwei Halbmonde ausschneiden, Steg stehen lassen, Inneres mit einem kleinen Löffelchen aushöhlen, Tomate mit Kräutern füllen.
Paprikakrone: Paprika in der Mitte markieren, mit Garniermesser zackenförmig einschneiden.
Gurkentürmchen: Eine große Gurke in 6–8 cm lange Abschnitte teilen, mit Kugelausstecher aushöhlen, mit Ziselierer Muster auf die Schale ziehen.

Ziseliertes Gemüse (13)
Pilze mit einem Ziselierer sternförmig zur Rosette einschneiden – sofort in Zitronen- oder Essigwasser legen. Radieschen spiralfömig ziselieren. In Gurken und Möhren tiefe Streifen einkerben, in dünne Scheiben zu Blumen oder Rädern schneiden.

Bänder, Schleifen, Krawatten (9)
Lauch, Zucchinischale oder Möhren mit Messer, Hobel oder Sparschäler in dünne lange Streifen schneiden. In kochendem Salzwasser kurz überbrühen, abschrecken, ausbreiten. Zu Knoten binden, Röllchen damit fixieren, zu Krawatten oder Schleifen legen.

Bunte Ausstecher (15)
Aus Paprika, Möhrenscheiben, gehäuteten Tomatenwänden und Gurkenscheiben lassen sich dekorative Formen ausschneiden oder ausstechen. Auch Käse, hart gekochtes Eiweiß oder Wurst lassen sich so in Form bringen.

Gefülltes Gemüse (14)
Alles, was sich gut füllen lässt, ist geeignet. Wichtig: Die Füllung muss schnittfähig sein. Paprika ganz lassen, Kerne und Trennwände entfernen. Gurke innen aushöhlen, beides füllen, in Scheiben schneiden. Von Pilzen

Stiele aus den Hüten drehen, füllen, Tomate und Avocado in Schiffchen teilen, mit Kugelausstecher aushöhlen. Als Füllung: Lachs-Rucolacreme (S. 109) oder Avocadomasse der Gemüseterrine (S. 112). Oder Joghurt-Knoblauch-Creme (S. 104), die mit 6 Blatt weißer Gelatine (einweichen, auflösen, löffelweise Joghurt unterziehen) schnittfähig gemacht wird. Die Creme für gefüllte Eier (S. 55) oder Lebermousse (S. 43) eignet sich für Pilze, kleine Tomaten oder Gurken. Die Füllungen lassen sich mit dem Spritzbeutel auf Gemüsetaler oder in Gemüsekörbe spritzen.

Früchte sind nicht nur auf süßen Tellern eine Zier: Die fruchtige Komponente passt auch zu Kanapees, Geflügel- und Wildplatten und auf den Käseteller. Angeschnittenes Obst behält seine schöne Farbe, wenn es mit Zitronenwasser oder gesüßtem Wein-Zitronen-Aspik (S. 28) bestrichen wird.

Apfelschiffchen (7)

Einen glatten farbigen Apfel vierteln. Kerngehäuse entfernen. Apfelviertel von der Schalenseite her Schicht für Schicht von der Mittellinie ausgehend als Kerbe von beiden Seite einschneiden. In Zitronenwasser legen, versetzt zusammensetzen.

Kugeln im Korb (3)

Als »Korb« sind Melonen und Zitrusfrüchte ideal: Von den Früchten einen Deckel abschneiden, die Schale mit Ziselierer dekorativ einritzen. Bei der Melone mit einem Kugelausstecher Kugeln ausstechen. Melonenkugeln, Beeren, Trauben wieder einfüllen.

Zitrusfrüchte filetieren (6)

Früchte bis ins Fruchtfleisch schälen. Mit einem dünnen, scharfen Messer die Filets zwischen den Trennhäuten herausschneiden. Oder die geschälte Frucht in Scheiben schneiden.

Zitrusschalen-Deko (1)

Unbehandelte Zitrusfrüchte heiß waschen. Für Drinks: Die Frucht in 5 mm dicke Scheiben teilen. Bis zur Mitte einschneiden, gegeneinander verdrehen, auf den Glasrand stecken. Für kalte Ente oder Sodawasser: Schale mit Ziselierer spiralig schneiden, aber nicht ganz abschneiden. Zitrone an der Spirale in einen Krug hängen. Für Gebäck und Desserts: Schale mit einem Zestenreißer in Locken abziehen.

Deko aus dem Spritzbeutel (4)

Mit Hilfe eines Konditor-Spritzbeutels und verschiedener Tüllen wird Creme in Form gebracht. Mit einer glatten Tülle lassen sich Punkte, Girlanden und Gitter spritzen. Mit einer gezackten Tülle können Sie Sterne herstellen: Dazu nur kurz Creme auftupfen, Tülle nach oben wegziehen. Mit kreisförmigen Bewegungen erhalten Sie üppige Rosetten. Auch Girlanden und Gitter geraten mit der Sterntülle üppiger.

Schoko- und Zuckerdeko (5)

Für Schokoladendeko Kuvertüre schmelzen. Flüssig in einen Gefrierbeutel füllen, Spitze abschneiden und Deko direkt aufspritzen. Oder: Ornamente auf Pergament aufmalen, nachspritzen, kalt stellen. Das erstarrte Ornament abheben. Für Zuckerverzierungen: Puderzucker mit Zitronensaft anrühren (auf 200 g Zucker 1 EL Zitronensaft). Nach Wunsch tönen (Rote-Bete-Saft färbt pink, Spinatsaft grün, Safran gelb, Blaubeersaft lila), Deko direkt auftragen.

Marmorteller(2)

Dazu brauchen Sie zwei dickflüssige Saucen. Den Teller mit einer hellen Sauce ausgießen. Sauce in einer Kontrastfarbe (von einer Frucht, Schokolade) mit dem Spritzbeutel in 3–4 Ringen auf die helle Sauce geben. Mit einer Spitze im Wechsel vom Tellerrand zur -mitte und zurück ziehen. Für Eilige: Farbige Teller einfach mit Puderzucker überpudern oder mit Schablone Kakaomuster aufsieben.

Kanapees und Häppchen ...

Für Stehparties, Empfänge, Vernissagen, Jubiläen und Cocktailparties sind sie unentbehrlich: Kanapees und Häppchen vom Tablett (Rezepte ab Seite 40). Denn die Gäste essen stehend aus der Hand – die Häppchen sollten also mundgerecht sein.

Abwechslung rund um das Zentrum
Kombinieren Sie verschiedene Kanapees miteinander und geben Sie den einzelnen Platten durch verschiedene »Kompositionen« jeweils andere »Gesichter«. Schöne Ergänzungen:
- Gefüllte Gurkentaler oder Tomatenschiffchen (S. 24).
- Radieschenrosetten (S. 24), Cocktailtomaten mit Oliven oder Kresse.
- Ein Spießchenigel als Zentrum einer Platte ist im Handumdrehen gezaubert. Kappen Sie das untere Drittel eines kleinen Kohlkopfes oder einer Grapefruit. Umhüllen Sie das obere, standfeste Drittel mit Alufolie.

Tipps für Kanapees

- Größe: Kanapees sollten nicht größer als 5 cm sein. Evtl. beim Bäcker bestellen. Oder:
- Basis: Aus Brotscheiben ausstechen und mit Mayonnaise oder Remoulade statt Butter bestreichen.
- Menge: Pro Person sollten Sie etwa 6–8 Kanapees rechnen. Achten Sie darauf, dass jeder Gast mindestens ein Stück von jeder Sorte bekommt.
- Anrichten: Kanapees werden direkt auf Tabletts angerichtet, wenn sie aus Metall sind. Haben Sie eine bunte Tablettmischung, können Sie extra starke Alufolie um die Tabletts schlagen. Praktisch: Konditordeckchen (Kaufhaus, Papeterie, Bäckerei) aus Papier oder Papiermanschetten für jedes Einzelhäppchen. Am schönsten: weiße, gestärkte Servietten.
- Frische: Damit die Kanapees bis zum Servieren frisch bleiben, immer mit Frischhaltefolie abdecken – Folie erst unmittelbar vor dem Servieren entfernen. Oder empfindliche Zutaten mit Aspik (S. 28) überziehen. Fettaufstrich und ein Salatblatt schützen das Brot vor dem Durchweichen.

Stecken Sie pikante Kleinigkeiten im Wechsel mit Fruchtigem auf Holzspießchen: Käse- und Schinkenwürfel, Salamirosetten, Melonenkugeln, Pickles, Oliven, Beeren, Trauben.
Sie können auch einfache Hackbällchen oder Frischkäsekugeln aufspießen:
Für die Hackbällchen den Grundteig (S. 51) zu kleinen Kugeln drehen, im Backofen garen wie im Rezept beschrieben.
Für die Frischkäsebällchen die Käsemasse für Cream-Cheese-Kanapees (S. 46) zubereiten, kalt stellen. Ist die Creme fest, kleine Bällchen formen und in Schnittlauchröllchen, Sesamsamen oder gehackten Sonnenblumenkernen oder edelsüßem Paprikapulver wälzen, aufspießen.
- Gefüllte »Eyecatcher«: Eine pikante Eier-Senfcreme lässt sich in Eihälften, auf Artischockenböden, in Gurkenkörbchen und Paprikaschiffchen spritzen und mit Kaviar garnieren. Dazu Eier hart kochen, im Eierschneider in Scheiben schneiden. Pro Eigelb 1 EL Crème fraîche, 1 TL Senf, Salz und Pfeffer cremig rühren. Nach Wunsch mit einem Spritzer Essig, Paprikapulver, geriebenem Parmesan oder fein gehackten Kräutern abschmecken. Wenn Sie die Eiweiße nicht verwenden, mit Ausstechern in Form bringen oder zu Halbmonden schneiden. Dann mit Kräutern oder Paprikapunkten garnieren.
- Witzig: eine Gurkenschlange. Dazu die Gurkenspitze in 8 cm Länge ab- und vorne quer einschneiden. Ein Stück Paprika zu einer gespaltenen Zunge schneiden, in den Schnitt schieben. Gewürznelken als Augen in die Gurkenspitze stecken. Restliche Gurke aufschneiden. Gurkenscheiben im Wechsel mit Brot- und Käsetalern quer übers Tablett schlängeln lassen. Links und rechts davon Kanapees gruppieren.

... appetitlich präsentiert

- Auf einer Platte nicht zuviele Farben und Formen mischen – sie wirkt sonst zu unruhig. Bei mehreren Tabletts können Sie eines speziell mit Fisch arrangieren, das zweite mit Käse und ein Drittes vegetarisch und mit Aufschnitt belegten Kanapees anrichten.

Häppchen & Dips
Sie sind eine knackige Ergänzung zu Kanapees. So können Sie eine reine Rohkostplatte arrangieren mit Gurkentalern, Kirschtomaten, Radieschen, Paprikastreifen, Fingermöhren, Brotwürfeln oder Cräckern. Am besten, Sie bieten zwei verschiedenfarbige Dips an wie Guacamole (S. 102) und Senfsauce (S. 102), Grüne Sauce (S. 102/103), Mayonnaise (S. 103) oder Thousand Island Dressing (S. 104). Besonders dekorativ: Die Saucen in Hälften von kleinen Melonen, Paprika, ausgehöhlten Avocados, Grapefruits oder Tomaten geben. Formen Sie aus Alufolie einen passenden Ring als Untersatz. Mit aufs Tablett gehört noch ein Schnapsglas mit Cocktailspießchen: Jeder kann entscheiden, ob er die Snacks direkt aus der Hand isst oder sie lieber aufspießt. Ein Schälchen oder Glas für die benutzten Spieße bereitstellen. Statt Rohkost können auch warme Spezialitäten gedippt werden: z. B. aufgebackene Kartoffelbällchen (TK), Mini-Frikadellen (S. 51), Cocktailwürstchen und in Flädleteig (S. 87) ausgebackene Pilze. Nachteil: Sie brauchen helfende Hände in der Küche für den Nachschub.

Häppchen aus dem Ofen
Pikantes warmes Gebäck ist bei Empfängen um die Mittagszeit sehr beliebt. Ganze Bleche: Zwiebel- und Flammkuchen (S. 120), Pizza (S. 119), Lauch-Quiche (S. 117) oder verschiedene Pies (S. 116 und S. 118) backen und in kleine Stücke teilen. Legen Sie immer einen kleinen Stapel Cocktailservietten mit auf das Tablett. Kleine Portionskuchen: Kleine Papier- oder Aluförmchen mit Mürbe- oder Blätterteig auslegen. Die Füllung Ihrer Wahl hineingeben und backen. (Für die Mini-Kuchen brauchen Sie die 1 1/2 fache Teigmenge.)

Häppchen aus dem Meer
Für Fischfans können Sie Fisch pur arrangieren: Shrimps im Spinatmantel (S. 53), Sill-Schnecken (S. 52) und Räucherforelle auf Kiwi (S. 52) ergeben eine schöne kalte Platte.

Käse schließt den Magen
Käse-Kanapees lassen sich wunderbar mit Früchten kombinieren. Mischen Sie pikante Rohmilch-Sorten wie Roquefort, Gaperon und Tête de Moine mit mildem Gruyère, Gouda, Manchego. Stechen Sie die Hartkäsescheiben dekorativ aus und garnieren Sie sie mit exotischen Früchten, würzigen Kräutern und exotischen Gewürzen. Dazu passen Frischkäsebällchen (S. 26) und Käsespießchen (S. 26 und S. 41) oder gefüllte Datteln (S. 41). Windbeutel mit Käsefüllung (S. 124) oder pikante Torteletts, mit Käsecreme (S. 125) und Gemüse oder Trauben belegt, ergänzen die Käseauswahl.

Süße Häppchen
Die Klassiker für die süße Platte sind Petits Fours und Frucht-Tarteletts (beide S. 203, Platte unten). Schön als Ergänzung ist eine Melonenhälfte mit Melonenbällchen und Beeren mit Holz- oder Cocktailspießchen zum Aufpieksen. Oder Sie reichen zusätzlich Erdbeeren, Trauben oder Melone mit süßem Dip: z. B. Marzipan-Chaudeau (S. 196), Zitronencreme (S. 193 ohne Gelatine) oder Schokoladensauce (Marzipan-Chaudeau statt mit Marzipan mit 2 EL Kakao und 100 g geschmolzener Schokolade zubereiten). Köstlich sind auch Mini-Windbeutel (S. 203) mit verschiedenen süßen Füllungen oder mit Beeren und Sahne. Ergänzen Sie diese süße Platte dann mit fertig gekauften kleinen Florentinern – oder schlichten Blechkuchen in Mini-Karrees geschnitten. Sehr dekorativ: Baumkuchen zum selber Abschneiden.

Kleiner Dekokurs für kalte Platten

Kalte Platten sind Prunkstücke des Buffets. Mit dem »Aspik-Trick« sehen sie viele Stunden frisch und appetitlich aus. Möglich wird das, indem Sie Schnitt- und Oberflächen, die sonst austrocknen, mit zartem Aspik überziehen. Genial: Ein Spiegel aus Aspik auch auf den Servierplatten schützt vor Geschmacksübertragungen und gibt den Leckerbissen Halt.

Aspikrezepte

Mit 500 ml Aspik können Sie 150 Kanapees überziehen. Aber auch Braten oder Medaillons bleiben so länger frisch (Zubereitung siehe unten).

- Zu Fleisch: Portweinaspik aus 450 ml Rinderfond, 50 ml Portwein, Salz oder Sojasauce. Für Vegetarisches Gemüsefond verwenden.
- Zu Fisch: 450 ml Fischfond, 50 ml Weißwein, Salz, je 1 EL Dill- und Kerbelspitzen.
- Zu Süßem: 450 ml Weißwein, 70 g Zucker, 50 ml Zitronensaft. (Für Kinder Traubensaft statt Wein und keinen Zucker nehmen.)

Rund um den Aspik

- Um zu berechnen, wie viel Aspik Sie brauchen, zunächst Wasser zur Probe aus einem Messbecher auf die Platten gießen.
- Für 500 ml Flüssigkeit 5–6 Blatt (wenn es draußen warm ist, 7 Blatt) weiße Gelatine rechnen.
- Den Aspik erst auftragen, wenn er beginnt, dickflüssig zu werden.
- Deko-Ideen: Aspik in eine flache Form gießen, erstarren lassen. Dann hacken oder ausstechen.
- Extratipp: Knackige Rohkostgarnituren, z. B. von Rettich, Gurken, Tomaten & Co. nicht mit Aspik überziehen. Sie bleiben ansehnlicher, wenn sie mit einer Vinaigrette aus Öl, Zitronensaft, Salz und Pfeffer bepinselt werden.

Die Alternative zum Aspik: Alles mit Frischhaltefolie dicht abdecken, kurz vor dem Servieren entfernen.

Terrinen & Pasteten:

Sie sind außerordentlich praktisch, weil man sie einige Tage im Voraus zubereiten kann. Sie werden entweder in der Form aufgetischt, ganz oder zu zwei Drittel bis drei Viertel aufgeschnitten. Dazu passt immer eine Sauce, kleine grüne Garnituren, pikant gefülltes Gemüse oder ein Salat. Eine vegetarische Platte könnte beispielsweise folgendermaßen aussehen: Auf einer Platte mit Rand läuft über die Mitte die Auberginen-Schicht-Pastete (S. 112), garniert mit ausgestochenem Paprika. Links und rechts davon auf Möhren-Rucola-Salat mit Kürbiskernen (S. 75) angerichtet: gefüllte Eier (S. 55), gefüllte Paprikascheiben (S. 24) und Kirschtomaten gefüllt mit Nussiger grüner Sauce (S. 102), die Sie in einer Sauciere daneben stellen. Auch Fleischpasteten können Sie so präsentieren.

Fleisch

Für viele sind die großen Braten das Herzstück eines kalten Buffets. Zum kalt Servieren eignen sich edle Teile vom Rücken (Filet, Lende) oder aus der Keule, denn kaltes Fleisch sollte arm an Bindegewebe und Fett sein und sollte außerdem zarte Muskelfasern haben. Bei gepökelten oder geräucherten Teilen ist das nicht so wichtig: Sie sind in jedem Fall durch die vorhergehende Bearbeitung mürbe.

Kalte Braten in möglichst dünne Scheiben schneiden. Dazu sollten sie zuvor ganz auskühlen. Dann am besten mit einer Schneidemaschine aufschneiden oder ein sehr scharfes Fleischmesser verwenden. In der Regel bleibt ein Teil des ganzen Bratens unaufgeschnitten stehen, als Imponierstück. Es wird durch verschiedene Garnituren aus Obst und Gemüse, die optisch nicht zu massig sind und geschmacklich harmonieren, noch aufgewertet. Eine Sauce oder ein Dip sollten dazu nicht fehlen, weil das Fleisch allein etwas trocken sein kann.

Geflügel

Geflügel wird am besten gleich zerlegt auf der Platte angerichtet. Ein Truthahn kann auch im Ganzen aufgetischt werden, weil er eine sehr fleischige Brust hat. Besonders fein ist er übrigens vom Putenmäster leicht geräuchert. Fürs Buffet wird allerdings nur die Brust aufgeschnitten: Mit einem Tranchiermesser entlang dem Brustbein die Brust in zwei Hälften teilen. Bis auf den Knochen fahren, dann rechts bis zum rechten Flügel. Danach die linke Brustseite genauso lösen. Die Bruststücke herauslösen und schräg in fingerdicke Scheiben schneiden. Wieder auf die Brust im Wechsel mit frischen Ananasscheiben schichten, in die Mitte Paprikadreiecke legen. Pute evtl. mit Aspik überziehen.

Käse

Wie eine Käseplatte aussieht, können Sie auf Seite 20 sehen. Bei einem großen Buffet für 100 Personen können Sie auch eine ganze Brie-Torte

Schnell gemacht: Wurst- und Schinkenplatten

Mindestens drei unterschiedliche Sorten Wurst und Schinken beim Metzger kaufen.

- Kleine feste Scheiben (5–6 cm Ø) bis zur Mitte einschneiden, zur Tüte drehen. Mit Cocktailtomaten, Oliven oder Petersilie füllen.
- Große Schinken- und Wurstscheiben (gekochter Schinken, Bierschinken) in Längsrichtung aufrollen. Evtl. mit Spargel oder Remoulade füllen.
- Sehr zarte Scheiben (luftgetrockneter Schinken, Bündner Fleisch) einmal längs umklappen, dann zur Rosette drehen.

Platte ebenfalls grafisch aufbauen, dabei den Plattenrand freilassen.

servieren. Sehr dekorativ ist ein Tête de Moine, für den Sie aber das spezielle Hobelgestell brauchen (gibt's im Käsegeschäft zu leihen). Auch ein Cahumes in der Spanschachtel ist sehr dekorativ. Kleine Käsespießchen können das Käseangebot abrunden.

Der Obstkorb
Er lockt mit einer bunten Vielfalt. Packen Sie alles hinein, was die Jahreszeit an dekorativen Früchten hergibt. Besonders praktisch sind kleine Früchte, die man bequem aus der Hand essen kann wie Erdbeeren und Kapstachelbeeren. Weintrauben schon in kleine Einheiten vorschneiden.
Zu hartschaligem Obst ein Obstmesser beilegen. Schön: eine Ananas, die Sie jedoch zuvor für Ihre Gäste zerlegen und gekonnt wieder zusammensetzen sollten: Schneiden Sie die Krone und den Boden ab. Trennen Sie das Ananasfleisch im Ganzen aus der Schale, stechen den Kern aus und schneiden das Fruchtfleisch in Ringe. Ananasringe wieder in die Schale schichten, Ananasboden mit Frischhaltefolie abdichten. Krone wieder oben aufsetzen. Auch Melonen am besten als Bällchen (S. 24) in die ausgehöhlte Schale setzen oder als Schiffchen herrichten.

Regeln für die Kalte Platte

Zeichnen Sie sich die Aufteilung Ihrer Platte zunächst auf Papier vor. Wechseln Sie zwischen runden und eckigen Formen ab, setzen Sie Höhepunkte und entwickeln Sie klar erkennbare Linien.
Das Schaustück: Es steht immer im Zentrum der kalten Platte und kann eine Pastete, Terrine, ein Fisch, Braten oder Dessert sein.
Die Garnituren: Sie werden um dieses Zentrum herum angerichtet. Es dürfen eigenständige Gerichte sein, die aber im Zusammenhang mit dem Herzstück stehen: z. B. zu Fisch gehört Fisch, Meeresfrüchte, Krustentiere, Kaviar oder etwas Vegetarisches. Zu Fleisch passt eine andere pikante Fleischspezialität, eingelegtes Gemüse oder süßsaure Früchte.
Die Dekoration: meist Salatblätter oder frische Kräuter. Auch sie sollten essbar sein – deshalb immer mit Vinaigrette bepinseln.
Die dazugehörigen Saucen:
Sie können sie in halbierten, ausgehöhlten Früchten präsentieren. Damit genug Sauce für alle da ist, immer auch eine größere Sauciere dazustellen.
Terrinen, Pasteten und große Braten: Möglichst in gleichmäßige Scheiben schneiden.
Ganze Fische: Lachsseiten immer schon aufschneiden. Grätenarme, pochierte Fische entweder in Portionen teilen oder von den Gästen selbst zerlegen lassen.
Hummer: Er wird auf dem Buffet ausgelöst, aufgeschnitten und evtl. wieder in den Panzer gesetzt serviert.
Geflügel: Es sollte zumindest im Brustbereich tranchiert sein (siehe Steps gegenüberliegende Seite).
Vorlegebesteck: Zur jeweiligen Platte immer das passende Besteck legen, um ein »wildes Gemetzel« zu vermeiden.

Rezepte für Gäste

Cocktails & Bowlen

Kalte Ente

ZUTATEN FÜR 8 PERSONEN:
1 unbehandelte Zitrone
je 750 ml trockener Weißwein, Mineralwasser und trockener Sekt

Zubereitung: 15 Min.
Kühlzeit: 1 Std. 30 Min.
Pro Glas: 610 kJ/150 kcal

Klassiker · Ganz einfach

1 Zitrone waschen, Schale spiralförmig abschneiden. Zitrone rundum einstechen, mit Wein ins Bowlegefäß geben. 1 Std. 30 Min. kühen.

2 Mit eiskaltem Mineralwasser und Sekt aufgießen.

Tipp!
Das Wasser als Eiswürfel gefroren dazugeben.

Kir

ZUTATEN FÜR 1 WEINGLAS:
1 cl Crème de Cassis (schwarzer Johannisbeerlikör) · 10 cl gut gekühlter trockener Weißwein

Zubereitung: 2 Min.
Pro Glas: 400 kJ/100 kcal

Klassiker · Schnell

1 Crème de Cassis in ein Weinglas füllen. Mit dem Weißwein auffüllen.

Varianten:
Kir Royal ist fast noch bekannter: Ersetzen Sie den Weißwein durch trockenen Sekt. Für eine alkoholfreie Version **alkoholfreien** Johannisbeersirup mit Mineralwasser aufgießen, 1 Spritzer Limettensaft zufügen.

Pussy Foot

ZUTATEN FÜR 1 TROPICAL-GLAS:
3 cl Zitronensaft
5 cl Orangensaft
3 cl Ananassaft
1 cl Grenadinesirup
Eiswürfel · 1 Orangenscheibe

Zubereitung: 3 Min.
Pro Glas: 350 kJ/80 kcal

Klassiker · Alkoholfrei

1 Säfte und Sirup in einem Shaker mit Eis gut schütteln. In ein mit Eiswürfeln gefülltes Glas geben. Mit der Orangenscheibe dekorieren.

Varianten:
Mit Maracujanektar, Grapefruit- oder schwarzem Johannisbeersaft variieren.

Bloody Mary

ZUTATEN FÜR 1 LONGDRINK-GLAS:
4 cl Wodka · 1 cl Zitronensaft
10–12 cl Tomatensaft · frisch gemahlener schwarzer Pfeffer
Kräutersalz · Tabasco
Worcestersauce · Eiswürfel
1 Stange Staudensellerie

Zubereitung: 2 Min.
Pro Glas: 470 kJ/110 kcal

Klassiker · Aperitif

1 Alle Zutaten außer Sellerie mit Eiswürfeln im Shaker schütteln, in ein Longdrinkglas absieben. Selleriestange hineinstellen.

Variante:
Bloody Mary ohne Wodka wirkt bei Kater Wunder!

Champagner-cocktail

ZUTATEN FÜR 1 CHAMPAGNER-TULPE:
1 Stück Würfelzucker
Angostura · eiskalter Champagner oder Sekt
Zitronenschale zum Abspritzen

Zubereitung: 2 Min.
Pro Glas: 190 kJ/50 kcal

Klassiker · Mild

1 Das Zuckerstück in eine Champagnertulpe geben, mit 2–3 Spritzern Angostura tränken, mit Champagner aufgießen. Mit Zitronenschale abspritzen.

Variante: Champagner sour
Den Zucker mit Zitronensaft tränken, aufgießen.

Martini Dry

ZUTATEN FÜR 1 COCKTAILGLAS:
4 cl Gin
2 cl trockener Vermouth
2 Eiswürfel
1 Olive

Zubereitung: 5 Min.
Pro Glas: 510 kJ/120 kcal

Klassiker · Aperitif

1 Gin und Vermouth mit Eiswürfeln im Rührglas verrühren und in ein Cocktailglas seihen. Die Olive mit einem Sticker ins Glas stellen.

Variante: Martini Sweet
Trockenen weißen durch roten Vermouth und die Olive durch 1 Cocktailkirsche ersetzen.

Black Velvet

ZUTATEN FÜR 1 SEKTGLAS:
6 cl eiskaltes Guinness · gekühlter Champagner oder Sekt

Zubereitung: 3 Min.
Pro Glas: 280 kJ/70 kcal

Klassiker · Ganz einfach

1 Guinness ins Glas füllen, langsam mit Champagner oder Sekt aufgießen.

Varianten:
Klassisch: Sekt-Orange.
Aromatisch: Sekt-Maracuja.
Farblich attraktiv: Sekt-schwarzer Johannisbeersaft.
Reizvoll: Sekt-Grapefruit.

Sekt mit jeweiligem Fruchtsaft 1 : 1 aufgießen, mit Fruchtspalte garnieren.

Pick me up

ZUTATEN FÜR 1 SEKTGLAS:
3 cl Cognac · 2 cl Zitronensaft
Angostura und Grenadinesirup
2 Eiswürfel · Sekt

Zubereitung: 3 Min.
Pro Glas: 600 kJ/140 kcal

Klassiker · Cocktail

1 Cognac, Zitronensaft und je 1 Spritzer Angostura und Grenadine auf Eis schütteln, in ein Sektglas absieben und mit Sekt auffüllen.

Variante: Casablanca
3 cl Wodka und je 2 cl Eierlikör, Zitronensaft und Orangensaft im Shaker auf Eis schütteln und mit gestoßenem Eis servieren.

Bellini

ZUTATEN FÜR 1 SEKTGLAS:
1/4 weißer Pfirsich
1 cl Apricot Brandy
eiskalter Prosecco

Zubereitung: 5 Min.
Pro Glas: 230 kJ/60 kcal

Klassiker · Mild

1 Das Pfirsichstück häuten, mit dem Apricot Brandy pürieren und ins Glas füllen. Mit Prosecco auffüllen.

Tipp!
Es ist einfacher, den Pfirsich für vier Drinks zu pürieren. Notfalls nehmen Sie Pfirsichsaft. Oder Sie gießen 2 cl Pfirsichlikör ins Glas und füllen mit Prosecco auf.

Old Fashioned

ZUTATEN FÜR 1 WHISKEYGLAS:
1 Stück Würfelzucker
Angostura
je 1/2 Zitronen- und Orangenscheibe
1 Cocktailkirsche · 2 Eiswürfel
5 cl Bourbon Whiskey
Eiswasser

Zubereitung: 5 Min.
Pro Glas: 630 kJ/150 kcal

Klassiker · Aperitif

1 Zuckerstück im Whiskeyglas mit Angostura tränken, mit einem Löffel zerdrücken. Die Früchtegarnitur und Eiswürfel dazugeben. Bourbon darüber gießen, mit Wasser auffüllen und mit einem Stirer (Rührstab) servieren.

Whiskey Sour

ZUTATEN FÜR 1 SEKTGLAS:
5 cl Bourbon · 3 cl Zitronensaft
2 cl Zuckersirup · 2 Eiswürfel
1 Cocktailkirsche
1/2 Orangenscheibe

Zubereitung: 3 Min.
Pro Glas: 640 kJ/150 kcal

Klassiker · Ganz einfach

1 Bourbon mit Zitronensaft und Sirup auf Eis schütteln, in ein Sektglas absieben. Mit der Kirsche und Orangenscheibe garnieren.

Variante: Pisco sour
Bourbon durch Pisco (chilenischer Weinbrand) und Zitronen- durch Orangensaft ersetzen. Im Whiskeyglas mit Zuckerrand servieren.

Screwdriver

ZUTATEN FÜR 1 LONGDRINK-GLAS:
4 cl Wodka · 2 Eiswürfel
Orangensaft
1/2 Orangenscheibe

Zubereitung: 2 Min.
Pro Glas: 460 kJ/110 kcal

Klassiker · Cocktail

1 Wodka auf Eiswürfel gießen, mit Orangensaft auffüllen und umrühren. Orangenscheibe an den Glasrand stecken.

Variante:
Spritziger **Champagnercocktail**: 2 cl Orangenlikör mit 1 Spritzer Orangen-Bitter ins Glas geben, mit trockenem Sekt auffüllen.

Rosenbowle

ZUTATEN FÜR 8 PERSONEN:
8 stark duftende, ungespritzte Rosenblüten · 50 g Zucker 4 cl Cognac · je 1 Flasche Rot- und Weißwein und Sekt

Zubereitung: 5 Min.
Kühlzeit: 1 Std.
Pro Glas: 1020 kJ/250 kcal

Raffiniert

1 Rosenblätter waschen, abtropfen lassen, einige beiseite legen. Die restlichen Blätter zuckern, mit Cognac und Rotwein begießen. 1 Std. im Kühlschrank durchziehen lassen.

2 Durchsieben, mit kaltem Weißwein und Sekt auffüllen. Rosenblätter darüber streuen.

Maibowle

ZUTATEN FÜR 8 PERSONEN:
1 Bund Waldmeister 2 EL Zucker · 1 1/2 l Weißwein 1 unbehandelte Limette 1 Flasche Sekt

Zubereitung: 30 Min.
Pro Glas: 920 kJ/220 kcal

Klassiker

1 Waldmeister waschen, zuckern und mit Wein übergießen. Limettenschale abreiben, Saft auspressen, beides dazugeben, 20 Min. ziehen lassen.

2 Mit eiskaltem Sekt aufgießen und servieren.

Variante:
Probieren Sie mal Thymian statt Waldmeister.

Erdbeerbowle

ZUTATEN FÜR 8 PERSONEN:
700 g aromatische Erdbeeren 4 EL Zucker · 1 Flasche Weißwein oder Rosé · 1 Flasche Mineralwasser · 1 Flasche Sekt

Zubereitung: 30 Min
Kühlzeit: 1 Std. 30 Min.
Pro Glas: 820 kJ/200 kcal

Klassiker · Ganz einfach

1 Erdbeeren waschen, putzen, halbieren, zuckern, 30 Min. ziehen lassen. Wein aufgießen, 1 Std. kühlen.

2 Vor dem Servieren Bowle mit eiskaltem Mineralwasser und Sekt auffüllen.

Variante:
Schmeckt auch mit Himbeeren, Pfirsich oder Melone.

Sangria

ZUTATEN FÜR 8 PERSONEN:
5 Orangen · Saft von 2 Zitronen 2 EL Zucker · 125 ml Portwein 1,5 l Rotwein 1 Flasche Mineralwasser

Zubereitung: 10 Min.
Kühlzeit: 1 Std.
Pro Glas: 900 kJ/210 kcal

Klassiker · Erfrischend

1 Orangen schälen und in Scheiben, dann in Viertel schneiden. Mit Zitronensaft, Zucker und Portwein mischen und 1 Std. kühlen.

2 Kalten Rotwein und Mineralwasser zugießen.

Variante:
Statt Orangen Melonen und Orangensaft verwenden.

Feuerzangenbowle

ZUTATEN FÜR 8 PERSONEN:
1 Zimtstange · 2 Gewürznelken
3 TL Malventee · 700 ml Orangensaft · 1 Flasche Rotwein
1 Zuckerhut · 250 ml brauner Rum (54 Vol. %)

Zubereitung: 30 Min.
Pro Glas: 1300 kJ/300 kcal

Klassiker

1 Gewürze und Tee mit 1 l kochendem Wasser aufgießen, 5 Min. ziehen lassen, abgießen. Mit Saft und Rotwein auf einem Rechaud erhitzen.

2 Zuckerhut mit Rum tränken und im Halter über den Topf legen, anzünden. Solange Rum darüber schöpfen, bis der Zucker schmilzt.

Traubenpunsch

ZUTATEN FÜR 8 PERSONEN:
5 TL Tee (Earl Grey)
1 Zimtstange
1 Vanilleschote
2 Stiele Zitronengras (ersatzweise abgeriebene Zitronenschale)
1 l roter Traubensaft
2 EL Honig · 40 g Rosinen

Zubereitung: 12 Min.
Pro Glas: 500 kJ/120 kcal

Ganz einfach

1 Den Tee und die Gewürze mit 1 1/2 l kochendem Wasser überbrühen, 6 Min. ziehen lassen, absieben.

2 Den Tee mit dem Traubensaft, dem Honig und den Rosinen erhitzen und servieren.

Exotenbowle

ZUTATEN FÜR 8 PERSONEN:
2 frische Mangos
4 Kumquats
Saft von 2 Limetten
2 EL Zucker
1 Msp. Ingwerpulver
700 ml Ginger Ale
2 Flaschen Mineralwasser

Zubereitung: 1 Std. 15 Min.
Pro Glas: 340 kJ/80 kcal

Raffiniert · Alkoholfrei

1 Mangos schälen, würfeln. Kumquats waschen, in Scheiben schneiden und mit Limettensaft, Zucker und Ingwerpulver etwa 1 Std. im Kühlschrank ziehen lassen.

2 Mit gut gekühltem Ginger Ale und Mineralwasser auffüllen.

Teebowle

ZUTATEN FÜR 8 PERSONEN:
700 ml Apfelsaft
2 Bund Minze
4 TL schwarzer Tee

Zubereitung: 5 Min.
Gefrierzeit: 1 Std.
Pro Glas: 180 kJ/40 kcal

Erfrischend · Alkoholfrei

1 Apfelsaft im Eiswürfelbereiter einfrieren.

2 Minze waschen, ein paar Blättchen beiseite legen. Tee und die übrige Minze mit 1 1/2 l kochendem Wasser aufgießen, 5 Min. ziehen lassen, absieben, kalt stellen.

3 Den kalten Tee mit Apfelsaftwürfeln und frischen Minzeblättchen im Bowlengefäß servieren.

Planter's Punch

ZUTATEN FÜR 1 LONGDRINK-GLAS:
2 cl Zitronensaft
1 cl Grenadinesirup · je 4 cl Orangen- und Ananassaft
6 cl brauner Rum · 2 Eiswürfel
1 Stück Ananas · 1 Orangenscheibe · 1 Cocktailkirsche

Zubereitung: 3 Min.
Pro Glas: 790 kJ/190 kcal

Klassiker · Exotisch

1 Alle flüssigen Zutaten im Shaker mischen und auf Eis gießen.
2 Die Obststückchen und die Kirsche auf einen langen Spieß stecken, Drink mit Strohhalm servieren. Evtl. zusätzlich mit einer Hibiskusblüte garnieren.

Singapore Sling

ZUTATEN FÜR 1 LONGDRINK-GLAS:
Eiswürfel · 5 cl Gin
2 cl Cherry Brandy
3 cl Zitronensaft
1 Schuss Zuckersirup
Soda
1 Karambolescheibe
1 Cocktailkirsche

Zubereitung: 3 Min.
Pro Glas: 780 kJ/190 kcal

Klassiker · Ganz einfach

1 Das Glas zur Hälfte mit Eiswürfeln füllen. Gin, Brandy, Zitronensaft und Zuckersirup dazugeben, mit Soda aufgießen.
2 Mit Karambolescheibe, Cocktailkirsche und Strohhalm servieren.

Gin Fizz

ZUTATEN FÜR 1 LONGDRINK-GLAS:
6 cl Gin · 4 cl Zitronensaft
3 cl Zuckersirup
Eiswürfel · Soda

Zubereitung: 4 Min.
Pro Glas: 800 kJ/200 kcal

Klassiker · Erfrischend

1 Gin, Zitronensaft und Sirup mit 2–3 Eiswürfeln im Shaker gut schütteln. In ein mit Eiswürfeln gefülltes Glas gießen, mit Soda auffüllen.

Variante: Gin Tonic
5 cl Gin auf Eiswürfel gießen, mit Tonic auffüllen und mit 1 Zitronenscheibe servieren.

Piña Colada

ZUTATEN FÜR 1 LONGDRINK-GLAS:
2 cl Sahne
2 cl Kokosnusssirup
6 cl Ananassaft
6 cl weißer Rum · 2 Eiswürfel
1/2 Scheibe Ananas
1 Cocktailkirsche

Zubereitung: 3 Min.
Pro Glas: 1100 kJ/260 kcal

Klassiker · Cremig

1 Sahne, Kokosnusssirup, Ananassaft und Rum im Shaker mit 2–3 Eiswürfeln kräftig schütteln.
2 In ein Longdrinkglas mit gestoßenem Eis gießen. Mit einem Strohhalm, Ananas und Cocktailkirsche servieren.

Ingwer-Apéro

ZUTATEN FÜR 1 LONGDRINK-GLAS:
1 kandiertes Ingwerstäbchen
1 Prise Zimt
1 cl Maracujasirup
1 Eiswürfel
200 ml Ginger Ale
2 Physalis

Zubereitung: 20 Min.
Pro Glas: 1600 kJ/390 kcal

Alkoholfrei · Anregend

1 Das Ingwerstäbchen mit Zimt und Maracujasirup ins Glas geben, 15 Min. ziehen lassen.

2 Eiswürfel dazugeben, mit kaltem Ginger Ale aufgießen, mit Strohhalm und den Physalis servieren.

Coco-Mara

ZUTATEN FÜR 1 LONGDRINK-GLAS:
1 unbehandelte Orange · 1 EL Kokosraspeln · Eiswürfel · 2 cl Maracujasirup · Mineralwasser

Zubereitung: 5 Min.
Pro Glas: 530 kJ/130 kcal

Exotisch · Alkoholfrei

1 Die Orange in einem Stück dünn schälen, auspressen. Den Rand eines Longdrinkglases in den Saft, danach in die Kokosraspeln tauchen. Eiswürfel in das Glas geben.

2 Den Maracujasirup mit dem Orangensaft verrühren, in das Glas geben, Mineralwasser auffüllen. Mit Orangenschale dekorieren.

Pink Flamingo

ZUTATEN FÜR 4 LONGDRINK-GLÄSER:
2 rosa Grapefruits
500 ml Buttermilch
2 Päckchen Vanillezucker
3 cl Grenadinesirup · Eiswürfel

Zubereitung: 10 Min.
Pro Glas: 540 kJ/130 kcal

Für Kinder · Ganz einfach

1 Grapefruits halbieren, eine Scheibe abschneiden und zur Seite legen. Grapefruits auspressen.

2 Saft mit Buttermilch, Vanillezucker und Grenadinesirup mixen und über die Eiswürfel gießen.

3 Die Grapefruitscheibe vierteln, jeweils auf den Gläserrand setzen.

Blaues Wunder

ZUTATEN FÜR 1 LONGDRINK-GLAS:
2 Eiswürfel · 5 cl Ananassaft
5 cl Blue Curaçao-Sirup (ohne Alkohol) · Mineralwasser
2 Stückchen Ananas
2 Orangenspalten
1 Cocktailkirsche

Zubereitung: 3 Min.
Pro Glas: 620 kJ/150 kcal

Erfrischend · Alkoholfrei

1 In ein Longdrinkglas Eiswürfel, Ananassaft und Curaçao-Sirup geben, umrühren und mit eiskaltem Mineralwasser aufgießen.

2 Ananasstückchen, Orangenspalten und Kirsche im Wechsel aufspießen und in den Drink stellen.

Kanapees & Häppchen

Kanapees »Italia«

ZUTATEN FÜR 20 STÜCK
20 kleine Scheiben Baguette
3 EL Pesto · 250 g Mozzarella
400 g Eiertomaten · Salz
natives Olivenöl · Pfeffer

Zubereitung: 15 Min.
Pro Portion: 360 kJ/90 kcal
4 g E · 5 g F · 7 g KH

Spezialität aus Italien

1 Brot toasten, mit Pesto bestreichen. Mozzarella vierteln, in dünne Scheiben schneiden. Tomaten waschen, ohne Stielansätze in Scheiben schneiden.

2 Tomaten und Mozzarella dachziegelartig auf die Baguettescheiben legen, salzen, sparsam mit Öl beträufeln und pfeffern.

Gefüllte Datteln

ZUTATEN FÜR 20 STÜCK:
20 frische Datteln · 1/2 Bund glatte Petersilie · 2 EL Sahnemeerrettich · 250 g Schmand
3 EL Zitronensaft · Salz · Pfeffer
1 EL grüner Pfeffer

Zubereitung: 40 Min.
Pro Portion: 220 kJ/50 kcal
1 g E · 3 g F · 6 g KH

Raffiniert · Ganz einfach

1 Datteln längs aufschneiden und entsteinen. Petersilie waschen, die Blätter fein hacken, mit Meerrettich und Schmand verrühren. Mit Zitronensaft, Salz und Pfeffer würzen.

2 Datteln mit Creme füllen. Mit Petersilie und grünem Pfeffer garnieren.

Käsespießchen

ZUTATEN FÜR 20 STÜCK:
2 rote Paprikaschoten
10 eingelegte Weinblätter
2 EL Aceto balsamico
250 g Brie (ersatzweise Weinbergkäse) · 250 g Taleggio (ersatzweise Roquefort)
20 gelbe Muskattrauben (ersatzweise Physalis)

Zubereitung: 1 Std.
Pro Portion: 400 kJ/100 kcal
5 g E · 7 g F · 1 g KH

Gelingt leicht

1 Ofen auf 200° (Umluft 180°) vorheizen. Paprika waschen, im Ofen (oben) 15 Min. backen, bis die Schale blasig wird (oder unter den heißen Grill schieben, einmal wenden).

2 Paprika unter kaltem Wasser abschrecken, häuten und in 2 cm breite Streifen schneiden, dabei Kerne und Stielansätze entfernen. Weinblätter abwaschen, Stiele entfernen, Blätter halbieren. Paprika und Weinblätter mit Balsamico beträufeln.

3 Käse entrinden, in 2 cm große Würfel schneiden. Trauben waschen. Briewürfel mit Paprikastreifen umwickeln, aufspießen, Trauben aufstecken.

4 Weinblätter in 2 cm breite Streifen falten, um den Taleggio wickeln, obenauf spießen.

5 Alle Käsespießchen auf einem Tablett oder Teller dekorativ anrichten.

Räucherlachs-Kanapees

ZUTATEN FÜR 20 STÜCK:
3 EL Sahnemeerrettich
3 EL Crème fraîche · 5 Scheiben Mehrkorn-Kastenbrot
2 Stangen Staudensellerie
80 g Räucherlachs
1 EL Vermouth · 3 EL grüner Pfeffer · schwarzer Pfeffer

Zubereitung: 20 Min.
Pro Portion: 180 kJ/40 kcal
2 g E · 2 g F · 5 g KH

Schnell

1 Meerrettich und Crème fraîche verrühren. Brot entrinden, bestreichen und diagonal vierteln, so dass Dreiecke entstehen.
2 Die Selleriestangen waschen, putzen und in Scheibchen schneiden, die Blättchen beiseite legen. Brot mit Sellerie belegen.
3 Lachs grob hacken, Vermouth dazugeben, auf dem Sellerie verteilen. Mit grünem Pfeffer und Sellerieblättchen garnieren, mit schwarzem Pfeffer bestreuen.

Käse-Apfel-Taler

ZUTATEN FÜR 24 STÜCK:
1 großer roter Apfel (Delicious)
2 EL Zitronensaft · 5 EL Butter
2 TL Rotisseur-Senf
Kräutersalz · Pfeffer
24 Vollkornbrottaler
1 Kästchen Gartenkresse
40 g gehobelter Sbrinz (ersatzweise Parmesan)
2 TL schwarze Sesamsamen

Zubereitung: 15 Min.
Pro Portion: 210 kJ/50 kcal
1 g E · 3 g F · 6 g KH

Gut vorzubereiten

1 Apfel waschen, halbieren, Kerngehäuse entfernen. Eine Apfelhälfte grob raspeln. Die andere in Achtel und dann quer in hauchdünne Scheiben schneiden, sofort mit dem Zitronensaft beträufeln.
2 Apfelraspel mit Butter, Senf, Salz und Pfeffer mischen, die Vollkornbrottaler damit bestreichen. Kresse waschen, abtupfen, vom Beet schneiden und auf die Taler verteilen.
3 Die Vollkorntaler mit Sbrinz und Apfelstückchen belegen und mit Sesam bestreuen.

Kresse-Ei-Kanapees

ZUTATEN FÜR 24 STÜCK:
1 Avocado · 3 EL Zitronensaft
Salz · schwarzer Pfeffer · 1 TL Basilikum in Öl · 8 hart gekochte Eier · 2 Kästchen Gartenkresse · 24 Pumpernickeltaler

Zubereitung: 30 Min.
Pro Portion: 250 kJ/60 kcal
3 g E · 3 g F · 6 g KH

Vegetarisch

1 Das Avocadofleisch mit Zitronensaft, Salz, Pfeffer und Basilikum pürieren.
2 Die Eier in Scheiben schneiden. Kresse abschneiden. Die Brottaler mit Avocadomasse bestreichen, mit Kresse und je 2 Eierscheiben belegen, pfeffern.

Schnitzelchen-Kanapees

ZUTATEN FÜR 20 STÜCK:
5 Scheiben Roggenmischbrot
350 g Putenschnitzel · 1 Ei
Salz · Pfeffer · 4 EL Mehl · Öl
60 g Feldsalat · 100 g Meerrettich-Crème fraîche
75 g Preiselbeerkonfitüre

Zubereitung: 30 Min.
Pro Portion: 330 kJ/80 kcal
5 g E · 3 g F · 7 g K

Schnell

1 Brot toasten und entrinden. Brot und Schnitzel in 20 Rauten schneiden. Ei, Salz und Pfeffer verschlagen.
2 Fleisch in Mehl, dann im verquirlten Ei wenden, in Öl braten. Salat waschen. Brotrauten mit Crème fraîche bestreichen, mit Salat und Schnitzel belegen, mit Konfitüre krönen.

Lebermousse-Kanapees

ZUTATEN FÜR 20 STÜCK:
175 g Leber · 2 EL Weinbrand
Salz · Pfeffer · 1 Msp. Thymian
130 g Butter
5 Scheiben Toastbrot
1 kleiner Radicchio
3 gehackte Cornichons

Zubereitung: 2 Std.
Pro Portion: 280 kJ/70 kcal
3 g E · 5 g F · 2 g KH

Raffiniert

1 Leber mit Weinbrand und Gewürzen 1 Std. marinieren. Im Ofen bei 150° (Mitte, Umluft, 130°) 30 Min. garen. Mit 100 g Butter pürieren und würzen.
2 Toast rösten, buttern und jeweils in 4 Dreiecke teilen. Mit Radicchio belegen. Mousse aufspritzen, Cornichons darauf verteilen.

Feta-Kanapees

ZUTATEN FÜR 20 STÜCK:
1/2 Salatgurke · 1 Bund Dill
500 g Feta · 5 Scheiben Pumpernickel · 80 g Kräuterbutter · schwarzer Pfeffer

Zubereitung: 10 Min.
Pro Portion: 440 kJ/110 kcal
4 g E · 9 g F · 3 g KH

Ganz einfach

1 Gurke waschen, schälen, in dünne Scheiben schneiden. Dill waschen, Blättchen abzupfen. Feta in Scheiben schneiden.

2 Pumpernickel mit Kräuterbutter bestreichen, in 20 Rechtecke schneiden. Mit Gurkenscheiben und Feta belegen. Mit Dill garnieren und pfeffern.

Schinken-Kanapees

ZUTATEN FÜR 20 STÜCK:
60 g Rucola · 100 g Butter
1/2 TL Zitronensaft · Salz
300 g Champignons · 2 EL Aceto balsamico · schwarzer Pfeffer
20 Scheiben Baguette
20 hauchdünne Scheiben luftgetrockneter Schinken

Zubereitung: 25 Min.
Pro Portion: 340 kJ/80 kcal
3 g E · 5 g F · 6 g KH

Schnell

1 Rucola waschen, fein hacken. Zwei Drittel mit Butter und Zitronensaft verkneten, mit Salz würzen. Pilze putzen, feinblättrig schneiden, mit Balsamico beträufeln, salzen, pfeffern.

2 Baguettescheiben buttern, mit Schinken und Pilzen belegen.

3 Mit dem restlichen Rucola garnieren und mit Pfeffer bestreuen.

Kanapees al pesto

ZUTATEN FÜR 20 STÜCK:
75 g Pinienkerne
1/2 Knoblauchzehe
1 Bund Basilikum
4 EL Olivenöl · 2 EL Zitronensaft
30 g Parmesan, frisch gerieben
Salz · schwarzer Pfeffer
6 kleine Tomaten
400 g toskanisches Bauernbrot

Zubereitung: 30 Min.
Pro Portion: 390 kJ/90 kcal
3 g E · 4 g F · 12 g KH

Gelingt leicht

1 Pinienkerne in einer Pfanne rösten. 25 g davon hacken. Knoblauch schälen und hacken. Basilikum waschen, die Hälfte der Blättchen mit den gehackten Pinienkernen beiseite legen.

2 Übrige Pinienkerne mit verbliebenem Basilikum, Knoblauch, Öl und Zitronensaft zu Pesto pürieren. Parmesan zugeben, salzen und pfeffern. Tomaten überbrühen, häuten, Stielansätze und Kerne entfernen, Fruchtfleisch würfeln.

3 Brot in Scheiben schneiden, Pesto aufstreichen und 20 Rauten ausschneiden. Mit Basilikumblättern belegen. Tomatenwürfel und Pinienkernen darauf verteilen. Mit Salz und Pfeffer würzen.

Salami-Kanapees

ZUTATEN FÜR 20 STÜCK:
4 getrocknete Tomaten in Öl
1 Bund Schnittlauch · 2 hart gekochte Eier · 60 Scheiben luftgetrocknete Salami (160 g)
20 Taler Sonnenblumenbrot

Zubereitung: 15 Min.
Pro Portion: 430 kJ/100 kcal
5 g E · 5 g F · 11 g KH

Ganz einfach · Schnell

1 Tomaten mit etwas Öl pürieren. Schnittlauch in feine Röllchen schneiden. Eier hacken. Salamischeiben bis zur Mitte einschneiden.

2 Brot mit Püree bestreichen. Salami zu »Tüten« rollen. Je 3 Tüten auf die Brottaler setzen. Mit Ei und Schnittlauch garnieren.

Kanapees al tonno

ZUTATEN FÜR 20 STÜCK:
300 g Tunfisch naturell (Dose)
1 1/2 unbehandelte Zitronen
50 g Kapern · schwarzer Pfeffer
20 kleine Blätter Batavia-Salat
20 Scheiben Roggenbaguette
125 g Kräuterbutter

Zubereitung: 20 Min.
Pro Portion: 390 kJ/90 kcal
5 g E · 6 g F · 6 g KH

Schnell

1 Tunfisch fein zerdrücken. Zitronen heiß waschen. Saft einer halben Zitrone auspressen. Kapern grob hacken, zum Fisch geben. Die Tunfischpaste mit Pfeffer und Zitronensaft abschmecken.

2 Salat waschen. Brot mit Kräuterbutter bestreichen, jede Scheibe mit je 1 Salatblatt belegen, Tunfisch darauf verteilen. Restliche Zitrone in dünne Scheiben schneiden, diese bis zur Mitte einschneiden und zu Spiralen verdreht auf die Kanapees setzen.

Paprika-Scampi-Kanapees

ZUTATEN FÜR 20 STÜCK:
2 EL Olivenöl · 1/4 TL Salz
2 EL trockener Vermouth
60 gegarte geschälte Scampi
1 Bund Basilikum · 5 Knoblauchzehen · 300 g marinierte rote Paprika (ersatzweise Tomatenpaprika) · 20 kleine Scheiben Baguette

Zubereitung: 25 Min.
Pro Portion: 240 kJ/60 kcal
4 g E · 1 g F · 7 g KH

Raffiniert · Schnell

1 Olivenöl, Salz und Vermouth verrühren, Scampi darin 10 Min. zugedeckt marinieren.

2 Basilikum waschen, Blättchen abzupfen. Knoblauch schälen. Scampi abtropfen lassen. Basilikum und Knoblauch mit der Scampimarinade zu einer Basilikumpaste pürieren. Paprika abtropfen lassen, in fingerbreite Spalten schneiden.

3 Baguette dünn mit Basilikumpaste bestreichen, mit Scampi, Paprikastreifen und Basilikumblättern dekorativ belegen.

Citrus-Chester-Kanapees

ZUTATEN FÜR 20 STÜCK:
10 Scheiben Chesterkäse
4 rosa Grapefruits · 1/2 Bund glatte Petersilie · 75 g weiche Butter · 1 EL grüner Pfeffer
1/2 TL unbehandelte, abgeriebene Zitronenschale
5 Scheiben Toastbrot

Zubereitung: 30 Min.
Pro Portion: 1200 kJ/290 kcal
15 g E · 22 g F · 8 g KH

Schnell

1 Jede Käsescheibe in 4 Dreiecke teilen. Grapefruits schälen, in 1 cm dicke Scheiben schneiden, halbieren. Austretenden Saft auffangen. Petersilie waschen, Blättchen abzupfen.

2 Butter mit zerdrücktem Pfeffer, Zitronenschale und etwas Saft vermengen. Brot toasten, mit Butter bestreichen, Scheiben vierteln, mit je 2 Käsedreiecken, 1/2 Grapefruitstück und Petersilie belegen.

Krabben-Kanapees

ZUTATEN FÜR 20 STÜCK:
3 Orangen · Salz · Pfeffer
450 g Krabben · 1 Bund Dill
5 Scheiben Toastbrot
4 EL Mayonnaise
2 EL Cocktailsauce
etwas Eisbergsalat

Zubereitung: 25 Min.
Pro Portion: 290 kJ/70 kcal
6 g E · 3 g F · 7 g KH

Raffiniert · Schnell

1 Orangen schälen und filetieren. Saft auffangen, salzen, pfeffern. Krabben darin 15 Min. marinieren, abtropfen lassen. Dill waschen und 20 Blättchen zur Seite legen, Rest hacken.

2 Brot dünn mit Mayonnaise bestreichen und vierteln. Übrige Mayonnaise mit Cocktailsauce, Krabben, Orangenfilets und gehacktem Dill verrühren. Salat waschen, auf die Brote legen, Krabben-Cocktail und Dill darauf anrichten.

Cream-Cheese-Kanapees

ZUTATEN FÜR 20 STÜCK:
5 Scheiben Toastbrot · 75 g Sonnenblumenkerne · 2 Bund Schnittlauch · 200 g Frischkäse
40 g Naturjoghurt · Pfeffer
Salz · 20 Kirschtomaten

Zubereitung: 15 Min.
Pro Portion: 240 kJ/60 kcal
2 g E · 5 g F · 3 g KH

Gelingt leicht · Schnell

1 Brot toasten, jeweils in 4 Dreiecke teilen. Kerne trocken rösten. Ein Drittel mahlen, den Rest hacken. Schnittlauch in feine Röllchen schneiden.

2 Käse, Joghurt, gemahlene Kerne, die Hälfte des Schnittlauchs verrühren und würzen. Tomaten waschen, vierteln.

3 Käse dekorativ auf das Brot spritzen, mit Tomaten, Schnittlauch und gehackten Sonnenblumenkernen garnieren.

Puten-Kanapees

ZUTATEN FÜR 20 STÜCK:
5 Scheiben Vollkorn-Toastbrot
100 g Crème fraîche · 2 TL Senf
1 Zweig Estragon · je 10 blaue und grüne Weintrauben
10 Scheiben Putenschinken

Zubereitung: 20 Min.
Pro Portion: 200 kJ/50 kcal
2 g E · 3 g F · 4 g KH

Schnell

1 Brot toasten, entrinden. Crème fraîche mit Senf verrühren. Brot damit bestreichen, jede Scheibe vierteln.

2 Estragon waschen, Blättchen abzupfen. Trauben waschen, halbieren und entkernen. Schinkenscheiben halbieren, Kanapees damit dekorativ belegen. Mit je 1/2 blauen und grünen Traube sowie Estragon garnieren.

Roastbeef-Kanapees

ZUTATEN FÜR 20 STÜCK:
2 rote Zwiebeln · 1 Bund Petersilie · 300 g Crème double
Salz · Pfeffer
10 Scheiben Toastbrot
20 Scheiben Roastbeef (à 30 g)

Zubereitung: 10 Min.
Pro Portion: 700 kJ/170 kcal
7 g E · 11 g F · 9 g KH

Klassisch

1 Zwiebeln schälen. Eine in feine Ringe schneiden, die andere fein hacken. Petersilie waschen, Blättchen fein hacken. Zwei Drittel mit gehackter Zwiebel unter Crème double rühren, würzen.

2 20 Brottaler von 4 cm Durchmesser ausstechen, dünn mit Crème bestreichen, mit Roastbeef belegen. Restliche Crème aufspritzen, mit Zwiebelringen und Petersilie verzieren.

Pizza-Crostini

ZUTATEN FÜR 24 STÜCK:
24 Scheiben Roggenbaguette
2 Knoblauchzehen · 1 Zwiebel
20 entsteinte schwarze Oliven
24 Scheiben Salami · Pfeffer
1 EL Thymianblättchen · 6 Tomaten · 400 g Mozzarella · Olivenöl

Zubereitung: 45 Min.
Pro Portion: 430 kJ/100 kcal
5 g E · 6 g F · 18 g KH

Ganz einfach

1 Den Ofen auf 180° (Umluft 160°) vorheizen. Baguette toasten, Knoblauch halbieren, Toasts mit den Schnittflächen abreiben. Zwiebel schälen, fein hacken. Oliven hacken. Salami würfeln. Alles mischen, pfeffern, Thymian zugeben. Tomaten waschen, in je 4 Scheiben schneiden. Mozzarella würfeln, die Hälfte zur Oliven-Salamimischung geben.

2 Auf dem Brot verteilen. Mit je 1 Tomatenscheibe belegen, mit restlichem Mozzarella bestreuen und mit Olivenöl beträufeln.

3 Crostini im Ofen (Mitte) 15 Min. backen.

Grüne Puten-Crostini

ZUTATEN FÜR 20 STÜCK:
1 Zwiebel · 40 g Butter
200 g Putenfleisch
5 EL trockener Vermouth
Salz · Pfeffer · 1 Bund Sauerampfer · 100 g Sahne · 3 hart gekochte Eier · 2 TL Kapern
5 Scheiben Pumpernickel

Zubereitung: 35 Min.
Pro Portion: 310 kJ/80 kcal
4 g E · 4 g F · 5 g KH

Pikant

1 Zwiebel schälen, würfeln, in heißer Butter bei mittlerer Hitze glasig dünsten. Fleisch klein hacken und zugeben, unter Rühren hellbraun braten. Vermouth angießen, würzen, 8 Min. einkochen lassen, kalt stellen.

2 Sauerampfer waschen, Stiele entfernen, Blätter, Fleisch und Sahne pürieren. Aus den Eiern 20 Scheiben schneiden, Rest hacken. Mit den Kapern unter die Creme ziehen

3 Die Brote mit der Creme bestreichen, in je 4 Stücke teilen und mit Eischeiben garnieren.

Pikant-süße Crostini

ZUTATEN FÜR 20 STÜCK:
500 g Champignons
4 Sardellenfilets · 1 Zwiebel
100 g Räucherspeck · 1 EL Butter
1 Msp. Oregano · 100 g Korinthen
75 ml Sherry · Salz · Pfeffer
20 Scheiben Baguette

Zubereitung: 45 Min.
Pro Portion: 340 kJ/80 kcal
4 g E · 2 g F · 12 g KH

Raffiniert

1 Pilze putzen, hacken. Sardellen hacken. Zwiebel schälen, mit Speck würfeln.

2 Speck in Butter auslassen, Zwiebel darin dünsten, mit übrigen Zutaten 3 Min. köcheln lassen. Auf das Brot streichen.

Gefüllte Pilze

ZUTATEN FÜR 20 STÜCK:
20 mittelgroße Champignons
1 TL Zitronensaft · 1/2 Bund Schnittlauch · 1 Knoblauchzehe
125 g körniger Frischkäse
Salz · Pfeffer · 1/2 EL Majoranblättchen · Knoblauchöl

Zubereitung: 35 Min.
Pro Portion: 50 kJ/18 kcal
1 g E · 1 g F · 1 g KH

Gelingt leicht

1 Pilze putzen, Stiele herausdrehen und hacken. Köpfe und gehackte Stiele mit Zitronensaft beträufeln.

2 Schnittlauch waschen, in Röllchen schneiden. Knoblauch schälen, durchpressen. Mit Gewürzen, gehackten Pilzen und Frischkäse mischen.

3 Backofen auf 225° (Umluft 200°) vorheizen. Pilzköpfe einölen. Käsemasse einfüllen, etwas andrücken. Mit Öl beträufeln.

4 Die Pilze in Grillschalen im Backofen (Mitte) 7–10 Min. grillen (oder auf dem Holzkohlegrill, 20 cm von der Glut entfernt).

Varianten:

Fruchtig gefüllte Pilze
1/2 Apfel und 75 g Möhren raspeln, mit Zitronensaft, Pilzstielen und 1 Ei vermengen. Salzen. Köpfe füllen.

Kernig gefüllte Pilze
1 Bund gemischte, gehackte Kräuter, Pilzstiele, je 2 EL gehackte Kürbiskerne und Mandeln mit 2 EL Sahne mischen, Köpfe füllen.

Umhüllte Ananas

ZUTATEN FÜR 24 STÜCK:
3 rote Paprikaschoten
100 ml Gemüsebrühe · Chilipulver · edelsüßes Paprikapulver · 1 frische Ananas
24 Scheiben Bacon (Frühstücksspeck) · Holzspießchen

Zubereitung: 50 Min.
Pro Portion: 300 kJ/70 kcal
3 g E · 5 g F · 3 g KH

Spezialität aus der Karibik

1 Paprika waschen, putzen, grob zerkleinern. Mit Gemüsebrühe pürieren, durch ein feines Sieb streichen. Mit Chili- und Paprikapulver würzen.

2 Ananas schälen, längs in 6 Spalten schneiden, holzigen Strunk entfernen, Spalten quer vierteln.

3 Backofen auf 225° (Umluft 200°) vorheizen. Ananasstücke rundum dünn mit Paprikamus einstreichen. Baconscheiben längs halbieren, Ananasstücke damit umhüllen. Falls nötig, Bacon mit Holzspießchen fixieren.

4 Im Backofen (oben) 5–7 Min. knusprig braten.

Variante:
Umhüllte Banane
4 feste Bananen in 3-4 cm lange Stücke schneiden, mit Paprikamus bestreichen und mit Bacon umwickeln.

Tipp!
Schneller geht's mit fertiger Paprikapaste (Ajvar) oder auch Pesto aus dem Glas.

Marinierte Pilze in Parmaschinken

ZUTATEN FÜR 20 STÜCK:
20 mittelgroße Champignons
3 Knoblauchzehen
1/2 unbehandelte Zitrone
50 ml Aceto balsamico
Salz · 2 Zweige Thymian
1 Lorbeerblatt
10 Scheiben Parmaschinken
1 Bund Schnittlauch

Zubereitung: 30 Min.
Marinierzeit: 8 Std.
Pro Portion: 80 kJ/20 kcal
2 g E · 1 g F · 2 g KH

Ganz einfach

1 Champignons putzen. Knoblauch schälen, grob zerkleinern. Zitrone waschen, Schale dünn abschälen, Saft auspressen.

2 Essig mit 200 ml Wasser, Salz, Zitronensaft und -schale, Knoblauch, Thymian und Lorbeerblatt aufkochen. Etwa ein Viertel der Pilze einlegen, aufkochen lassen, herausheben. Mit den restlichen Pilzen ebenso verfahren. Alle Pilze wieder in den Sud geben und darin 8 Std. marinieren lassen.

3 Schinkenscheiben halbieren. Schnittlauch waschen, und mit einem Schaumlöffel 1 Min. über Wasserdampf halten. Pilze gut abtropfen lassen.

4 Jeden Pilz in 1/2 Scheibe Schinken hüllen, Schinken oben mit Schnittlauch wie ein Säckchen zubinden.

Tipps!
Die marinierten Pilze halten sich im Kühlschrank etwa 3 Wochen. Sie können also ruhig eine größere Menge für den Vorrat herstellen. Schneller geht's mit schon fertig marinierten Pilzen aus dem Glas.

Putenröllchen

ZUTATEN FÜR 20 STÜCK:
500 g Putenbrust · 1 EL Basilikum in Öl · 75 g Rotisseur-Senf Salz · Pfeffer · 300 g Spinat (große Blätter) · 150 g Raclettekäse · 3 EL Öl · 125 ml trockener Weißwein · Holzspießchen

Zubereitung: 1 Std.
Pro Portion: 330 kJ/80 kcal
8 g E · 4 g F · 4 g KH

Pikant

1 Putenbrust in 20 dünne Scheiben schneiden, flach klopfen. Basilikum mit Senf, Salz und Pfeffer vermischen, Fleisch damit bestreichen.

2 Spinat waschen, putzen, mit 1 EL Öl in der offenen Pfanne zusammenfallen lassen. Abkühlen lassen. Auf das Fleisch legen, mit Käsescheiben bedecken und vom schmalen Ende her aufrollen. Fixieren.

3 Röllchen im restlichen Öl bei mittlerer Hitze rundum anbraten, Wein angießen und 10–15 Min. schmoren. Warm oder lauwarm servieren.

Variante:
Lauch-Käse-Rouladen
Lauchblätter blanchieren. Fleisch mit Kräuterfrischkäse bestreichen, Lauch daraufgeben, einrollen und wie beschrieben braten.

Tipp!
Sie können auch Rind- oder Kalbfleisch verwenden. Die Garzeit verlängert sich dann um 15–20 Min.

Mini-Frikadellen

ZUTATEN FÜR 20 STÜCK:
2 Frühlingszwiebeln · 1 Möhre 3 EL Sahne · 1 Scheibe Toastbrot · 1 Ei · 400 g gemischtes Hackfleisch · 75 g Rosinen 2 TL Senf mit grünem Pfeffer 1 TL Salz · 2 TL Sojasauce schwarzer Pfeffer · 4 EL Öl 100 g weiße Sesamsamen

Zubereitung: 1 Std.
Pro Portion: 450 kJ/100 kcal
5 g E · 8 g F · 5 g KH

Klassisch

1 Gemüse waschen und putzen. Frühlingszwiebeln in sehr feine Ringe schneiden, Möhre fein raspeln. Sahne erwärmen, Toastbrot darin kurz einweichen.

2 Aus Ei, Hack und Toastbrot einen Teig kneten. Zwiebeln, Möhren, Rosinen und Senf dazugeben, mit Salz, Sojasauce und Pfeffer abschmecken.

3 Ofen auf 220° (Umluft 200°) vorheizen. 2 EL Öl auf ein tiefes Backblech geben. Mit nassen Händen etwa 20 Frikadellen formen, in Sesam wälzen, auf das Backblech legen. Mit restlichem Öl beträufeln.

4 Im Ofen (oben) 15 Min. garen, dabei einmal wenden.

Varianten:
Schmeckt auch toll mit 3–4 EL gemischten gehackten Kräutern statt Rosinen. Oder jede Frikadelle mit einem Käsewürfel füllen.

Räucherforelle auf Kiwi

ZUTATEN FÜR 24 STÜCK:
4 Räucherforellenfilets (ersatzweise anderer Räucherfisch)
6 Kiwis · 4 Radieschen
250 g Sahnemeerrettich
Petersilienblättchen zum Garnieren · Pfeffer

Zubereitung: 45 Min.
Pro Portion: 220 kJ/50 kcal
3 g E · 3 g F · 3 g KH

Ganz einfach

1 Forellenfilets längs teilen, jede Hälfte dritteln. Kiwis schälen, jede quer in 4 dickere Scheiben schneiden, dabei die Kappen nicht mitverwenden. Radieschen waschen, putzen und in je 6 Spalten schneiden.

2 Auf jede Kiwischeibe 1 Stück Forelle legen und einen Tupfer Meerrettich aufspritzen. Mit einer Radieschenspalte und einem Petersilienblatt garnieren. Mit Pfeffer bestreuen.

Heilbutt-Lachs-Röllchen mit Spargel

ZUTATEN FÜR 20 STÜCK:
2 Gläser dünner grüner Spargel
Pfeffer · 1 Bund Bärlauch
300 g saure Sahne · Salz
1 Schuss Weißwein
je 10 Scheiben geräucherter Heilbutt und Lachs

Zubereitung: 45 Min.
Pro Portion: 280 kJ/70 kcal
6 g E · 4 g F · 1 g KH

Exklusiv

1 Spargel abtropfen lassen, pfeffern. Bärlauch waschen, die Hälfte pürieren, Rest klein schneiden, davon 3 EL beiseite legen, gesamten restlichen Bärlauch mit 200 g saurer Sahne verrühren, mit Salz und Wein abschmecken.

2 Die Räucherfischscheiben mit Bärlauchrahm bestreichen und jeweils 3–4 Spargelstangen darin einrollen. Übrige saure Sahne mit einem Spritzbeutel in kleinen Tuffs auf die Röllchen spritzen. Mit Bärlauch bestreuen.

Variante:
Statt Spargel Palmherzen aus der Dose nehmen.

Sill-Schnecken

ZUTATEN FÜR 24 STÜCK:
2 Bund Radieschen · Salz
2 Kästchen Gartenkresse
12 Heringsfilets (Sill) in Kräutermarinade · Holzspießchen

Zubereitung: 45 Min.
Pro Portion: 180 kJ/40 kcal
5 g E · 12 g F · 0 g KH

Ganz einfach

1 Radieschen waschen, putzen, 3–4 in Spalten schneiden. Die übrigen grob raspeln, salzen, evtl. entstehendes Wasser abgießen.

2 Kresse abschneiden. Heringe damit dick bestreuen, aufrollen, längs halbieren, mit Spießchen fixieren. Auf Radischenraspel setzen, mit -spalten garnieren.

Überbackene Miesmuscheln

ZUTATEN FÜR 20 STÜCK:
1 kg Miesmuscheln · 1 Zwiebel 1 EL Öl · Salz · 2 Bund Schnittlauch · 100 g Kräuter-Crème fraîche · 50 g Semmelbrösel 100 g Schinkenwürfel · Pfeffer

Zubereitung: 40 Min.
Pro Portion: 260 kJ/60 kcal
4 g E · 3 g F · 3 g KH

Raffiniert

1 Muscheln gründlich waschen und entbarten. Geöffnete Muscheln wegwerfen. Zwiebel schälen, grob würfeln. Im heißen Öl glasig dünsten. Muscheln zugeben, mit Salzwasser bedeckt aufkochen, zugedeckt 8 Min. bei mittlerer Hitze garen, bis alle Schalen geöffnet sind. Muscheln herausnehmen, abtropfen lassen. Geschlossene Muscheln wegwerfen.

2 Muschelfleisch auslösen, die Hälfte der Schalen gut waschen. Schnittlauch waschen und in feine Röllchen schneiden. Crème fraîche, Semmelbrösel, Schinken und die Hälfte des Schnittlauchs mischen. Muschelfleisch unterziehen, mit Salz und Pfeffer würzen.

3 Ofen auf 220° (Umluft 200°) vorheizen. Muschel-Crème-Masse in Muschelschalen füllen, auf ein Blech setzen. Im Backofen (oben) 6–8 Min. überbacken.

4 Üppig mit restlichem Schnittlauch bestreuen.

Shrimps im Spinatmantel

ZUTATEN FÜR 24 STÜCK:
24 geschälte rohe Shrimps 4 EL Zitronensaft · 1 Bund Schnittlauch · 1 Knoblauchzehe 20 g Butter · 100 g Crème fraîche · Salz · Pfeffer · 500 g Blattspinat · 3 EL Olivenöl Muskatnuss, frisch gerieben

Zubereitung: 1 Std.
Pro Portion: 190 kJ/50 kcal
3 g E · 3 g F · 1 g KH

Etwas aufwendiger

1 Die Shrimps mit 2 EL Zitronensaft beträufeln. Schnittlauch waschen, feine Röllchen schneiden. Knoblauch schälen, fein hacken.

2 Butter erhitzen, Shrimps darin 3–4 Min. anbraten. Crème fraîche zugeben, kurz schmoren lassen. Schnittlauch, Knoblauch, Salz und Pfeffer zufügen, Shrimps darin abkühlen lassen.

3 Spinat waschen, putzen, in einer Pfanne mit 1 EL Öl zusammenfallen lassen.

4 24 große Spinatblätter beiseite legen, Rest in 24 Portionen teilen. Jeweils 1 Portion in der Handfläche flach drücken. 1 Shrimp mit etwas Creme hineinlegen und den Spinat darüber zusammendrücken. Mit einem großen Blatt umhüllen, auf eine Platte setzen.

5 Sind alle Krabben umwickelt, Olivenöl mit restlichem Zitronensaft vermischen, darauf verteilen. Mit Pfeffer und Muskat würzen, kalt stellen.

Gefüllte Avocados

ZUTATEN FÜR 6 PERSONEN:
3 Avocados · 1 Limette · 300 g Surimi-Stäbchen · 250 g Cocktailtomaten · 1 Bund Basilikum · 1 Knoblauchzehe Salz · Pfeffer · 200 g Crème fraîche · 1 EL Ketchup

Zubereitung: 30 Min.
Pro Portion: 1300 kJ/310 kcal
10 g E · 25 g F · 14 g KH

Gelingt leicht

1 Avocados längs halbieren, Kerne auslösen. Mit einem Löffel aushöhlen, dabei 1/2 cm Rand stehen lassen. Limette auspressen, Avocadofleisch und Schnittflächen sofort mit der Hälfte des Limettensafts bestreichen. Fruchtfleisch würfeln.

2 Surimi-Stäbchen schräg in 1/2 cm breite Streifen schneiden. Mit der Hälfte des restlichen Limettensafts beträufeln. Tomaten waschen, Stielansätze entfernen. Tomaten vierteln. Basilikum waschen, Blätter abzupfen, größere Blätter grob hacken. Knoblauch halbieren, eine Schüssel damit ausreiben. Avocadowürfel, Surimi, Tomaten und Basilikum locker darin vermischen, kräftig salzen und pfeffern. In die Avocadohälften füllen.

3 Crème fraîche mit Ketchup glatt rühren, mit restlichem Limettensaft, Salz und Pfeffer würzen. Auf jede Avocadohälfte einen Klecks Crème setzen, mit Pfeffer bestreuen.

Gefüllte Eier

ZUTATEN FÜR 8 PERSONEN:
8 Eier · 100 g Tunfisch naturell (Dose) · 2 EL Crème fraîche 2 TL mittelscharfer Senf · Salz Muskatnuss, frisch gerieben 1 TL Zitronensaft · 100 g Kaviar 75 g Portulak zum Garnieren

Zubereitung: 35 Min.
Pro Portion: 520 kJ/120 kcal
12 g E · 8 g F · 1 g KH

Preiswert · Schnell

1 Eier in 7–8 Min. hart kochen, abschrecken, pellen und kalt werden lassen.

2 Tunfisch mit der Gabel zerpflücken, Eier längs halbieren, Eigelbe herausheben und durch ein Sieb streichen. Eigelbe und den Tunfisch mit dem Pürierstab cremig verrühren, die Crème fraîche unterziehen, mit Senf, Salz, Muskat und Zitronensaft abschmecken.

3 Creme in die Eihälften spritzen. Mit dem Kaviar garnieren.

4 Portulak waschen, verlesen, auf Küchenpapier abtropfen lassen. Auf einer Platte verteilen, gefüllte Eier dekorativ darauf anrichten.

Varianten:
Sie können die Eifüllung statt mit Tunfisch auch mit
- fein gehacktem Kerbel
- 2 EL gehackten Kapern
- 3 EL Ajvar (Paprikapaste) dann ohne Zitronensaft oder mit
- 100 g gekochtem Schinken und 1 EL Portwein zubereiten.

Hummer-Cocktail

ZUTATEN FÜR 8 PERSONEN:
2 gekochte Hummer (à 750 g)
500 g grüner Spargel · Salz
500 g Strauchtomaten · 1 Bund Kerbel (ersatzweise Petersilie)
150 g Mayonnaise (fettarm)
2 EL Ketchup · 3 cl Cognac
1 TL Tabascosauce · 1 Prise Zucker · 75 g steif geschlagene Sahne · 1 Kopfsalat

Zubereitung: 1 Std.
Pro Portion: 150 kJ/360 kcal
34 g E · 20 g F · 10 g KH

Braucht etwas Zeit

1 Hummerfleisch auslösen, in Scheiben schneiden. Spargel waschen, in 4 cm Abschnitte teilen und in kochendem Salzwasser 10 Min. bissfest garen, Spitzen beiseite legen. Tomaten überbrühen, häuten, Stielansätze entfernen. Tomaten halbieren, Kernchen durch ein Sieb streichen, Saft auffangen. Fruchtfleisch in Streifen schneiden. Kerbel waschen, drei Viertel der Blättchen hacken.

2 Mayonnaise mit Ketchup, aufgefangenem Saft und Cognac glatt rühren. Mit Tabasco, Salz, Zucker und Pfeffer würzen, gehackten Kerbel und Sahne unterziehen.

3 Hummer, Spargel, Tomaten und Dressing mischen, Salat waschen, trockentupfen, acht Schälchen damit auslegen, Hummer-Cocktail darauf verteilen. Mit Kerbel und Spargelspitzen garnieren.

Gedämpfter Lachs

ZUTATEN FÜR 8 PERSONEN:
2 Salatgurken · Salz
800 g Lachsfilet
5 EL Zitronensaft
weißer Pfeffer · 1 TL Anissamen
1 TL Zucker · 1 Bund Dill
400 g blaue Trauben · 2 EL Öl
3 EL Weißweinessig
3 EL Dijon-Senf

Zubereitung: 45 Min.
Pro Portion: 880 kJ/210 kcal
21 g E · 8 g F · 13 g KH

Ganz einfach

1 Die Gurken waschen, schälen und längs halbieren. Die Kerne herauskratzen und die Gurken in 1 cm dicke Halbringe schneiden. Salzen und durch ein Sieb abtropfen lassen.

2 Lachs auf ein großes Stück Alufolie (blanke Seite oben) legen, mit 2 EL Zitronensaft beträufeln, mit Salz, Pfeffer, Anis und Zucker bestreuen. Dill waschen, die Hälfte über den Fisch breiten. Gurken darauf verteilen, pfeffern. Ofen auf 180° (Umluft 160°) vorheizen. Trauben waschen, halbieren, entkernen, auf dem Fisch verteilen.

3 Folie über dem Filet schließen. Auf einem Blech im Ofen (Mitte) 25 Min. garen. In der Folie abkühlen lassen.

4 Fond abgießen, mit Öl, Essig, Senf, Salz und Pfeffer abschmecken. Lachs mit Gurken, Trauben und Dressing anrichten und mit Dillspitzen garnieren.

Marinierte Orangen-Scholle

ZUTATEN FÜR 8 PERSONEN:
5 Orangen · 50 ml Orangensaft
8 Schollenfilets (ca. 500 g)
Salz · weißer Pfeffer
2 Bund Frühlingszwiebeln
100 ml Weißwein · 3 EL Aceto bianco · 2 TL Piment
1 TL Sternanis · 1 TL grüne Pfefferkörner · Zitronenmelisse zum Garnieren

Zubereitung: 40 Min.
Marinierzeit: 6 Std.
Pro Portion: 410 kJ/100 kcal
11 g E · 1 g F · 16 g K

Gut vorzubereiten

1 2 Orangen auspressen, 3 schälen. Filets auslösen, den dabei austretenden Saft zum Orangensaft geben.

2 Schollenfilets waschen und trockentupfen. Mit Salz und Pfeffer würzen. Frühlingszwiebeln waschen, putzen, in 5 cm lange Stücke schneiden.

3 Orangensaft und Wein mit Wasser auf 300 ml auffüllen, mit Essig, Gewürzen, Salz und Frühlingszwiebeln bei schwacher Hitze 8 Min. zugedeckt köcheln lassen. Über die Schollenfilets gießen, Orangenfilets zugeben. Im Sud kalt werden lassen und 6 Std. durchziehen lassen.

4 Mit Melissenblättchen garniert zu Brot reichen.

Tipp!

Wenn Sie die Scholle 2–3 Tage marinieren, schmeckt sie noch intensiver.

Matjes-Tatar

ZUTATEN FÜR 8 PERSONEN:
4 Matjes-Doppelfilets
2 rote Zwiebeln · 1 säuerlicher Apfel · 2 EL Zitronensaft
Pfeffer · 8 Salatblätter
16 Scheiben Roggenbaguette
50 g Griebenschmalz
100 g saure Sahne
Petersilie zum Garnieren

Zubereitung: 1 Std.
Pro Portion: 1100 kJ/260 kcal
13 g E · 15 g F · 20 g K

Preiswert · Fruchtig

1 Die Matjesfilets 30 Min. wässern, abspülen, trockentupfen und fein hacken. Die Zwiebeln schälen. Eine fein würfeln, die andere in Ringe schneiden. Apfel waschen, vierteln, das Kerngehäuse entfernen. Apfel etwas größer würfeln als die Zwiebel, im Zitronensaft wenden. Alles mischen, pfeffern.

2 Salatblätter waschen, Rippen entfernen. Baguette rösten, mit Schmalz bestreichen, mit Salat und Matjes-Tatar belegen. Mit je 1 Klecks saurer Sahne, Zwiebelringen und Petersilie garnieren.

Variante: Cevice aus rohem Fischfilet

500 g Fischfilet (Scholle, Viktoriabarsch, Steinbeißer) mit Saft von 2 Limetten, Salz und Chilipulver marinieren. Mit 2 Bund gehackter glatter Petersilie, 500 g Tomatenscheiben und Zwiebelringen anrichten.

Königskrabben auf Lauchschaum

ZUTATEN FÜR 6 PERSONEN:
24 Königskrabben, küchenfertig vorbereitet
5 cl Grapefruitsaft
5 cl weißer Portwein
Salz · Pfeffer · 750 g Lauch
2 Frühlingszwiebeln
Olivenöl zum Braten
100 ml Gemüsebrühe (Instant)
200 g saure Sahne
Muskatnuss, frisch gerieben

Zubereitung: 35 Min.
Pro Portion: 1400 kJ/340 kcal
44 g E · 11 g F · 14 g KH

Ganz einfach

1 Krabben waschen, gut abtropfen lassen. Grapefruitsaft mit Portwein, Salz und Pfeffer vermischen. Die Krabben darin 20 Min. marinieren.

2 Inzwischen Lauch und Zwiebeln putzen, waschen und separat in Ringe schneiden. In einem großen Topf 3–4 EL Öl erhitzen, Lauch darin bei mittlerer Hitze andünsten. Brühe dazugeben, zugedeckt in 15 Min. gar dünsten.

3 Krabben gut abtropfen lassen, Marinade auffangen. Lauch samt Brühe fein pürieren, saure Sahne und Marinade unterziehen. Mit Salz, Pfeffer und Muskat abschmecken, warm halten.

4 Krabben in stark erhitztem Öl von jeder Seite 3 Min. braten. Zum Schluss die Frühlingszwiebeln dazugeben, 1 Min. mitbraten. Königskrabben mit den Zwiebeln auf dem Lauchschaum anrichten.

Tipp!
Schmeckt auch mit gegarten Tiefseegarnelen: 500 g Garnelen mit den Frühlingszwiebeln 1 Min. dünsten.

Überbackene Seezungennester

ZUTATEN FÜR 8 PERSONEN:
200 g Bandnudeln
4 Seezungenfilets (ca. 600 g)
3 EL Zitronensaft · Salz
weißer Pfeffer
500 g Brokkoliröschen
150 g Kräuterfrischkäse
1 kg Fleischtomaten
2 EL Butter
1 TL Thymianblättchen

Zubereitung: 40 Min.
Pro Portion: 1200 kJ/290 kcal
21 g E · 12 g F · 27 g KH

Gelingt leicht

1 Die Nudeln »al dente« kochen. Die Fischfilets der Länge nach halbieren, mit Zitronensaft beträufeln, salzen, pfeffern.

2 Brokkoli putzen, waschen und blanchieren. Abtropfen lassen und mit dem Käse pürieren, mit Salz und Pfeffer abschmecken.

3 Tomaten überbrühen, häuten, Stielansätze entfernen, entkernen und das Fruchtfleisch würfeln.

4 Ofen auf 180° (Umluft 160°) vorheizen. Butter mit Thymian zerlassen, mit den Nudeln auf dem Boden der Auflaufform verteilen. Tomatenwürfel so darauf verteilen, dass die Nudeln bedeckt sind.

5 Brokkolimix in 8 Portionen teilen. Jede Portion zur Kugel formen, ein Fischfilet darumlegen, auf die Tomaten setzen.

6 Fischnester im Ofen (Mitte) 25 Min. backen.

Hechtklößchen in Kräutersauce

ZUTATEN FÜR 8 PERSONEN:
3 Scheiben Toastbrot
100 g Sahne · 4 EL Zitronensaft
600 g Hechtfilets · Salz
weißer Pfeffer · je 1 Bund Dill, Petersilie und Schnittlauch
4 cl trockener Vermouth
350 ml Fischfond (Glas)
1 EL Butter · 1 EL Mehl
100 g Crème fraîche

Zubereitung: 50 Min.
Pro Portion: 960 kJ/230 kcal
17 g E · 12 g F · 11 g KH

Gelingt leicht

1 Brot entrinden, in Sahne einweichen. 2 EL Zitronensaft auf Filets träufeln, würzen und klein schneiden. 20 Min. anfrieren lassen.

2 Kräuter waschen, Blättchen von den Stielen zupfen. Petersilie und Dill fein hacken, Schnittlauch in feine Röllchen schneiden.

3 Fischwürfel mit Brot und Vermouth zur gleichmäßigen Farce pürieren.

4 Fischfond zum Kochen bringen. Aus der Farce kleine Klößchen formen. Diese portionsweise im nur leicht simmernden Fond 4 Min. ziehen lassen. Fertige Klößchen aus der Brühe heben.

5 Butter und Mehl verkneten, in Flöckchen zum Fond geben. Unter Rühren 10 Min. einkochen. Mit Crème fraîche, den Kräutern, Salz, Pfeffer und restlichem Zitronensaft abschmecken. Mit Reis servieren.

Lauch-Spaghettini

ZUTATEN FÜR 8 PERSONEN:
600 g Lauch · 2 Knoblauchzehen · 2 EL Sesamöl
1 EL weiße Sesamsamen
125 ml Prosecco (ersatzweise Sekt) · Salz · weißer Pfeffer
1/2 TL unbehandelte, abgeriebene Zitronenschale
200 g Spaghettini
3 EL Limettensaft · 1 TL Senf
40 g Sbrinz (ersatzweise Parmesan)

Zubereitung: 20 Min.
Pro Portion: 820 kJ/200 kcal
6 g E · 7 g F · 25 g KH

Raffiniert · Schnell

1 Lauch putzen, waschen abtropfen lassen, einmal quer halbieren und längs in schmale Streifen schneiden.

2 Knoblauchzehen schälen, fein würfeln. Sesamöl erhitzen, Lauchstreifen mit Knoblauch und Sesamsamen unter Rühren kurz anbraten. Prosecco angießen, mit Salz, Pfeffer und Zitronenschale würzen, vom Herd nehmen.

3 Gleichzeitig Nudeln in Salzwasser bissfest kochen, abtropfen lassen.

4 Lauchfond mit Limettensaft, Salz, Pfeffer, Senf würzen, mit Nudeln und Lauch locker vermischen. Käse darüber hobeln.

Varianten:
Ebenso schnell sind Pasta mit Pesto aus dem Glas, mit fein gewürfelten Tomaten in Öl, Rucola-Öl-Püree oder grünem Pfeffer und Parmaschinken zubereitet.

Spargelrisotto

ZUTATEN FÜR 8 PERSONEN:
1 kg Spargel · Salz
250 ml trockener Weißwein
1 Zwiebel
30 g Butter
250 g Risottoreis
Pfeffer
1 Bund Petersilie
2 Zweige Estragon
80 g Gorgonzola

Zubereitung: 1 Std. 45 Min.
Pro Portion: 800 kJ/190 kcal
4 g E · 3 g F · 30 g KH

Aromatisch

1 Den Spargel waschen und schälen, die holzigen Enden abschneiden. Schalen und Enden in 500 ml Salzwasser mit 2 EL Wein 1 Std. kochen lassen, Sud absieben.

2 Spargelstangen in 3–4 cm lange Stücke teilen, im Spargelsud in 12 Min. bissfest garen, herausnehmen.

3 Zwiebel schälen, fein würfeln, in Butter bei mittlerer Hitze 3 Min. anbraten, Reis dazugeben, bei schwacher Hitze 2–3 Min. dünsten. Restlichen Wein angießen, salzen und die Flüssigkeit unter Rühren einkochen.

4 Wenn der Wein fast verkocht ist, nach und nach Spargelsud angießen, bei schwacher Hitze offen 20–30 Min. weitergaren, salzen, pfeffern.

5 Kräuter waschen, Blättchen hacken, mit gewürfeltem Gorgonzola und Spargel zum Risotto geben, abschmecken.

Ravioli mit Rucola

ZUTATEN FÜR 8 PERSONEN:
400 g Mehl · 2 Eier
4 Eigelbe · 1 TL Zitronensaft
Salz · 1 Zwiebel
1 Bund Estragon
150 g Rucola · 30 g Pinienkerne
40 g Butter · 50 ml Weißwein
Pfeffer · 150 g Ziegenfrischkäse
Mehl für die Arbeitsfläche

Zubereitung: 1 Std. 30 Min.
Pro Portion: 1800 kJ/430 kcal
26 g E · 17 g F · 45 g KH

Braucht etwas Zeit

1 Mehl mit Eiern, Eigelben, Zitronensaft und 1/2 TL Salz gut verkneten, evtl. wenig Wasser zugeben. In Folie 1 Std. ruhen lassen.

2 Zwiebel schälen, würfeln. Kräuter waschen, die Hälfte der Estragonblättchen beiseite legen, die übrigen mit dem Rucola fein hacken. Zwiebeln mit Pinienkernen in 20 g Butter bei starker Hitze anbraten. Kräuter zugeben und zusammenfallen lassen. Wein angießen, alles offen 5 Min. schmoren, pfeffern und salzen, abkühlen lassen. Dann mit dem Ziegenfrischkäse mischen und abschmecken.

3 Den Teig auf bemehlter Fläche dünn ausrollen, Streifen von etwa 6 cm ausradeln, mit Wasser dünn einpinseln. Je 1 TL Füllung im Abstand von 5 cm auf die Streifen setzen. Einen zweiten Streifen darauf legen, um die Füllungen herum andrücken und jeweils zwischen zwei Füllungen mit dem Rädchen durchtrennen.

4 Ravioli in kochendem Salzwasser 12 Min. gar ziehen lassen. Herausheben, abtropfen lassen, in restlicher Butter mit übrigem Estragon bestreut servieren.

Möhrenpuffer mit Korianderrahm

ZUTATEN FÜR 8 PERSONEN:
750 g mehlig kochende Kartoffeln
500 g Möhren · 3 Eier
4 EL zarte Haferflocken
Salz · Pfeffer · Ingwerpulver
1 TL unbehandelte, abgeriebene Zitronenschale
250 g saure Sahne
1/2 Bund Koriandergrün (ersatzweise 1 Bund Petersilie)
Fett zum Braten

Zubereitung: 45 Min.
Pro Portion: 740 kJ/180 kcal
5 g E · 9 g F · 20 g KH

A la minute

1 Kartoffeln und Möhren schälen, raspeln. Eier, Salz, Pfeffer, Haferflocken, Ingwer und Zitronenschale unterrühren.

2 Fett in einer beschichteten Pfanne erhitzen. Bei mittlerer Hitze kleine Puffer aus je 1 EL Masse von beiden Seiten goldbraun braten. Warm halten, bis alle Puffer gebraten sind.

3 Saure Sahne glatt rühren. Koriander waschen, Blättchen hacken, unter den Rahm ziehen. Mit Salz abschmecken. Puffer heiß mit Korianderrahm servieren.

Varianten:
Lachs-Möhrenpuffer
200 g Möhren durch 200 g Lachs (in feinen Streifen) ersetzen.
Herzhaft: statt Lachs 200 g fein gewürfeltes, rohes Kasseler nehmen.

Tomatenscheiben mit Ziegenkäse

ZUTATEN FÜR 8 PERSONEN:
2 kg reife Strauchtomaten
250 g Ziegenweichkäse
1 großes Bund Basilikum
1 Zweig Minze
75 ml Olivenöl
50 ml Aceto balsamico
Salz · Pfeffer

Zubereitung: 20 Min.
Pro Portion: 960 kJ/230 kcal
10 g E · 17 g F · 13 g KH

Schnell · Gelingt leicht

1 Tomaten waschen, Stielansätze entfernen. Tomaten und Ziegenkäse in etwa 5 mm dicke Scheiben schneiden. Kräuter waschen. Ein Viertel Basilikumblättchen beiseite legen, den Rest mit den Minzblättchen fein hacken.

2 Tomaten und Käse dekorativ auf Tellern anrichten, Basilikumblättchen dazwischen dekorieren.

3 Aus Öl, Essig und gehackten Kräutern eine Marinade rühren, mit Salz und Pfeffer abschmecken. Tomaten und Käse damit beträufeln.

Tipp!
Bekannter ist die Kombination aus **Tomaten und Mozzarella.** Verwenden Sie, echten Büffelmilch-Mozzarella. Lassen Sie sich etwas Lake dazugeben und mischen Sie sie unter die Marinade: Diese wird dadurch sämiger.

Auberginenröllchen

ZUTATEN FÜR 8 PERSONEN:
2 Auberginen (ca. 600 g) · Salz
1 Bund Basilikum
2 Frühlingszwiebeln
1 Knoblauchzehe
300 g Eiertomaten
200 g Bratwurstbrät
4 EL Parmesan · Olivenöl
4 EL weißer Balsamessig
2 EL Zitronensaft · Pfeffer

Zubereitung: 1 Std.
Marinierzeit: 30 Min.
Pro Portion: 440 kJ/110 kcal
5 g E · 7 g F · 6 g KH

Braucht etwas Zeit

1 Auberginen waschen, ohne Stielansatz längs in 6–8 Scheiben schneiden, salzen, 10 Min. ziehen lassen.

2 Ofen auf 180° (Umluft 160°) vorheizen. Basilikum waschen, Blättchen hacken. Frühlingszwiebeln putzen, in feine Ringe schneiden. Knoblauch schälen, durchpressen. Tomaten überbrühen, häuten, Stielansätze und Kernchen entfernen, Fruchtfleisch hacken.

3 Brät mit Parmesan, Basilikum, Frühlingszwiebeln, Knoblauch und Tomaten mischen. Auberginenscheiben trockentupfen, mit der Brätmasse bestreichen, aufrollen. Form einölen, Röllchen hineinsetzen, mit etwas Öl beträufeln. Im Ofen (Mitte) 40 Min. backen.

4 Röllchen mit Essig und Zitronensaft beträufeln, pfeffern, 30 Min. marinieren.

Käse-Nuss-Soufflés

ZUTATEN FÜR 6 PERSONEN:
4 EL Butter · 4 EL Mehl
2 cl Sherry cream · 150 g Sahne
180 g geriebener alter Gouda
60 g geriebene Haselnüsse
1 EL Senf · 1 Msp. geriebene Muskatnuss · Salz · Pfeffer
edelsüßes Paprikapulver
6 Eier · Fett und Brösel für die Formen

Zubereitung: 1 Std. 20 Min.
Pro Portion: 1600 kJ/370 kcal
15 g E · 31 g F · 9 g KH

Gelingt leicht

1 Butter schmelzen lassen, Mehl darin leicht anschwitzen. Sherry und Sahne dazugeben, 2 Min. einkochen. Ofen auf 200° (Umluft 180°) vorheizen.

2 Soufflé-Förmchen fetten und einbröseln. Käse, Nüsse und Senf unter die Sauce rühren, mit Salz, Pfeffer, Muskat und Paprika kräftig abschmecken.

3 Eier trennen. Eiweiße steif schlagen. Erst Eigelbe, dann Schnee unter die Masse heben. In die Förmchen verteilen.

4 Soufflés im Ofen (Mitte) in 25 Min. goldgelb backen. Sofort mit Salat und Baguette servieren.

Tipps!

Für ein großes Soufflé die Masse in eine hohe 2 l-Form geben, bei 180° (Umluft 160°) 45 Min. backen. Variieren Sie mit 2 EL Pesto oder Kürbiskernen statt Nüssen.

Kaiserfleisch-Spinat-Torte

ZUTATEN FÜR 8 PERSONEN:
6 Eier · 400 g Mehl · 500 ml Milch · Salz · 1 kg Blattspinat 2 zerdrückte Knoblauchzehen 4 EL Butter · Muskatnuss Pfeffer · 1 kg Tomaten · 400 g Schmand · 200 g Roquefort 1 Schuss Mineralwasser 200 g Kaiserfleisch (feines rohes Kasseler) in Scheiben

Zubereitung: 1 Std.
Pro Portion: 2800 kJ/670 kcal
26 g E · 44 g F · 50 g KH

Gut vorzubereiten

1 Aus Eiern, Mehl und Milch einen Teig rühren, salzen, 20 Min. ruhen lassen.

2 Spinat waschen, verlesen, mit 1 EL Butter und Knoblauch in der Pfanne zusammenfallen lassen, mit Salz, Pfeffer und Muskat abschmecken.

3 1 Tomate in Scheiben schneiden, Rest überbrühen, häuten, Stielansätze und Kernchen entfernen, Tomatenfleisch mittelfein hacken. Mit dem Spinat mischen. Schmand mit Roquefort cremig rühren. Ofen auf 200° (Umluft 180°) vorheizen.

4 Teig mit Mineralwasser auflockern. In einer beschichteten Pfanne dünne Pfannkuchen in wenig Butter backen. In eine feuerfeste Form schichten: Pfannkuchen mit etwas Schmand bestreichen, mit Spinat-Tomaten-Mix und Fleisch belegen. Nächsten Pfannkuchen mit Schmand bestreichen, diese Seite auf das Fleisch stürzen, andere Seite einstreichen usw.

5 Mit Schmand und Tomatenscheiben abschließen. Die Torte im Ofen 10 Min. (Mitte) backen.

Ragout fin in Blätterteigpastetchen

ZUTATEN FÜR 8 PERSONEN:

1 Bund Suppengrün
750 g Kalbsbrust
1 Lorbeerblatt · 1 Zweig Thymian · 125 ml Roséwein
Salz · 150 g kleine Champignons · 2 EL Öl
4 EL gehackte Petersilie
150 g Erbsen
150 g Artischockenherzen
2 EL Mehl · 20 g Butter
125 ml Milch
125 g geschlagene Sahne
Pfeffer · Worcestersauce
1 Spritzer Zitronensaft
8 Blätterteigpastetchen

Zubereitung: 1 Std. 20 Min.
Pro Portion: 1400 kJ/340 kcal
24 g E · 18 g F · 16 g KH

Klassiker

1 Suppengrün waschen, putzen, zerkleinern, mit Fleisch, Lorbeer, Thymian, Rosé und Wasser bedecken, salzen, aufkochen, bei schwacher Hitze 45 Min. garen. Absieben, Brühe auffangen, Fleisch würfeln.

2 Pilze putzen, vierteln. In heißem Öl 5 Min. braten, salzen. Petersilie, Erbsen und in Scheiben geschnittene Artischocken dazugeben, abkühlen lassen.

3 Ofen auf 200° (Umluft 180°) vorheizen. Mehl in Butter anschwitzen. Mit Milch und Brühe gut verrühren, aufkochen. Sahne, Fleisch und Gemüse darin erhitzen und würzen.

4 Pastetchen im Ofen (Mitte) 5 Min. erhitzen, mit Ragout fin füllen.

Muschelragout unter der Haube

ZUTATEN FÜR 8 PERSONEN (für 1 Pieform von 29 cm Ø):

600 g TK-Jakobsmuscheln
250 g TK-Shrimps
200 g TK-Blätterteig
300 g kleine Schalotten
3 Stangen Staudensellerie
300 g kleine Champignons
1 EL Öl · Salz · Pfeffer
1 Zweig Thymian
1 TL Geflügelbrühepulver
100 ml Orangensaft
1 TL Zucker
1 Bund Petersilie
150 g Crème fraîche
1 Eigelb

Zubereitung: 1 Std.
Pro Portion: 1600 kJ/390 kcal
26 g E · 20 g F · 28 g KH

Braucht etwas Zeit

1 Meeresfrüchte und Blätterteig auftauen. Schalotten schälen, vierteln. Sellerie putzen, in dünne Scheiben hobeln. Pilze putzen, blättrig schneiden. Schalotten und Sellerie in Öl dünsten. Salz, Pfeffer, Thymian, Brühepulver, Saft und Zucker zugeben. 10 Min. köcheln, nach 5 Min. Pilze zugeben.

2 Thymian entfernen. Petersilie waschen, hacken, zum Gemüse geben.

3 Ofen auf 200° (Umluft 180°) vorheizen. Muscheln in Scheiben schneiden, mit Shrimps, Crème fraîche und Gemüse in die Form geben. Gemüse mit dem ausgerollten Teig abdecken, mit Eigelb bepinseln. Im Ofen (Mitte) 20 Min. backen.

Carpaccio vom Putenschinken

ZUTATEN FÜR 10 PERSONEN:
400 g Zuckerschoten
200 ml Gemüsebrühe (Instant)
80 g Rosinen
1 TL Senfkörner
2 EL Himbeeressig
1 TL Worcestersauce
Salz · schwarzer Pfeffer
3 Orangen
500 g Putenschinken

Zubereitung: 25 Min.
Pro Portion: 670 kJ/160 kcal
16 g E · 4 g F · 18 g KH

Schnell · Gelingt leicht

1 Schoten waschen, putzen, in Brühe mit Rosinen und Senfkörnern bei schwacher Hitze in 8 Min. bissfest garen.

2 Essig mit Worcestersauce, Salz, Pfeffer und 6–8 EL Brühe verrühren. Orangen bis ins Fruchtfleisch schälen. Filets herauslösen. Saft auffangen, zur Marinade geben, würzen.

3 Putenschinken auf einer Platte anrichten. Fruchtfilets, Zuckerschoten und Rosinen mit der Marinade auf dem Schinken verteilen. Dazu passt Pumpernickel.

Variante:
Für **klassisches Carpaccio** pro Person 40–50 g Rinderfilet hauchdünn schneiden (Scheiben zwischen Klarsichtfolie flach klopfen), mit Aceto balsamico, Salz, Pfeffer und Olivenöl beträufeln, mit 25 g gehobeltem Parmesan garnieren.

Fleischklößchen-Ingwer-Curry

ZUTATEN FÜR 12 PERSONEN:
2 Bund Koriandergrün
2 Knoblauchzehen · 3 Zwiebeln
75 g frischer Ingwer
3 große gelbe Paprikaschoten
1 kg Eiertomaten
800 g gegartes Geflügelfleisch (Huhn, Ente oder Pute)
4 Eier
Salz · Pfeffer
2 TL edelsüßes Paprikapulver
1/2 TL Chilipulver
2 TL Kurkuma
1 TL Kreuzkümmel
300 g Naturjoghurt
Fett zum Braten

Zubereitung: 1 Std.
Pro Portion: 570 kJ/140 kcal
16 g E · 4 g F · 9 g KH

Exotisch · Zu Pittabrot

1 Korianderblättchen grob hacken. Knoblauch, Zwiebeln und Ingwer schälen, Paprika waschen, putzen. Tomaten überbrühen, häuten, Stielansätze entfernen. Alles fein würfeln.

2 Fleisch fein hacken, mit Eiern, Knoblauch, der Hälfte des Korianders und den Gewürzen verkneten, würzen. Kleine Bällchen formen.

3 Bei mittlerer Hitze rundum anbraten, aus der Pfanne heben. Zwiebeln im Fett glasig dünsten. Ingwer, Paprika und Tomaten dazugeben, aufkochen. Joghurt und Fleisch dazugeben.

4 Das Curry 20 Min. bei schwacher Hitze garen, abschmecken und mit Koriander bestreuen.

Gefüllte Tomaten

ZUTATEN FÜR 24 STÜCK:
24 kleine Tomaten (ca. 5 cm Ø)
Salz · Pfeffer
3 EL Zucker
375 g Lammhack
200 ml Erdnussöl
5 Frühlingszwiebeln
2 Bund frische Minze
5 EL Limettensaft
5 EL Olivenöl

Zubereitung: 40 Min.
Pro Portion: 330 kJ/80 kcal
3 g E · 6 g F · 4 g KH

Raffiniert

1 Tomaten waschen, oben Deckel abschneiden, Kerne und Saft mit einem kleinen Löffel herauslösen. Salz, Pfeffer und 11/2 EL Zucker mischen, Tomateninneres damit würzen. Tomaten kopfüber auf Küchenpapier abtropfen lassen.

2 Hackfleisch in siedendem Öl knusprig braun ausbraten. Herausheben, auf Küchenpapier abtropfen und abkühlen lassen.

3 Frühlingszwiebeln putzen, in feine Ringe schneiden. Minze waschen, einige Blätter zum Garnieren beiseite legen, Rest in Streifen schneiden. Hack mit Zwiebeln und Minze vermischen. Limettensaft und Olivenöl vermischen, mit Salz, Pfeffer und restlichem Zucker würzen, zum Fleisch geben, abschmecken. Tomaten damit füllen. Mit restlicher Minze garnieren, Tomatendeckel auflegen.

Vitello tonnato

ZUTATEN FÜR 8 PERSONEN:
1 Knoblauchzehe · 2 Limetten
2 EL Olivenöl · Salz · Pfeffer
1 kg Kalbsnuss · je 1 Bund Petersilie und Basilikum
50 ml Olivenöl · 140 g Tunfisch naturell (Dose) · 50 g Pinienkerne · 200 g Sahne
3 EL Kapern mit Sud
1 Bratbeutel

Zubereitung: 30 Min.
Garzeit: 1 Std. 30 Min.
Pro Portion: 1400 kJ/330 kcal
22 g E · 24 g F · 7 g KH

Gut vorzubereiten

1 Knoblauch schälen, zerdrücken. 1 Limette auspressen. Die Hälfte des Safts mit Öl, Knoblauch, Salz und Pfeffer mischen, Fleisch damit einreiben. Ofen ohne Backrost auf 200° vorheizen

2 Fleisch in den Bratbeutel setzen, verschließen, oben einstechen. Auf den kalten Rost legen. Im Backofen (Mitte, Umluft 180°) etwa 1 Std. 30 Min. garen. Abkühlen lassen.

3 Kräuter waschen. Blättchen fein hacken. Mit Bratensud, Öl, abgetropftem Tunfisch (Sud auffangen), Pinienkernen und Sahne cremig pürieren. Tunfischsud dazugeben, bis die Sauce dickflüssig ist. Sauce mit restlichem Limettensaft, Salz, Kapern und Pfeffer abschmecken.

4 Kalten Braten und restliche Limette in dünne Scheiben schneiden und mit der Sauce anrichten.

Nudelsalat mit Pilzen

ZUTATEN FÜR 8 PERSONEN:
1 kg gemischte kleine Pilze (Champignons, Pfifferlinge, Shiitake-Pilze, Steinpilze)
4 Zitronen · 1 Bund Thymian
2 TL Sojasauce · Salz · Pfeffer
250 g Gabelspaghetti
120 ml Sonnenblumenöl
1 Bund glatte Petersilie
2 Eigelbe

Zubereitung: 40 Min.
Marinierzeit: 8 Std.
Pro Portion: 2100 kJ/500 kcal
14 g E · 17 g F · 89 g KH

Raffiniert

1 Pilze putzen, Stiele nachschneiden, große Pilze teilen. Zitronen auspressen, Saft mit 200 ml Wasser, Thymian, Sojasauce, Salz, Pfeffer zum Kochen bringen. Ein Viertel der Pilze zugeben, aufkochen und 1 Min. köcheln lassen. Pilze herausheben, restliche Pilze ebenso garen. Pilze im erhaltenen Sud mindestens 8 Std. ziehen lassen.

2 Spaghetti bissfest kochen, abschrecken und abtropfen lassen. Petersilie waschen, Blättchen fein hacken. Pilze aus dem Sud heben, diesen durchsieben.

3 Eigelbe mit 6 EL Sud, Salz und Pfeffer aufschlagen, das Öl langsam einfließen lassen. Die so entstandene Mayonnaise mit 150–200 ml Sud verdünnen, Petersilie, Nudeln und Pilze unterziehen, pikant abschmecken.

Waldorfsalat

ZUTATEN FÜR 8 PERSONEN:
1 Ananas · 1 Orange
1 kleiner roter Apfel
250 g Knollensellerie
60 g Walnusskerne
75 g Zitronenjoghurt
75 g Crème fraîche
Salz · Pfeffer · 1 EL Senf
2 EL Zitronensaft

Zubereitung: 40 Min.
Pro Portion: 400 kJ/100 kcal
2 g E · 5 g F · 12 g KH

Schmeckt auch Kindern

1 Von der Ananas Strunk und Ansatz abschneiden, großzügig schälen, längs vierteln. Holzigen Mittelteil herausschneiden, Viertel nochmals längs teilen, quer in dickere Stücke schneiden.

2 Orange bis ins Fruchtfleisch schälen, in Stücke aus je 2–3 Segmenten teilen, diese in Scheiben schneiden, Saft auffangen. Apfel waschen, vierteln, Kerngehäuse entfernen, den Apfel stifteln. Sellerie waschen, schälen und grob raspeln, sofort mit dem Obst vermischen.

3 Walnüsse trocken rösten, abkühlen lassen. Einige schöne Hälften beiseite legen, Rest hacken. Zitronenjoghurt mit Crème fraîche glatt rühren. Mit Salz, Pfeffer, Senf und Zitronensaft würzen. Nüsse und Dressing unter die Sellerie-Obst-Mischung ziehen. Den Salat in eine Schüssel füllen, mit beiseite gelegten Nüssen garnieren.

Palmito-Pilz-Cocktail

ZUTATEN FÜR 8 PERSONEN:
440 g Palmherzen (2 Dosen)
600 g Champignons
12 dünne Scheiben Bündner Fleisch · 4 EL Zitronensaft
125 ml Öl · Salz · weißer Pfeffer
1/2 Bund Schnittlauch
1/2 Bund glatte Petersilie
einige Blätter Bataviasalat

Zubereitung: 30 Min.
Pro Portion: 1200 kJ/280 kcal
8 g E · 20 g F · 19 g KH

Schnell

1 Palmherzen abtropfen lassen (Sud auffangen), in Scheiben schneiden. Pilze putzen, in dünne Scheiben schneiden. 4 Scheiben Fleisch in Stücke schneiden.

2 Für das Dressing 200 ml Palmherzensud mit Zitronensaft und Öl mischen, mit Salz und Pfeffer würzen. Kräuter waschen, fein schneiden und unter das Dressing ziehen. Mit Palmherzen, Pilzen und Fleisch locker mischen, 5 Min. ziehen lassen.

3 Salatblätter waschen, trockenschleudern und 8 Schälchen damit auslegen. Cocktail darauf anrichten. Restliche Scheiben Bündner Fleisch zu Röschen drehen und die Cocktails damit garnieren.

Variante:
Statt Palmherzen können Sie Artischockenherzen und statt Bündner Fleisch auch 30 g Parmesan verwenden.

Gartensalat mit Zitronenschaum

ZUTATEN FÜR 8 PERSONEN:
je 150 g Rucola, Portulak und Löwenzahn
50 g Kerbel
1 unbehandelte Zitrone
500 g Sahne · Zucker
Salz · weißer Pfeffer
3 EL saure Sahne
Sonnenblumenblütenblätter

Zubereitung: 35 Min.
Pro Portion: 850 kJ/200 kcal
5 g E · 18 g F · 11 g KH

Raffiniert

1 Kräuter waschen, gut abtropfen lassen. Strunk vom Löwenzahn abschneiden. Sind die Blätter sehr lang, einmal durchbrechen. Kerbelblättchen abzupfen.

2 Zitrone waschen, Schale abreiben, Saft auspressen. Sahne mit 1 Prise Zucker halb steif schlagen. Unter weiterem Schlagen 2–3 EL Zitronensaft, Salz, Pfeffer und löffelweise saure Sahne zugeben. Kerbel unterheben.

3 Zitronensahne unter die Kräuter ziehen. Sonnenblumenblütenblätter waschen, abtropfen lassen, Salat damit bestreuen.

Tipp!
Wie Gänseblümchen sind Kapuzinerkresse-, Sonnenblumen- oder Chrysanthemenblütenblätter essbar – vorausgesetzt, sie sind ungespritzt.

Kiwi-Muschel-Feldsalat-Cocktail

ZUTATEN FÜR 8 PERSONEN:
300 g Feldsalat (ersatzweise Spinat) · 4 Kiwis · 1 Blutorange
2 EL Cognac (nach Geschmack)
200 g gegarte Muscheln (Glas)
50 g Meerettichsahne · 100 g Sauerrahm · 2 TL grüner Pfeffer
weißer Pfeffer · Salz

Zubereitung: 30 Min.
Pro Portion: 350 kJ/80 kcal
7 g E · 1 g F · 10 g KH

Schnell

1 Salat verlesen und waschen. Kiwis schälen, erst in Viertel, dann in 1 cm dicke Scheiben schneiden. Orange auspressen. 1 EL Saft und den Cognac über die Muscheln träufeln.

2 Mit dem übrigen Saft Sahne und Sauerrahm cremig rühren. Mit den Gewürzen abschmecken, im Wechsel mit den Zutaten in Coktailschalen anrichten.

Variante:
Avocado-Muschel-Cocktail
Zusätzlich 4 Avocados, die Hälfte Feldsalat und statt der Kiwis 3 klein geschnittene Tomaten verwenden. Avocados längs halbieren, den Kern auslösen, das Fruchtfleisch herausheben. Schale mit etwas Orangensaft beträufeln, salzen, pfeffern. Ausgelöstes Fruchtfleisch würfeln, mit restlichem Orangensaft beträufelt zu den übrigen Salatzutaten geben. Cocktail in den Avocadoschalen anrichten.

Artischockenherzen mit Wildkräutern

ZUTATEN für 8 PERSONEN:
1 kleine Dose Artischockenherzen mit Sud
2 hart gekochte Eier
250 g Brunnenkresse
150 g Rucola · 2 EL Zitronensaft
75 ml grünes Traubenkernöl
2 EL Pesto (aus dem Glas)
Salz · Pfeffer · 1 TL mittelscharfer Senf

Zubereitung: 20 Min.
Pro Portion: 550 kJ/130 kcal
4 g E · 12 g F · 14 g KH

Ganz einfach · Schnell

1 Artischockenherzen abtropfen lassen, vierteln, Sud auffangen. Eier grob hacken. Kresse und Rucola waschen und trockenschleudern. Rucola in fingerbreite Streifen schneiden, mit der Kresse mischen.

2 Zitronensaft mit 125 ml Artischockensud, Öl, Pesto, Salz, Pfeffer und Senf zum Dressing verrühren.

3 Brunnenkresse-Rucola-Mischung auf acht Teller oder Schalen verteilen, in die Mitte die Artischockenherzen setzen mit Dressing beträufeln und mit den gehackten Eiern bestreuen.

Variante:
Brunnenkresse durch Portulak und Rucola durch Löwenzahn oder Friséesalat ersetzen. Statt Traubenkernöl schmecken Kürbiskern- oder Olivenöl.

Fruchtiger Heringssalat

ZUTATEN FÜR 10 PERSONEN:
8 Heringsfilets
Mineralwasser
1 Bund Dill · 3 Orangen
1 kleine reife Mango (ca. 250 g)
Salz · 1 Prise Zucker
Pfeffer
2 EL Sahnemeerrettich
150 g saure Sahne
100 g Sahne

Zubereitung: 30 Min.
Zeit zum Wässern: 4 Std.
Pro Portion: 1300 kJ/320 kcal
28 g E · 19 g F · 11 g KH

Schnell · Raffiniert

1 Heringsfilets je nach Salzgeschmack 2–6 Std. in Mineralwasser wässern. Mit Küchenpapier trockentupfen und quer in 2–3 cm lange Stücke schneiden.

2 Dill waschen, trockentupfen, Blättchen abzupfen. 1 Orange auspressen, restliche Orangen bis aufs Fruchtfleisch schälen, vierteln und in dickere Scheiben schneiden. Mango schälen. Fruchtfleisch vom Kern schneiden und 2 cm groß würfeln. Mango- und Orangensaft auffangen.

3 Einige dekorative Obstwürfel beiseite legen, restliches Obst mit dem Hering mischen.

4 Mango- und Orangensaft mit Salz, Zucker, Pfeffer, Sahnemeerrettich und saurer Sahne cremig rühren. Süße Sahne steif schlagen und mit den Dillspitzen (einige schöne Spitzen zum Garnieren beiseite legen) unterziehen.

5 Sauce über Fisch und Obst verteilen. 30 Min. durchziehen lassen, vor dem Servieren nochmals mischen. Mit Obstwürfeln und Dillspitzen garnieren.

Meeresfrüchte-Tabouleh

ZUTATEN FÜR 8 PERSONEN:
4 unbehandelte Zitronen
400 ml heiße Hühnerbrühe (Instant)
1 TL Harissa (ersatzweise Sambal Oelek)
200 g Couscous
2 Knoblauchzehen
1 rote Paprika
2 Bund Koriandergrün (ersatzweise glatte Petersilie)
20 schwarze Oliven
300 g gemischte gegarte Meeresfrüchte
3 EL Olivenöl
Salz · schwarzer Pfeffer

Zubereitung: 25 Min.
Pro Portion: 810 kJ/200 kcal
12 g E · 5 g F · 28 g KH

Schnell · Partysalat

1 Zitronen waschen, Schale abreiben, 3 Zitronen auspressen. Schale, Saft, Brühe und Harissa mischen, Couscous darin quellen lassen.

2 Knoblauch schälen, fein würfeln. Paprika und Kräuter waschen. Paprika putzen, fein würfeln, Kräuterblättchen und 10 Oliven hacken. Mit Meeresfrüchten, Knoblauch, Öl und Gewürzen unter den Couscous ziehen.

3 Zitrone in Scheiben schneiden. Tabouleh mit Zitrone und Oliven garnieren.

Tipp!

Couscous saugt viel Flüssigkeit. Evtl. vor dem Servieren noch wenig Brühe, Würze und Zitronensaft angießen.

Chicoréesalat mit Räucherlachs

ZUTATEN FÜR 8 PERSONEN:
2 Limetten
100 g Trockenpflaumen
75 ml trockener Vermouth
1 Bund Frühlingszwiebeln
750 g Chicorée
150 g Räucherlachs
Salz · 1 Prise Zucker
weißer Pfeffer · 6 EL Nussöl

Zubereitung: 40 Min.
Pro Portion: 550 kJ/130 kcal
5 g E · 6 g F · 14 g KH

Gelingt leicht

1 Limetten waschen, Schale abreiben und den Saft auspressen. Die Trockenpflaumen in schmale Streifen schneiden, in Saft und Vermouth ziehen lassen.

2 Frühlingszwiebeln putzen, waschen, in etwa 5 cm lange Stücke schneiden, längs halbieren, in sehr feine Streifen schneiden. Chicorée putzen, waschen. Mit den größten Blättern eine Servierplatte sternförmig auslegen. Übrigen Chicorée in dünne Ringe schneiden. Die Räucherlachsscheiben in Streifen schneiden.

3 Für die Salatsauce die Pflaumenmarinade mit Salz, Zucker, Pfeffer und Öl verrühren, unter die Frühlingszwiebel-Chicorée-Mischung ziehen. Würzig abschmecken, auf der Platte anrichten. Lachsstreifen darauf verteilen.

Entenbrustsalat

ZUTATEN FÜR 8 PERSONEN:
1 Entenbrust (ca. 400 g)
Salz · schwarzer Pfeffer
2 cl Weinbrand
150 g Radicchio
150 g Rucola · 300 g Spinat
1 Schalotte
50 g Walnusskerne
3 Scheiben Weizenmischbrot
75 ml Öl · 125 ml Rotwein
2 EL Aceto balsamico
3 EL Preiselbeerkonfitüre
3 EL Sahne

Zubereitung: 45 Min.
Pro Portion: 1600 kJ/390 kcal
17 g E · 15 g F · 44 g KH

Raffiniert

1 Entenbrust mit Salz, Pfeffer und Weinbrand einreiben, 20 Min. marinieren.

2 Salate und Spinat putzen, waschen, in mundgerechte Stücke teilen. Schalotte schälen, in feine Ringe schneiden, auf den Salatblättern verteilen.

3 Nüsse hacken. Brot entrinden, würfeln. Beides in 3 EL heißem Öl rösten.

4 Entenbrust rundum anbraten, 10 Min. sanft braten, wenden, in 10 Min. fertig garen, herausheben. Fond mit Wein ablöschen, auf 1/2 Tasse einkochen. Mit Essig, Preiselbeeren, Salz, Pfeffer und Sahne verrühren.

5 Entenbrust aufschneiden, Bratensaft zum Dressing geben, Salat damit beträufeln. Entenbrust darauf mit Nüssen und Croûtons anrichten.

Pikanter Trauben-Wildreis-Salat

ZUTATEN FÜR 8 PERSONEN:
250 g Wildreis · Salz
400 g Brennnesselgouda
500 g kernlose grüne Trauben
75 g Kürbiskerne
1 Radicchio (150 g)
2 dicke Bund gemischte Kräuter (Petersilie, Schnittlauch, Estragon, Kerbel)
2 EL Kürbiskernöl
125 g Sahne
75 ml milder Weißweinessig
schwarzer Pfeffer

Zubereitung: 1 Std. 15 Min.
Pro Portion: 2000 kJ/480 kcal
24 g E · 24 g F · 47 g KH

Braucht etwas Zeit

1 Reis in 1/2 l Salzwasser aufkochen, bei schwacher Hitze in 45 Min. ausquellen lassen.

2 Käse stifteln. Trauben waschen, von den Stielchen zupfen, größere halbieren. Kürbiskerne grob hacken, ohne Fett kurz rösten. Radicchioblätter und gemischte Kräuter waschen und trockenschütteln. Kräuter fein hacken. Schnittlauch in feine Röllchen schneiden.

3 Für das Dressing gehackte Kräuter, Öl, Sahne und Essig mischen, mit Salz und Pfeffer würzen, Kürbiskerne zugeben.

4 Alle Salatzutaten außer Radicchio mit der Sauce vermischen und zugedeckt etwa 20 Min. ziehen lassen. Zum Servieren auf dem Radicchio anrichten.

Möhren-Rucola-Salat

ZUTATEN FÜR 8 PERSONEN:
1,5 kg kleine Möhren
125 ml Kürbiskernöl · Salz
150 ml Gemüsebrühe (Instant)
3 Bund Rucola · 150 g Feta
50 g Kürbiskerne
3 EL Aceto balsamico
2 TL milder Senf · Pfeffer
1 TL Portwein
1/2 TL Worcestersauce
2 Zweige Thymian · 1 Schalotte

Zubereitung: 35 Min.
Pro Portion: 1000 kJ/240 kcal
3 g E · 18 g F · 19 g KH

Gut vorzubereiten

1 Möhren waschen, wenn nötig schälen, schräg in dünne Scheiben schneiden. 2–3 EL Öl erhitzen, Möhren darin bei mittlerer Hitze andünsten, salzen, Brühe dazugeben und zugedeckt in 6–8 Min. bissfest garen, abgießen, Sud auffangen.

2 Rucola waschen, verlesen. Blätter zweimal zerteilen. Feta würfeln.

3 Kürbiskerne bei mittlerer Hitze rundum rösten. Ein Drittel mit Essig, Senf, Salz, Pfeffer, Portwein und Worcestersauce pürieren. Thymian waschen, Blättchen dazugeben. Mit restlichem Öl und Möhrensud cremig mixen.

4 Schalotte schälen, sehr fein würfeln, unter das Dressing heben und abschmecken. Mit den Salatzutaten vermischen und mit den restlichen Kürbiskernen bestreuen.

Grünes Gemüse

ZUTATEN FÜR 8 PERSONEN:
700 g Fenchel
700 g kleine Zucchini
Salz · Pfeffer
1 1/2 unbehandelte Zitronen
3 Knoblauchzehen · 2 Zwiebeln
1 Msp. Anis · 6 EL Olivenöl
1 Bund Dill · Öl für das Blech

Zubereitung: 40 Min.
Pro Portion: 390 kJ/90 kcal
2 g E · 6 g F · 10 g KH

Raffiniert

1 Gemüse waschen und putzen. Fenchel in etwa 1 cm, Zucchini in 1 1/2 cm dicke Scheiben schneiden. Zwei Backbleche mit Alufolie beziehen, mit etwas Öl einfetten. Gemüse rundherum salzen und pfeffern.

2 Ofen auf 250° (Umluft 220°) vorheizen. Zitronen waschen, Schale abraspeln. Saft auspressen. Knoblauch und Zwiebeln schälen, Knoblauch pressen, Zwiebeln fein würfeln. Die Hälfte des Zitronensafts mit Knoblauch, Anis und Öl mischen. Auf einem Blech Zucchini verteilen, auf dem zweiten Fenchel. Mit Marinade beträufeln. Fenchel im Ofen (Mitte) 10–15 Min. braten. Dann die Zucchini 5 Min. (oben) backen.

3 Dill waschen, Blättchen abzupfen. Gemüse mischen, Fond mit restlichem Zitronensaft und der Zitronenschale mischen, pikant abschmecken, unter das Gemüse ziehen. Mit Dill bestreuen.

Fleischsalat süß-sauer

ZUTATEN FÜR 8 PERSONEN:
400 g gekochtes Rindfleisch
600 g Rotkohl · 1 rote Zwiebel
1 Glas Sauerkirschen (Abtropfgewicht 350 g)
125 g Sahne · 1 EL Senf
Salz · Pfeffer · 3 EL Rapsöl

Zubereitung: 30 Min.
Pro Portion: 1100 kJ/270 kcal
14 g E · 17g F · 16 g KH

Schnell · Ganz einfach

1 Das Fleisch klein würfeln. Kohl waschen, hobeln, Zwiebel schälen, würfeln. Kirschen abtropfen lassen, Hälfte des Safts mit Kohl, Kirschen, Zwiebel und Fleisch mischen.

2 Sahne halbsteif schlagen, Senf, Gewürze und Öl unterheben, mit den übrigen Zutaten mischen.

Melonensalat pikant

ZUTATEN FÜR 8 PERSONEN:
2 rote Rettiche · Salz
150 g Brunnenkresse
1 kg Eiertomaten · 500 g Wassermelone · 75 ml Rapsöl
5 EL Rotweinessig
200 ml Gemüsebrühe (Instant)
1 EL Mangochutney · Pfeffer

Zubereitung: 30 Min.
Pro Portion: 560 kJ/130 kcal
2 g E · 10 g F · 12 g KH

Schnell · Raffiniert

1 Gemüse waschen. Rettich fein raspeln, salzen. Kresse verlesen, waschen, trockenschleudern. Tomaten vierteln, ohne Stielansätze quer in Stücke schneiden. Melonenfleisch auslösen, ohne Kerne grob würfeln.

2 Restliche Zutaten verrühren, unterheben.

Frisée mit Roten Beten

ZUTATEN FÜR 8 PERSONEN:
350 g Rote Beten · 2 EL Öl
Salz · schwarzer Pfeffer
75 ml Apfelsaft · 30 g Frühstücksspeck ohne Schwarte
50 g Walnusskerne
1 großer Kopf Friséesalat
1 rote Zwiebel
2 EL Obstessig
1/2 TL milder Senf
3 EL grünes Traubenkernöl
1 EL Sahne

Zubereitung: 1 Std.
Pro Portion: 1700 kJ/410 kcal
2 g E · 44 g F · 4 g KH

Raffiniert

1 Rote Beten waschen, schälen, würfeln. In Öl andünsten, salzen, pfeffern, mit Apfelsaft ablöschen. Bei schwacher Hitze 10 Min. garen, abkühlen lassen.

2 Speckscheiben streifig schneiden, bei mittlerer Hitze auslassen. Nüsse sehr grob hacken, dazufügen. Beides rösten, auf Küchenpapier abkühlen lassen.

3 Friséesalat waschen, in mundgerechte Stücke zupfen. Zwiebel schälen, halbieren, in feine Ringe schneiden.

4 Rote Beten, Frisée und Zwiebelringe locker vermischen. Essig mit Senf, Salz, Pfeffer, Öl und Sahne im Schüttelbecher gut mischen. Erst kurz vorm Servieren unter den Salat ziehen, nochmals abschmecken. Mit Speck und Nüssen bestreuen.

Kartoffelsalat

ZUTATEN FÜR 10 PERSONEN:
1,25 kg fest kochende Kartoffeln
250 g Staudensellerie
2 säuerliche Äpfel · Salz
1 Kopf Romanasalat
2 Bund Schnittlauch
1 dickes Bund glatte Petersilie
2 TL Senf
7 EL Weißweinessig · 7 EL Öl
100 ml Gemüsebrühe (Instant)
schwarzer Pfeffer

Zubereitung: 50 Min.
Pro Portion: 640 kJ/150 kcal
3 g E · 6 g F · 24 g KH

Gut vorzubereiten

1 Kartoffeln waschen, in der Schale gar kochen. Abgießen, etwas ausdampfen lassen, pellen. Abkühlen lassen.

2 Sellerie waschen, putzen. Stangen in dünne Scheiben schneiden. Äpfel waschen, vierteln, Kerngehäuse entfernen. Viertel längs halbieren, quer in Scheiben schneiden. Sofort in Salzwasser legen.

3 Salat waschen, in fingerbreite Streifen schneiden, abtropfen lassen. Kartoffeln in 1 cm breite Stifte schneiden. Mit Sellerie, abgetropften Apfelscheiben und Salat mischen.

4 Kräuter waschen, Schnittlauch in Röllchen schneiden, Petersilie hacken. Senf mit Essig, Öl und Brühe verrühren. Mit Salz, Pfeffer, Schnittlauch und Petersilie würzig abschmecken und unter den Kartoffelsalat mischen.

Scharfer Rote-Bohnen-Salat

ZUTATEN FÜR 6 PERSONEN:
500 g kleine Tomaten
1 grüne Paprikaschote
1 Bund glatte Petersilie
2 weiße Zwiebeln
2 Knoblauchzehen
1 kleine Dose Kidney-Bohnen (255 g Abtropfgewicht)
200 g Mais (Dose)
5 EL Limettensaft
4 EL Öl
1 getrocknete rote Chilischote
1/2 TL gemahlener Koriander
1 TL Kreuzkümmel
Salz · Pfeffer
Paprikapulver, rosenscharf

Zubereitung: 30 Min.
Pro Portion: 560 kJ/140 kcal
4 g E · 6 g F · 20 g KH

Spezialität aus Südamerika

1 Tomaten kochend heiß überbrühen, häuten, ohne Stielansätze in Spalten schneiden. Paprikaschote putzen, waschen, fein würfeln. Petersilie waschen, Blättchen grob hacken. Zwiebeln und Knoblauch schälen, Zwiebeln in Ringe schneiden, Knoblauch hacken. Bohnen und Mais abtropfen lassen.

2 Limettensaft und Öl verrühren. Getrocknete Chilischote im Mörser zerstoßen, mit restlichen Gewürzen und Petersilie zur Salatsauce geben. Alle Zutaten vermischen.

Tipps!
Dazu passen Tacoschalen. Sättigender wird der Salat mit Fetakäse.

Glasnudelsalat

ZUTATEN FÜR 8 PERSONEN:
300 g Glasnudeln · Salz
400 g Bundmöhren
2 gelbe Paprikaschoten
500 g Chinakohl
4 Nektarinen
5 EL Zitronensaft
200 g Kürbis, süß-sauer
300 g Zitronenjoghurt
200 ml Orangensaft
1/2 Döschen Safranpulver
60 g frischer Ingwer
1 EL Dillspitzen
4 EL süßer Senf · Pfeffer

Zubereitung: 30 Min.
Pro Portion: 1100 kJ/260 kcal
9 g E · 3 g F · 52 g KH

Raffiniert

1 Glasnudeln in kochendem Salzwasser 3–4 Min. ziehen lassen, abschrecken, kürzer schneiden.

2 Möhren schälen und in dünne Scheiben hobeln. Paprika waschen, putzen, würfeln. Chinakohl waschen, ebenfalls hobeln. Nektarinen schälen, in schmale Spalten schneiden, mit Zitronensaft beträufeln. Kürbis sehr fein würfeln.

3 Für das Dressing Joghurt und Orangensaft mischen. Safran in 1 TL Wasser auflösen, zugeben. Ingwer schälen und fein würfeln, mit Dillspitzen und Senf untermischen, würzen.

4 Nudeln, Nektarinen, Paprika, Möhren und Chinakohl mischen, Dressing kurz vor dem Servieren unterziehen, mit Kürbiswürfeln bestreuen.

Geflügelsalat

ZUTATEN FÜR 8 PERSONEN:
1 großer Kopf Endiviensalat
1 gegarte Hühnerbrust (300 g)
250 g Brombeeren · 2 Birnen
Zitronensaft zum Beträufeln
120 g Roquefort · 150 g Sahne
200 ml süßer Cidre
Salz · schwarzer Pfeffer
30 g gehobelte Haselnüsse

Zubereitung: 25 Min.
Pro Portion: 860 kJ/200 kcal
12 g E · 11 g F · 16 g KH

Ganz einfach · Schnell

1 Endiviensalat waschen, putzen, in breite Streifen schneiden. Fleisch würfeln. Brombeeren verlesen. Birnen waschen, vierteln, Kerngehäuse entfernen, quer in Scheiben schneiden. Mit Zitronensaft beträufeln.

2 Roquefort mit Sahne und Cidre pürieren, mit Salz und Pfeffer würzen, mit dem Salat anrichten, mit Nüssen bestreuen.

Wintersalat

ZUTATEN FÜR 8 PERSONEN:
2 Fenchelknollen
150 g Radicchio
1 Dose Flageolets (340 g)
50 g Schinkenspeckwürfel
4 EL Öl · 4 EL Rotweinessig
2 EL Senf · Salz · Pfeffer
1 Dose Ananasstücke (340 g)

Zubereitung: 30 Min.
Pro Portion: 640 kJ/150 kcal
7 g E · 5 g F · 22 g KH

Schnell

1 Fenchel putzen, würfeln, Radicchio klein zupfen. Bohnen abtropfen lassen.

2 Speck im heißen Öl auslassen, mit Essig ablöschen. Senf, Salz, Pfeffer und Ananassaft dazugeben, alle anderen Zutaten unterziehen.

Nudel-Ei-Salat

ZUTATEN FÜR 8 PERSONEN:
400 g Nudeln (Farfalle)
Salz · 1 EL Öl · 6 Eier
200 g Puy-Linsen
500 ml Gemüsebrühe (Instant)
200 g gekochter Schinken (in 5 mm dicken Scheiben)
2 Bund Koriandergrün
1 Msp. Safranpulver
2 TL Madras-Currypulver
400 g saure Sahne
Sojasauce · weißer Pfeffer

Zubereitung: 40 Min.
Pro Portion: 2400 kJ/560 kcal
28 g E · 23 g F · 60 g KH

Cremig · Pikant

1 Nudeln in kochendem Salzwasser mit Öl bissfest kochen, abschrecken, kalt werden lassen. Eier in 8 Min. hart kochen, abschrecken, pellen und in Scheiben schneiden.

2 Linsen in der Gemüsebrühe in 25 Min. gar kochen, abtropfen lassen. Schinken in schmale, 2 cm lange Streifen schneiden. Koriandergrün waschen, Blättchen grob hacken.

3 Safran in 1 EL heißem Wasser auflösen. Mit Curry, saurer Sahne, Sojasauce und Pfeffer glatt rühren. Die Hälfte des Koriandergrüns untermischen.

4 Nudeln mit Linsen, Schinkenstreifen und Dressing vermischen. Eischeiben vorsichtig unterheben. Salat vor dem Servieren mit restlichem Koriander bestreuen.

Ungarischer Krautsalat

ZUTATEN FÜR 8 PERSONEN:
500 g Weißkohl
250 ml Gemüsebrühe (Instant)
50 g scharfer Senf
100 ml Weißweinessig
75 ml Öl · 2 EL Kürbiskernöl
2 TL Paprika, edelsüß
Salz · schwarzer Pfeffer
4 rote Paprikaschoten
2 Bund Schnittlauch
150 g Cabanossi am Stück

Zubereitung: 20 Min.
Marinierzeit: 2 Std.
Pro Portion: 800 kJ/190 kcal
5 g E · 15 g F · 11 g KH

Zum Mitnehmen

1 Weißkohl waschen, in dünne Streifen hobeln und mit der heißen Gemüsebrühe übergießen. Senf mit Essig, beiden Sorten Öl, Paprikapulver, Salz und Pfeffer unterziehen, pikant abschmecken und abkühlen lassen.

2 Paprika putzen, waschen, ebenfalls in sehr feine Streifen schneiden. Schnittlauch waschen, in Röllchen schneiden. Cabanossi erst in Scheiben, dann in schmale Streifen schneiden. Alles unter den Kohl mischen.

3 Salat 2 Std. durchziehen lassen, dann bleibt er etwa 10 Std. knackig.

Tipp!
Schmeckt besonders fein mit Spitzkohl! Salat evtl. mit 300 g gegartem Parboiled Reis und 150 g fein gehacktem Sauerkraut verlängern.

Griechischer Salat

ZUTATEN FÜR 6 PERSONEN:
1 Kopf Eisbergsalat
je 125 g grüne und schwarze Oliven
250 g Feta
750 g Eiertomaten
2 gelbe Paprikaschoten
1 Gemüsezwiebel
50 g Salatgurke
5 Knoblauchzehen
1 Bund Petersilie
3 EL Zitronensaft
1 EL Olivenöl
75 g Joghurt
250 g Quark (20 %)
Salz · schwarzer Pfeffer
gerebelter Oregano

Zubereitung: 45 Min.
Pro Portion: 1300 kJ/300 kcal
17 g E · 19 g F · 25 g KH

Ganz einfach

1 Eisbergsalat putzen, in 2 cm breite Streifen schneiden. Oliven halbieren, entsteinen. Feta zerbröseln. Tomaten waschen, ohne Stielansätze längs vierteln, Viertel halbieren oder dritteln. Paprika putzen, waschen und in Streifen schneiden. Zwiebel schälen, in Ringe schneiden.

2 Gurke waschen, schälen, fein reiben. Knoblauch schälen, Petersilie waschen, Blättchen abzupfen. Knoblauch mit Petersilie, Zitronensaft und Öl pürieren. Gurke, Joghurt und Quark unterrühren und würzen.

3 Salat, Oliven, Tomaten, Paprika und Dressing vermischen. Feta, Zwiebelringe und Oregano darauf verteilen.

Linsensalat

ZUTATEN FÜR 8 PERSONEN:
250 g Mischbrot
Butterschmalz zum Braten
250 g rote Linsen · Salz
500 ml Gemüsebrühe (Instant)
400 g Feldsalat
3 rosa Grapefruits
250 g Gaperon in Scheiben (ersatzweise Gouda mit Knoblauch) · 1 Bund Schnittlauch
1 Bund Dill · 75 ml Nussöl
2 EL Zitronensaft · Pfeffer

Zubereitung: 40 Min.
Pro Portion: 1900 kJ/460 kcal
23 g E · 21 g F · 50 g KH

Schnell

1 Brot entrinden, würfeln. In heißem Butterschmalz rundum knusprig braten, leicht salzen. Auf Küchenpapier abkühlen lassen. Linsen in der Brühe 5 Min. bei schwacher Hitze köcheln, kalt werden und abtropfen lassen, Brühe auffangen.

2 Feldsalat waschen und verlesen. Grapefruits mit einem Messer bis ins Fruchtfleisch schälen, so zerteilen, dass immer zwei Segmente zusammen bleiben, diese in etwa 1 cm breite Scheiben schneiden, Saft auffangen. Gaperon in Stifte schneiden.

3 Kräuter waschen, Schnittlauch in Röllchen schneiden, Dillblättchen hacken. Linsenbrühe mit Säften, Öl und Kräutern verrühren, salzen und pfeffern.

4 Salatzutaten mit dem Dressing vermischen, mit Käse und Croûtons bestreuen, servieren.

Rucolasuppe

ZUTATEN FÜR 10 PERSONEN:
75 g geschälte Mandeln
100 g entrindetes Weißbrot
2 hart gekochte Eier
1,5 l klare Gemüsebrühe (Instant)
250 ml Weißwein
150 g Rucola (ersatzweise Brunnenkresse)
je 1 Bund Petersilie und Kerbel
Salz · weißer Pfeffer
Mukatnuss, frisch gerieben
250 g Sahne

Zubereitung: 20 Min.
Pro Portion: 1100 kJ/260 kcal
9 g E·12 g F·27 g KH

Schnell · Raffiniert

1 Mandeln reiben, Brot würfeln, Eier hacken, mit Brühe und Wein aufkochen.

2 Rucola und Kräuter waschen, trockenschleudern, harte Stiele entfernen.

3 Die Kräuter, einige Blättchen zum Garnieren zur Seite legen, mit dem Rucola in die Suppe geben und alles fein pürieren. Mit Salz, Pfeffer und Muskat abschmecken.

4 Die Sahne steif schlagen. Suppe nochmals erhitzen, Sahne unterziehen und mit Kräutern bestreut servieren.

Tipp!
Gebunden wird diese Suppe durch das Weißbrot und die Mandeln. Wichtig: Sie muss sehr fein püriert werden. Sie können so auch eine Hühner- oder Spargelcremesuppe herstellen.

Paprikacreme

ZUTATEN FÜR 10 PERSONEN:
6 rote Paprikaschoten
2 Stangen Lauch
40 g Butter · 500 ml Gemüsebrühe (Instant)
1 l Tomatensaft
Salz · Pfeffer
Paprikapulver, edelsüß
1 EL Honig
200 g Sahne
80 g Sonnenblumenkerne

Zubereitung: 35 Min.
Pro Portion: 750 kJ/180 kcal
4 g E·11 g F·17 g KH

Ganz einfach

1 Die Paprikaschoten waschen, halbieren, Stielansätze, Kerne und Trennwände entfernen, das Fruchtfleisch würfeln.

2 Lauch putzen, Stangen aufschneiden, gründlich waschen und in Ringe schneiden.

3 Butter in einem Topf schmelzen, Paprikawürfel und Lauchringe darin 5 Min. bei mittlerer Hitze dünsten. Brühe dazugeben und zugedeckt 30 Min. bei schwacher Hitze garen.

4 Mit dem Pürierstab cremig aufschlagen, Tomatensaft, Gewürze und Honig dazugeben, kräftig abschmecken, nochmals aufkochen lassen.

5 Inzwischen die Sahne steif schlagen. Die Sonnenblumenkerne ohne Fett in einer Pfanne rösten. Die Sahne unter die Suppe ziehen, mit Sonnenblumenkernen bestreut servieren.

Brokkolicreme-suppe

ZUTATEN FÜR 8 PERSONEN:
1 kg Brokkoli
2 Zwiebeln
40 g Butter
1,75 l Gemüsebrühe (Instant)
100 g Kräuter-Crème fraîche
2 TL Zitronensaft
Salz · weißer Pfeffer
Muskatnuss, frisch gerieben
45 g Mandelblättchen

Zubereitung: 30 Min.
Pro Portion: 770 kJ/180 kcal
7 g E·10 g F·19 g KH

Preiswert · Grundrezept

1 Brokkoli waschen, putzen, in Röschen teilen. Den Strunk schälen und würfeln. Zwiebeln schälen und fein würfeln.

2 Butter zerlassen, Zwiebeln darin goldgelb dünsten. Brokkoli kurz mitdünsten. Mit Brühe aufgießen, 15 Min. köcheln lassen.

3 Einige Röschen aus dem Topf nehmen, den Rest mit Crème fraîche pürieren, mit Zitronensaft und den Gewürzen abschmecken.

4 Die Mandelblättchen in einer Pfanne ohne Fett hellbraun rösten. Restliche Brokkoliröschen in die Suppe geben und mit den Mandelblättchen bestreuen.

Tipp!
Statt Brokkoli Möhren, Kürbis, Lauch oder Wirsing verwenden. Möhren mit Curry und Orangensaft, Kürbis mit Sherry, Lauch mit Weißwein abschmecken.

Blitz-Kürbissuppe

ZUTATEN FÜR 10 PERSONEN:
etwa 4 kg gelber Gemüsekürbis (2,4 kg Fruchtfleisch)
1 Knoblauchzehe
2 Zwiebeln
30 g Butter
200 ml Cidre
200 ml Brühe
Salz · Pfeffer
Muskatnuss, frisch gerieben
50 g Frühstücksspeck
50 g grüne Kürbiskerne
200 g Kräuterfrischkäse

Zubereitung: 30 Min.
Pro Portion: 860 kJ/210 kcal
7 g E·12 g F·19 g KH

Schnell · Ganz einfach

1 Kürbis schälen. Kerne mit den bitteren Fasern entfernen. Kürbisfleisch grob zerteilen. Knoblauch und Zwiebeln schälen, klein würfeln, in der Butter glasig dünsten. Kürbis dazugeben.

2 Cidre und Brühe angießen, mit Salz, Pfeffer und Muskat würzen. Zugedeckt 20–30 Min. garen.

3 Den Speck in einer Pfanne bei schwacher Hitze zerlassen. Kürbiskerne dazugeben und bei starker Hitze knusprig rösten.

4 Die Suppe mit dem Frischkäse fein pürieren. Abschmecken, mit der Speck-Kürbiskerne-Mischung bestreut servieren.

Tipp!
Statt Kräuterfrischkäse 50 g frische, gehackte Kräuter und 200 g Crème fraîche verwenden.

Gazpacho

ZUTATEN FÜR 6 PERSONEN:
1 kg Tomaten · 1 Salatgurke
2 Zwiebeln · 2 Knoblauchzehen
1 große rote Paprikaschote
2 EL Olivenöl
1 l Hühnerbrühe (Instant)
1 EL Zitronensaft · Salz · Pfeffer
je 1 Bund Koriander (ersatzweise Petersilie) und Schnittlauch
2 cl Vermouth · Tabasco

Zubereitung: 30 Min.
Kühlzeit: 2 Std. 30 Min.
Pro Portion: 580 kJ/140 kcal
10 g E·5 g F ·14 g KH

Spezialität aus Spanien

1 Tomaten überbrühen, häuten, Stielansätze und Kerne entfernen. 1 Tomate fein würfeln. Gurke waschen, Enden entfernen. Etwa 5 cm Gurke fein, den Rest grob würfeln. Zwiebeln und Knoblauch schälen und grob zerkleinern. Paprika putzen, ein Viertel fein, den Rest grob würfeln.

2 Öl erhitzen, Zwiebeln, Knoblauch und grob gewürfelte Gurke darin glasig dünsten.

3 Mit den grob gewürfelten Paprika und Tomaten, Brühe und Zitronensaft fein pürieren, kräftig würzen, 2 Std. 30 Min. im Kühlschrank gut kühlen.

4 Die Kräuter waschen, Korianderblättchen hacken, Schnittlauch in Röllchen schneiden. Suppe mit Vermouth und Tabasco abschmecken, mit den beiseite gestellten Gemüsewürfelchen bestreuen.

Vichysoisse

ZUTATEN FÜR 10 PERSONEN:
6 Stangen Lauch (800 g)
500 g mehlig kochende Kartoffeln · 50 g Sauerampfer (ersatzweise Rucola)
2 l Hühnerbrühe (Instant)
Salz · weißer Pfeffer
Muskatnuss, frisch gerieben
200 g Sahne
1 Schuss Sekt (ersatzweise Zitronensaft)

Zubereitung: 45 Min.
Kühlzeit: 3 Std.
Pro Portion: 480 kJ/ 110 kcal
3 g E·5 g F·14 g KH

Preiswert · Klassisch

1 Lauch putzen, längs aufschneiden, gründlich waschen, in Ringe schneiden. Kartoffeln schälen, grob würfeln. Sauerampfer waschen, hacken.

2 Etwas Sauerampfer und einige Lauchringe beiseite legen. Rest in der Hühnerbrühe mit den Kartoffeln 30 Min. bei schwacher Hitze garen.

3 Die Suppe pürieren. Mit Gewürzen abschmecken, für etwa 3 Std. kalt stellen.

4 Kurz vor dem Servieren die Sahne halb steif schlagen und unterziehen. Suppe mit Sekt aufschäumen, mit Lauchringen und Kräuterblättchen garniert servieren.

Tipp!
Diese Suppe schmeckt auch heiß. Als Einlage passen gegarte Hühnerbrustwürfel, Garnelen, Lachsschinken oder Keta-Kaviar.

Kraftbrühe

ZUTATEN FÜR 12 PERSONEN:
200 g Möhren
4 Stangen Staudensellerie
4 Pastinaken (ersatzweise Petersilienwurzeln)
2 Stangen Lauch
2 Zwiebeln
1,5 kg Kalbsknochen
2 EL Tomatenmark
300 g Suppenfleisch (Rind)
Salz
3 Lorbeerblätter
4 Piment- und 10 Pfefferkörner
2 Zweige Thymian
Sherry medium

Zubereitung: 2 Std.
Pro Portion: 410 kJ/100 kcal
19 g E·4 g F·7 g KH

Schmeckt auch kalt

1 Möhren, Staudensellerie, Pastinaken und Lauch waschen, putzen. Zwiebeln schälen, alles grob zerkleinern.

2 Knochen ohne Fett im Suppentopf anbraten. Tomatenmark und Gemüse dazugeben und kurz mitbraten. 2,5 l Wasser zugießen, Rindfleisch hineingeben und die Suppe langsam aufkochen lassen.

3 Mit Gewürzen und Thymian 1 Std. 30 Min. zugedeckt bei schwacher Hitze kochen lassen (im Schnellkochtopf 30 Min.).

4 Die Brühe durch ein sehr feines Sieb oder ein Mulltuch abgießen. Mit Sherry kräftig abschmecken.

Variante!
Als Amuse-gueule (kleiner Appetitanreger) ist geeiste, gelierte Brühe erfrischend. Dazu die Brühe kühlen, alles Fett abheben und besonders kräftig würzen, erwärmen und auf Mokka- oder kleine Suppentassen verteilen. Wieder kühlen und als Gelee in den Tassen servieren.

Suppeneinlagen

ZUTATEN FÜR 12 PERSONEN:
Für Gemüse-Schöberl:
1 Frühlingszwiebel
1 Tomate · 1 EL Butter
2 Eier · 40 g Mehl
2 EL Milch · Salz · Pfeffer
Muskatnuss, frisch gerieben
Für Kräuter-Eierstich:
60 ml Milch · 6 Eigelbe
Salz · Muskat · Pfeffer
2 EL gehackte Kräuter (Petersilie, Kerbel, Estragon)
Für Flädle-Schnecken:
3 Eier · 75 g Mehl
Salz · 3 EL Milch
150 g Bratwurstbrät
1/2 TL Basilikum in Öl
2 TL Parmesan, frisch gerieben
Öl zum Braten

Zubereitung: je 35 Min.
Pro Portion: 670 kJ/160 kcal
7 g E·10 g F·10 g KH

Gut vorzubereiten

1 Für die Gemüse-Schöberl Frühlingszwiebel waschen, putzen und in feine Ringe schneiden. Die Tomate überbrühen, häuten, ohne Kerne und Stielansatz würfeln. Die Zwiebelringe in Butter bei schwacher Hitze 2–3 Min. andünsten.

2 Den Backofen auf 180° (Umluft 160°) vorheizen. Eine Reine (30 x 25 cm) mit Backpapier auslegen. Die Eier trennen, Eigelbe mit Mehl, Milch und etwas Salz, Pfeffer und Muskat verrühren, Gemüse untermischen. Eiweiße steif schlagen, unterheben.

3 Masse 1 cm hoch einfüllen, glatt streichen, im Ofen (Mitte) in 15 Min. goldgelb backen, stürzen und in Rauten schneiden.

4 Für den Eierstich Backofen auf 180° vorheizen, die Milch mit den Eigelben, etwas Salz, Muskat, Pfeffer und den Kräutern verrühren. Eine Kastenform von 15–20 cm, etwa 10 cm hoch, einfetten, die Masse einfüllen, mit Alufolie abdecken.

5 Im Backofen (Mitte, Umluft 160°) im heißen Wasserbad 20–25 Min. stocken lassen. Den Eierstich kurz ruhen lassen, dann stürzen und in kleine Rauten schneiden oder ausstechen.

6 Für die Flädle-Schnecken die Eier mit dem Mehl, 1 guten Prise Salz und der Milch zu einem Pfannkuchenteig verrühren. Brät mit Basilikum in Öl und dem Parmesan sehr gut würzen. In einer beschichteten Pfanne wenig Öl erhitzen und bei mittlerer Hitze aus dem Teig dünne Pfannkuchen ausbacken. (Auch die eignen sich, in Streifen zu Flädle geschnitten, als Einlage.)

7 Die fertigen Pfannkuchen mit der Brätmischung bestreichen, fest aufrollen und die Rollen in dünne Scheiben schneiden. Im Öl bei mittlerer Hitze 6–8 Min. von beiden Seiten braten.

8 Die Einlagen jeweils in einer Kraftbrühe oder einer anderen klaren Suppe heiß werden lassen und servieren.

Pilz-Essenz

ZUTATEN FÜR 6 PERSONEN:
600 g Champignons · Salz
5 g getrocknete Steinpilze
750 ml Gemüsebrühe (Instant)
1 kleines Lorbeerblatt
2 Piment- und 3 Pfefferkörner
etwas frischer Thymian
2 cl Spätlese (Gewürztraminer)

Zubereitung: 2 Std. 30 Min.
Marinierzeit: 10 Std.
Pro Portion: 530 kJ/130 kcal
5 g E·3 g F·20 g KH

Gelingt leicht · Raffiniert

1 Die Pilze mit Küchenpapier abreiben. Mit der Küchenmaschine hobeln oder durch den Fleischwolf drehen, mit 1/2 TL Salz in einer Schüssel pürieren und mit einem Tuch bedecken. Steinpilze soweit wie möglich zerbröseln und zugeben. 10 Std. abgedeckt ziehen lassen.

2 Pilzmus in einem Topf mit der Brühe, den Gewürzen und Thymian aufkochen, dann 2 Std. zugedeckt bei schwacher Hitze köcheln lassen. Dabei 400 ml Wasser aufgießen.

3 Ein Sieb mit einem Mulltuch auslegen. Die Suppe durchseihen und die Rückstände gut auspressen. Die Essenz aufkochen, mit Wein abschmecken. In kleinen Tassen heiß servieren.

Tipp!
Je länger die Pilze ziehen, desto mehr Aroma entfalten sie. Wichtig: Dabei nicht luftdicht verschließen!

Gemüsekraftbrühe

ZUTATEN FÜR 10 PERSONEN:
3 Zwiebeln · 1 Stange Lauch
1 rote Paprika · 150 g Knollensellerie · 100 g Champignons
2 Möhren · 3 EL Olivenöl
125 ml Roséwein · Salz
4 Wacholderbeeren
4 Nelken · 1 TL Pfefferkörner
1 Lorbeerblatt · 1 Knoblauchzehe · je 1 Bund Petersilie und Liebstöckel

Zubereitung: 1 Std. 30 Min.
Pro Portion: 290 kJ/ 70 kcal
2 g E·3 g F·9 g KH

Gut vorzubereiten

1 Das Gemüse, bis auf die Zwiebeln, gründlich waschen und mit den ungeschälten Zwiebeln zerkleinern.

2 Ein tiefes Backblech mit Öl ausstreichen, das Gemüse darauf legen und unter dem Backofengrill 5 Min. rösten, mit dem Wein ablöschen.

3 Die Wein-Gemüse-Mischung mit 1,5 l Wasser, 2 TL Salz und allen Gewürzen in einen Topf geben. Die Knoblauchzehe ungeschält vierteln, Kräuter waschen.

4 Knoblauch, Petersilienstiele und Liebstöckel zum Gemüse in den Topf geben, aufkochen und 1 Std. bei schwacher Hitze köcheln lassen.

5 Die Brühe durch ein feines Sieb abgießen. Die Petersilienblättchen fein hacken, zur Brühe geben und pikant abschmecken.

Klare Ochsenschwanzsuppe

ZUTATEN FÜR 10 PERSONEN:
1,5 kg Ochsenschwanz in Scheiben · 1 Schinkenknochen (oder Schinkenreste)
2 l Fleischbrühe (Instant)
2 Bund Suppengrün · 1 Zwiebel
3 getrocknete Steinpilze
je 2 Nelken, Piment- und Pfefferkörner · 1 Lorbeerblatt
Salz · Pfeffer
4 cl Weinbrand

Zubereitung: 3 Std.
Ruhezeit: 8 Std.
Pro Portion: 1600 kJ/380 kcal
45 g E·19 g F·3 g KH

Gut vorzubereiten

1 Ochsenschwanz und Knochen ohne Fett in einem großen Topf bei starker Hitze anrösten, Brühe dazugießen und aufkochen. Inzwischen das Suppengrün waschen und mit der ungeschälten Zwiebel grob zerteilen. Die Brühe abschäumen, dann Gemüse, Zwiebel, Pilze und Gewürze dazugeben, salzen und pfeffern. Alles 2 Std. köcheln lassen. (Im Schnellkochtopf nur 1 Std. auf Stufe 2).

2 Ein Sieb mit einem Mulltuch auslegen, die Suppe durchseihen, etwa 8 Std. kalt stellen. Das Fleisch auslösen, in kleine Würfel schneiden, extra aufbewahren.

3 Nach dem Erkalten lässt sich das Fett von der Suppe abheben. Die Suppe mit dem Fleisch erhitzen und mit Weinbrand abschmecken.

Limettenbrühe mit Artischocken

ZUTATEN FÜR 10 PERSONEN:
250 g Zwiebeln
2 Knoblauchzehen
2 unbehandelte Limetten
2 EL Sesamöl
1,5 l Gemüsebrühe (Instant)
je 2 Piment- und Pfefferkörner
3 Zitronenblätter
2 EL trockener Sherry · Salz
2 Dosen Artischockenherzen (480 g Inhalt)
3 Zweige Zitronenmelisse

Zubereitung: 1 Std.
Pro Portion: 210 kJ/ 150 kcal
2 g E·2 g F·8 g KH

Ganz einfach

1 Zwiebeln und Knoblauchzehen schälen, grob würfeln. Aus der Mitte der Limetten 10 dünne Scheiben schneiden, beiseite legen. Die Enden auspressen und Schale abraspeln.

2 Zwiebeln und Knoblauch im Öl glasig dünsten und Brühe angießen. Gewürze, Zitronenblätter und abgeraspelte Limettenschale dazugeben, 30 Min. kochen lassen, dann absieben.

3 Die Brühe mit Sherry, Limettensaft und Salz abschmecken. Die Artischockenherzen blütenförmig auseinanderbiegen, mit den Limettenscheiben in der Brühe kurz ziehen lassen.

4 In vorgewärmte Suppentassen je 1 Artischocke und Limettenscheibe geben, Brühe darüber schöpfen und mit Zitronenmelisse garnieren.

Doppelte Blitz-Hühnerbrühe

ZUTATEN FÜR 6 PERSONEN:
1 Suppenhuhn (ersatzweise 800 g Hühnerklein)
1 Bund Suppengrün
1 Zwiebel · 1 Lorbeerblatt
2 Zweige Thymian (ersatzweise Zitronengras) · 4 Pimentkörner
1,5 l Hühnerbrühe (Instant)
1 Bund Petersilie · Salz
Soja- und Worcestersauce

Zubereitung: 40 Min.
Pro Portion: 1600 kJ/380 kcal
33 g E · 12 g F · 36 g KH

Schnell · Grundrezept

1 Das Huhn waschen. Suppengrün waschen, putzen. Zwiebel schälen, alles grob zerkleinern, mit dem Huhn, Lorbeer, Thymian, Piment und Brühe im Schnellkochtopf 20 Min. auf Stufe 2 garen (im Normalkochtopf 1 Std. bei mittlerer Hitze). Petersilie waschen, die Blättchen fein hacken.

2 Ein Sieb mit einem Mulltuch auslegen, die Brühe durchsieben. Etwas einkochen lassen, mit Soja- und Worcestersauce abschmecken, mit der Petersilie bestreuen.

Tipp!
Dazu passen die Einlagen (Seite 87) und hübsch in Form geschnittene Möhren und Kohlrabi. Mit Glasnudeln, feinen Streifen von Putenschinken, Frühlingszwiebeln, Möhren, Zuckererbsen und Mu-Err-Pilzen wird's chinesisch.

Zwiebelsuppe

ZUTATEN FÜR 8 PERSONEN:
Reste vom Entenbraten mit Karkassen (Knochen; ersatzweise 1 Schinkenknochen)
1 Bund Suppengrün
1 Lorbeerblatt
4 Pimentkörner
1 Gewürznelke
1,5 l Hühnerbrühe (Instant)
250 ml würziger Weißwein
600 g Zwiebeln
60 g Butter
1 Prise Zucker
Salz
4 Scheiben Toastbrot
1 EL gehackte Petersilie
60 g feiner Reibekäse

Zubereitung: 1 Std. 30 Min.
Pro Portion: 920 kJ/220 kcal
13 g E · 11 g F · 12 g KH

Raffiniert · Preiswert

1 Fleisch und Karkassen grob zerkleinern, in einen Topf geben. Suppengrün waschen, putzen, grob zerkleinern, mit den Gewürzen hinzufügen. Brühe und Wein angießen, 1 Std. bei schwacher Hitze kochen lassen.

2 Die Brühe durch ein feines Sieb gießen. Die Zwiebeln schälen, vierteln und in dünne Scheiben hobeln. In 20 g Butter goldbraun braten, dabei Zucker und Salz dazugeben. Mit der Brühe ablöschen. 5 Min. bei mittlerer Hitze garen.

3 Inzwischen das Brot entrinden und in Würfel schneiden, in der übrigen Butter goldbraun rösten.

4 Die Suppe mit Petersilie bestreuen, Croûtons und Reibekäse dazu stellen.

Mulligatawny-Suppe

ZUTATEN FÜR 8 PERSONEN:
1 Zwiebel · 1 Knoblauchzehe
1 Stück frischer Ingwer (etwa walnussgroß)
1 EL Butterschmalz
1 TL Kurkuma
1 TL Kreuzkümmel
1,5 l Hühnerbrühe (Instant)
200 g rote Linsen
100 g Reis
1 Msp. Safranpulver
3 EL Zitronensaft
40 g geriebene Mandeln
Salz · Pfeffer
1 Apfel · 150 g Joghurt
1 Bund Koriander

Zubereitung: 45 Min.
Pro Portion: 1100 kJ/270 kcal
19 g E · 8 g F · 32 g KH

Spezialität aus Indien

1 Zwiebel, Knoblauchzehe und Ingwer schälen, alles fein würfeln.

2 Im Butterschmalz bei starker Hitze anrösten. Kurkuma und Kreuzkümmel darüber streuen, mitrösten, dann die Brühe angießen. Linsen, Reis und Safran dazugeben, 30 Min. zugedeckt bei schwacher Hitze kochen lassen.

3 Den Zitronensaft und die Mandeln unterziehen, mit Salz und Pfeffer würzen. Apfel waschen, schälen, Kerngehäuse entfernen, Apfel raspeln, mit dem Joghurt in die Suppe geben. Mit dem Pürierstab aufschlagen, dann abschmecken.

4 Den Koriander waschen, die Blättchen hacken, die Suppe damit bestreuen.

Spargelcreme mit Spinatpesto

ZUTATEN FÜR 10 PERSONEN:
1 kg weißer Spargel
250 g grüner Spargel
1,5 l Geflügelbrühe (Instant)
2 EL Zitronensaft · 60 g Butter
60 g Mehl · 50 g Blattspinat
1 Bund Basilikum
2 EL Pinienkerne
150 g geschlagene Sahne

Zubereitung: 35 Min.
Pro Portion: 950 kJ/230 kcal
6 g E · 12 g F · 25 g KH

Grundrezept · Ganz einfach

1 Den Spargel waschen. Weißen Spargel schälen, vom grünen Spargel unteres Drittel schälen. Von beiden Sorten holzige Enden entfernen.

2 Weiße Spargelschalen mit Brühe und Zitronensaft 20 Min. auskochen und absieben.

3 Den Spargel in 2–3 cm lange Abschnitte teilen. Weißen Spargel in der Brühe 10–15 Min., grünen Spargel 5 Min. kürzer garen.

4 Butter zerlassen, Mehl dazufügen, bei mittlerer Hitze hellgelb rösten. Die Hälfte der Brühe zugeben, 10 Min. kochen lassen.

5 Spinat und Basilikum waschen, putzen und mit den Pinienkernen pürieren. Den Spargel ohne Spargelspitzen in der restlichen Brühe pürieren, zur Suppe geben. Spargelspitzen zugeben, erhitzen. Aufgeschlagene Sahne unterheben und mit Pesto servieren.

Kartoffelsamtsuppe mit Lachs

ZUTATEN FÜR 10 PERSONEN:
1 kg mehlig kochende Kartoffeln · 1,5 l Fischfond (ersatzweise Gemüsebrühe)
1 Bund Dill · 1 reife Avocado
300 g saure Sahne
Salz · Pfeffer
2 cl Vermouth
1 EL Sahnemeerrettich
100 g Räucherlachs in Scheiben

Zubereitung: 40 Min.
Pro Portion: 930 kJ/220 kcal
5 g E·13 g F·17 g KH

Gelingt leicht

1 Die Kartoffeln schälen, klein würfeln, im Fond in 10 Min. gar kochen, dann mit dem Fond fein pürieren.

2 Dill waschen, die Spitzen abzupfen. Avocado halbieren, Kern entfernen, das Fruchtfleisch herausheben, in die Suppe geben. Saure Sahne, Gewürze, Vermouth und Meerrettich dazugeben, mit dem Pürierstab aufschlagen, abschmecken.

3 Den Lachs in schmale Streifen schneiden. Die Suppe mit Lachsstreifen und Dillspitzen garniert servieren. Dazu passt Walnussbrot oder knuspriges Baguette.

Variante: Clam Chowder

Statt saurer 200 g süße Sahne nehmen, Avocado und Lachs durch 100 g geröstete Schinkenspeckwürfel und 250 g Miesmuscheln aus dem Glas ersetzen.

Rote Fischsuppe

ZUTATEN FÜR 10 PERSONEN:
1 Stange Lauch · 1 Zwiebel
2 Knoblauchzehen
2 EL Olivenöl
1,2 kg Gräten und Fischabfälle (beim Fischhändler bestellen)
1 Lorbeerblatt · Salz · Pfeffer
700 g festfleischiges Fischfilet (z. B. Victoriabarsch, Zander)
je 1 TL gerebelter Thymian und Oregano · 3 EL Zitronensaft
750 ml Tomatensaft
150 g rote Linsen

Zubereitung: 1 Std. 30 Min.
Pro Portion: 870 kJ/210 kcal
19 g E·7 g F·15 g KH

Raffiniert

1 Lauch putzen, waschen. Zartes Grün in feine Ringe, Rest in größere Abschnitte schneiden. Zwiebel und Knoblauch schälen, beides würfeln.

2 Große Lauchstücke und eine Hälfte der Zwiebelwürfel in 1 EL Öl bei starker Hitze anbraten. Fischabfälle und Gräten zugeben, anrösten und mit 1,5 l Wasser ablöschen. Mit Lorbeer, Salz und Pfeffer zugedeckt 1 Std. kochen lassen.

3 Fischfilets in mundgerechte Stücke teilen. Mit dem übrigen Öl, Zwiebelwürfeln, Knoblauch, Kräutern, Zitronensaft, Salz und Pfeffer vermischen.

4 Fond durchsieben, mit Tomatensaft, Linsen und Lauchringen 10 Min. kochen. Fisch mit Marinade darin 4–5 Min. bei geringer Hitze ziehen lassen.

Garnelen-Crab unter der Haube

ZUTATEN FÜR 6 PERSONEN:
400 g ungeschälte Garnelen (ersatzweise gegarte Garnelen)
1,2 l Krebsbrühe (50 g Krebssuppenpaste in 1,2 l Wasser auflösen) · 1 Zwiebel
1/2 unbehandelte Zitrone
20 g Butter
300 g TK-Blätterteig · Salz
Pfeffer · 2 cl Vermouth · 1 Ei

Zubereitung: 50 Min.
Pro Portion: 1200 kJ/290 kcal
21 g E · 13 g F · 21 g KH

Raffiniert

1 Die Garnelen waschen, in der Krebsbrühe 12 Min. kochen, bis sie sich rosig färben (entfällt bei schon gegarten Garnelen).

2 Die Zwiebel schälen und fein würfeln. Von der Zitrone die Schale abreiben, den Saft auspressen. Die Garnelen aus der Brühe heben, Fleisch aus den Schwänzen lösen und mit Zitronensaft beträufeln.

3 Garnelenpanzer mit der Zwiebel in Butter rösten, mit der Krebsbrühe ablöschen, mit Zitronenschale 20 Min. zugedeckt bei schwacher Hitze kochen.

4 Die Blätterteigplatten auftauen lassen, quer halbieren, etwas größer als die Öffnung von feuerfesten Suppentassen ausrollen. Den Ofen auf 220° (Umluft 200°) vorheizen.

5 Die Krebsbrühe durch ein Mulltuch sieben, mit Salz, Pfeffer und Vermouth abschmecken. Garnelenfleisch darin erhitzen, auf die Suppentassen verteilen.

6 Ei trennen. Tassenränder mit Eiweiß bestreichen, Teig darüber legen, andrücken, mit Eigelb bestreichen. Im Ofen 12 Min. backen.

Saucen, Dips & Buttermischungen

Kresseschaum

ZUTATEN FÜR 8 PERSONEN:
250 g Brunnenkresse (ersatzweise Rucola) · 2 Schalotten
120 g eiskalte Butterstückchen
125 ml trockener Weißwein
200 ml Kalbsfond (ersatzweise Geflügelfond) · 250 g Sahne
Salz · weißer Pfeffer
Muskatnuss, frisch gerieben
1 EL Zitronensaft

Zubereitung: 25 Min.
Pro Portion: 850 kJ/200 kcal
12 g E · 20 g F · 3 g KH

Zu Geflügel, Fisch und Eiern

1 Brunnenkresse waschen, verlesen und trockenschleudern. Die Schalotten schälen und fein würfeln.

2 Etwa 30 g Butter zerlassen und die Schalottenwürfel darin anschwitzen, aber nicht bräunen. Kresse dazugeben, kurz anschwitzen. Mit Wein und Fond ablöschen, 5–10 Min. offen köcheln lassen.

3 Die Mischung pürieren und durch ein feines Sieb passieren. Mit der Sahne mischen und bei mittlerer Hitze kochen lassen.

4 Die Sauce vom Herd nehmen, eiskalte Butterstückchen unterschlagen – am besten mit dem Mixstab. Die Sauce mit Salz, Pfeffer, etwas Muskat und Zitronensaft würzen.

Variante:
Die Schaumsauce schmeckt auch toll mit Bärlauch, Sauerampfer oder Kerbel statt Brunnenkresse.

Pilzsauce

ZUTATEN FÜR 8 PERSONEN:
1 große Zwiebel · 1 Bund Basilikum · 2 g getrocknete Steinpilze · 400 g gemischte Pilze (z. B. Champignons, Pfifferlinge, Schwämmchen) · 1 EL Zitronensaft · 100 g gewürfelter Räucherspeck · 1 EL Butterschmalz · 2 EL Ajvar (Paprikapaste) · 300 ml dunkler Fond (S. 97) · 150 ml trockener Rotwein · 2 TL Speisestärke
Salz · Pfeffer · Paprika, edelsüß

Zubereitung: 35 Min.
Pro Portion: 800 kJ/190 kcal
6 g E · 8 g F · 23 g KH

Zu Klößen, Nudeln oder Kurzgebratenem

1 Zwiebel schälen und fein würfeln. Basilikum waschen, die Blättchen fein hacken. Steinpilze zwischen den Fingern zerbröseln. Frische Pilze putzen, in Scheiben hobeln. Mit Zitronensaft beträufeln.

2 Speckwürfel im Schmalz auslassen, Zwiebel darin bei mittlerer Hitze glasig dünsten. Die Pilze dazugeben und solange braten, bis alle Flüssigkeit verdampft ist. Paprikapaste und Steinpilze dazugeben und kurz mitrösten.

3 Fond und Wein angießen, 5 Min. offen köcheln lassen. Stärke mit 2–3 EL Wasser glatt rühren und die Sauce damit binden, einmal aufkochen lassen. Mit Salz, Pfeffer und Paprikapulver abschmecken, Basilikum unterheben.

Heller Fond

ZUTATEN FÜR CA. 1 l:
2 Möhren · 2 Zwiebeln
1 kleine Stange Lauch
100 g Knollensellerie · 1 Bund Petersilie · 2 Zweige Thymian
2 TL Pfefferkörner · 1 Lorbeerblatt · 1 kg klein gehackte Kalbsknochen (ersatzweise Rinderknochen) · 1 EL Salz
125 ml trockener Weißwein

Zubereitung: 2 Std. 15 Min.
1700 kJ/400 kcal
21 g E · 4 g F · 64 g KH

Grundlage für helle Saucen

1 Möhren waschen, putzen und in Scheiben schneiden. Zwiebeln schälen und vierteln. Lauch putzen, waschen. Sellerie waschen, schälen, beides grob zerteilen. Petersilie, Thymian waschen.

2 Gemüse, Kräuter, Gewürze und Knochen in einen Topf geben. Knapp mit Wasser bedeckt aufkochen, 1 Std. offen bei schwacher Hitze köcheln lassen.

3 Salz und Wein zugeben, soviel Wasser angießen, dass wieder alles bedeckt ist, 1 Std. offen weiterköcheln.

4 Fond abseihen, abkühlen lassen, Fett abschöpfen. Gekühlt hält sich der Fond gut verschlossen ca. 1 Woche, tiefgekühlt ca. 6 Monate.

Tipp!

Im Schnellkochtopf kann man den Fond aus 875 ml Wasser und 125 ml Wein in 1 Std. kochen ohne zu reduzieren.

Samtsauce

ZUTATEN FÜR 12 PERSONEN:
60 g Butter · 65 g Mehl
1 l heller Fond (Kalbs- oder Geflügelfond)
Salz · weißer Pfeffer

Zubereitung: 45 Min.
2900 kJ/700 kcal
11 g E · 50 g F · 53g KH

Helle Grundsauce

1 Butter bei mittlerer Hitze aufschäumen lassen, bis sie klar ist. Das Mehl darin 3 Min. bei schwacher Hitze anschwitzen.

2 Kalten Fond unter ständigem Rühren angießen. Offen bei sehr schwacher Hitze 35 Min. köcheln lassen, dabei öfter mit dem Schneebesen rühren.

3 Die Sauce durchsieben, salzen und pfeffern.

Tipp!

Den samtigen Geschmack bekommt die Sauce durchs lange Köcheln. Wenn sie vor dem Servieren noch etwas stehen muss, belegen Sie sie mit ein paar Butterflöckchen. So bildet sich fast keine Haut.

Varianten:

Für **Estragonsauce** 3 EL Estragonblätter in feinen Streifen mit 50 ml Weißwein und 1 EL Butter aufkochen und unter die fertige Sauce mischen. Bei **Weißweinsauce** 250 ml Fond durch Weißwein ersetzen. Mit etwas Zitronensaft und Sahne abschmecken.

Dunkler Fond

ZUTATEN FÜR CA. 1,5 l:
1 kg klein gehackte Kalbsknochen (ersatzweise Rinderknochen)
2 EL Butterschmalz · 2 Möhren
1 Stange Staudensellerie
1 Zwiebel · 1 Knoblauch
1/2 Bund Petersilie · 2 EL Tomatenmark · 1 TL Pfefferkörner · Salz · 100 ml trockener Weißwein · 50 ml Portwein

Zubereitung: 2 Std. 50 Min.
2600 kJ/630 kcal
13 g E · 32 g F · 52 g KH

Basis für dunkle Saucen

1 Den Ofen auf 250° (Umluft 220°) vorheizen. Die Knochen und Sehnen mit dem Schmalz in einen Bräter geben und im heißen Ofen (Mitte) 15 Min. bräunen, dabei wenden.

2 Möhren und Sellerie waschen, putzen, Zwiebel und Knoblauch schälen, alles grob zerkleinern. Petersilie waschen, alles in den Bräter geben und mitbräunen. Dann Tomatenmark, zerdrückte Pfefferkörner und 1 EL Salz dazugeben, mit anrösten.

3 250 ml Wasser angießen, den Bratensatz lösen, die Flüssigkeit verdampfen lassen. Wein und Portwein dazugeben und alles in einen Topf umfüllen.

4 2 l Wasser angießen, alles 2 Std. offen köcheln lassen. Den Fond durchsieben, abkühlen lassen und entfetten. Gut verschlossen im Kühlschrank aufbewahren.

Cognacsauce

ZUTATEN FÜR 12 PERSONEN:
2 Zwiebeln · 1 Knoblauchzehe
2 EL Öl · 200 ml kräftiger Rotwein · 75 g Mehl
3 EL Tomatenmark
1,25 l dunkler Fond
6 schwarze Pfefferkörner
1 Lorbeerblatt · je 2 Zweige Petersilie und Thymian
2 cl Cognac
Salz · Pfeffer

Zubereitung: 1 Std. 30 Min.
6100 kJ/1500 kcal
33 g E · 53 g F · 160 g KH

Raffiniert

1 Zwiebeln und Knoblauch grob zerteilen, in heißem Öl bei starker Hitze braten.

2 Etwa die Hälfte des Weins angießen, Bratensatz damit lösen. Wein vollkommen einkochen lassen, den Vorgang wiederholen.

3 Mit Mehl bestäuben. Dieses ebenfalls bräunen. Tomatenmark untermischen und mit Fond ablöschen. Zerdrückte Pfefferkörner, Lorbeer, Petersilie und Thymian dazugeben, aufkochen und offen bei sehr schwacher Hitze 1 Std. köcheln lassen.

4 Fertige Sauce durchpassieren und eventuell etwas einkochen lassen. Mit Cognac, Salz und Pfeffer abschmecken.

Varianten:
Statt mit Cognac können Sie die Sauce auch mit Madeira oder Rotwein abschmecken.

Tomatencreme-sauce

ZUTATEN FÜR 8 PERSONEN:
1 Bund Basilikum · 1 Zwiebel
1 Knoblauchzehe · 1,5 kg vollreife Tomaten · 4 EL Olivenöl
4 EL Tomatenmark · 65 g Mehl
125 ml Gemüsebrühe (Instant)
Salz · schwarzer Pfeffer
Paprikapulver, edelsüß
125 g Sahne

Zubereitung: 30 Min.
Pro Portion: 670 kJ/160 kcal
4 g E · 9 g F · 19 g KH

Ganz einfach · Vegetarisch

1 Basilikum waschen, trockentupfen und Blätter in feine Streifen schneiden. Zwiebel schälen und fein würfeln. Knoblauch schälen, zerdrücken. Tomaten waschen, grob zerkleinern, dabei Stielansätze entfernen.

2 Zwiebel und Knoblauch im Öl bei mittlerer Hitze glasig dünsten. Tomatenmark kurz mitrösten, Tomaten dazugeben, zugedeckt 10 Min. köcheln lassen.

3 Unter Rühren das Mehl darüber stäuben, 5 Min. mitköcheln lassen. Dann die Sauce pürieren und durchsieben.

4 Mit Gemüsebrühe auf gewünschte Konsistenz verdünnen, wieder erhitzen und mit den Gewürzen abschmecken.

5 Kurz vorm Servieren die Sahne halbsteif schlagen und mit dem Basilikum unterziehen. Zu Fleisch, Fisch oder Gemüsegerichten reichen.

Béchamelsauce

ZUTATEN FÜR 8 PERSONEN:
75 g mageres Kalbfleisch
1 Zwiebel
70 g Butter
65 g Mehl
1 l Milch
2 Zweige Thymian
Salz · Pfeffer, frisch gemahlen
Muskatnuss, frisch gerieben

Zubereitung: 1 Std.
Pro Portion: 780 kJ/190 kcal
7 g E · 12 g F · 13 g KH

Ganz einfach

1 Fleisch klein würfeln. Zwiebel schälen und ebenfalls würfeln.

2 60 g Butter aufschäumen lassen. Mehl dazugeben und bei schwacher Hitze 5 Min. anschwitzen. Milch unter ständigem Rühren angießen, aufkochen lassen.

3 Zwiebel und Fleisch im restlichen Fett andünsten. Thymian dazugeben, mit Salz, Pfeffer und Muskat würzen und die Sauce angießen. Alles 45 Min. zugedeckt bei schwacher Hitze köcheln lassen.

4 Die Sauce durch ein feines Sieb geben und abschmecken.

Tipp!
Béchamelsauce passt zu hellem Fleisch, Fisch, Geflügel und Gemüse. Je nach Verwendung können Sie das Kalbfleisch durch Fisch ersetzen oder ganz weglassen. Dann eventuell mit etwas gekörnter Fleisch- oder Gemüsebrühe würzen.

Sauce hollandaise

ZUTATEN FÜR 8 PERSONEN:
350 g Butter (ersatzweise Butterschmalz) · 6 Eigelbe 100 ml heller Fond (S. 96; ersatzweise Gemüse-, Fleischbrühe oder Wasser) · Salz · 2 EL Zitronensaft · weißer Pfeffer

Zubereitung: 10 Min.
Pro Portion: 1500 kJ / 360 kcal
3 g E · 39 g F · 1 g KH

Raffiniert · Schnell

1 Butter bei schwacher Hitze zerlassen, abkühlen.

2 Topf oder Schüssel in ein bei schwacher Hitze köchelndes Wasserbad geben. Die Eigelbe mit Fond und Salz zu einer dickschaumigen Masse aufschlagen. Nach und nach unter ständigem Schlagen abgekühlte Butter unter die Eigelbmasse rühren. Die Sauce wird dabei dicklich. Wichtig: Sie darf nicht kochen, sonst gerinnt das Eigelb.

3 Sauce aus dem Wasserbad nehmen und mit Zitronensaft, Salz und Pfeffer abschmecken.

Tipp!
Sauce hollandaise muss sofort serviert werden, sonst könnte sie gerinnen. Passiert das trotzdem, die Sauce mit einigen Tropfen eiskaltem Wasser aufschlagen.

Variante:
Mit (Blut-)Orangensaft statt Fond und etwas Orangenschale wird's **Sauce maltaise**.

Sektschaumsauce

ZUTATEN FÜR 8 PERSONEN:
750 ml heller Fond (S. 96; ersatzweise Gemüse- oder Fleischbrühe)
50 g weiche Butter
60 g Mehl
100 ml trockener Sekt
Salz
weißer Pfeffer
200 g Sahne

Zubereitung: 10 Min.
Pro Portion: 610 kJ / 150 kcal
2 g E · 12 g F · 7 g KH

Toll zu Gemüse und Spargel

1 Fond aufkochen. Butter und Mehl verkneten. Mit einem Teelöffel kleine Portionen abstechen und in den kochenden Fond geben, rühren, bis sich die Mehlbutter aufgelöst hat. Danach bei schwacher Hitze 5 Min. offen weiter köcheln lassen.

2 Den Sekt angießen, die Sauce mit Salz und Pfeffer würzen.

3 Die Sahne steif schlagen, unter die Sauce ziehen und servieren.

Varianten:
Wenn Sie statt Sekt trockenen Weißwein verwenden, erhalten Sie **Sauce Chantilly** (auch Sauce Mousseline genannt). Für eine **Zitronenschaumsauce** ersetzen Sie den Sekt durch den Saft von 1/2 Zitrone. Mit 3 EL fein gehacktem Sauerampfer oder Currypulver oder 2–3 EL grünem Pfeffer bekommt die Sauce ein jeweils anderes Aroma.

Garnelensauce

ZUTATEN FÜR 8 PERSONEN:
2 Schalotten · 50 g Butter
65 g Mehl · 250 ml Milch
750 ml Gemüsebrühe (Instant)
250 g Crème fraîche
40 g Krebsbutter (Fischtheke)
150 g gegarte und geschälte Tiefseegarnelen
Salz · weißer Pfeffer
Cayennepfeffer

Zubereitung: 30 Min.
Pro Portion: 1400 kJ/340 kcal
9 g E · 25 g F · 20 g KH

Schnell · Ganz einfach

1 Schalotten schälen und fein würfeln. Butter erhitzen, Schalotten darin andünsten, Mehl dazugeben und bei schwacher Hitze 5 Min. anschwitzen.

2 Milch und Brühe unter ständigem Rühren angießen, aufkochen lassen. Die Crème fraîche einrühren und unter Rühren bei mittlerer Hitze etwas einkochen lassen.

3 Die kalte Krebsbutter unterschlagen und die Garnelen in der Sauce heiß werden lassen, mit Salz, Pfeffer und Cayennepfeffer abschmecken.

Variante: Gemüsecremesauce

300 g Möhren, Lauch, Erbsen oder Kürbis statt Garnelen in der Brühe dünsten, pürieren und als Garnierung 50 g Juliennestreifen derselben Gemüsesorte (Erbsen ausgenommen) einlegen.

Fischfond

ZUTATEN FÜR CA. 1 l:
1,5–2 kg Fischabfälle (beim Fischhändler vorbestellen)
2 vollreife Tomaten
1 kleine Stange Lauch
2 Stangen Staudensellerie
2 Zwiebeln · 2 Knoblauchzehen
1 große Möhre
1/4 unbehandelte Zitrone
1 Lorbeerblatt
1 Zweig Majoran · Salz
1 TL weiße Pfefferkörner

Zubereitung: 1 Std. 15 Min.
2600 kJ/630 kcal
10 g E · 26 g F · 58 g KH

Basis für Fischsuppen und -saucen

1 Fischabfälle waschen und in einen Topf einschichten. 1,5 l Wasser angießen.

2 Tomaten waschen, grob zerkleinern, Stielansätze entfernen. Lauch waschen, in breite Ringe schneiden. Sellerie zerteilen. Zwiebeln und Knoblauch schälen, grob hacken. Möhre grob zerkleinern.

3 Alles Gemüse, Zitrone, Lorbeer, Majoran, Salz und Pfeffer zum Fisch geben, aufkochen und 1 Std. offen bei schwacher Hitze köcheln lassen.

4 Den Fond durch ein Sieb gießen. Er hält sich gut verschlossen im Kühlschrank ca. 2 Wochen, tiefgekühlt ca. 6 Monate.

Tipp!

Im Schnellkochtopf wird der Fond 30 Min. mit 1 l Wasser gekocht.

Tomatensugo

ZUTATEN FÜR 8 PERSONEN:
2 kg vollreife Fleischtomaten
1 rote Paprikaschote · 3 rote Zwiebeln · 6 EL Olivenöl
50 g Tomatenmark · 4 Zweige Thymian · 1 Bund Basilikum
Salz · schwarzer Pfeffer

Zubereitung: 50 Min.
Pro Portion: 500 kJ/120 kcal
3 g E · 6 g F · 16 g KH

Zu Nudeln

1 Die Tomaten über Kreuz einritzen, mit kochend heißem Wasser überbrühen. Tomaten häuten, Fruchtfleisch ohne Kerne und Stielansätze würfeln.

2 Paprika waschen, längs in 4–6 Stücke teilen. Stielansatz, Kerne und Trennwände entfernen. Paprika mit der Haut nach oben im heißen Backofengrill bei 250° (Umluft 220°) 5 Min. rösten, bis die Haut dunkel und blasig wird. Salzen, mit feuchtem Tuch abdecken, die Haut abziehen.

3 Zwiebeln schälen und würfeln. In Olivenöl glasig dünsten. Tomatenmark 3–4 Min. mitdünsten. Kräuter waschen. Tomaten, Paprika und 1 Zweig Thymian zu den Zwiebeln geben und offen unter gelegentlichem Rühren 30 Min. einkochen lassen.

4 Thymianblättchen von den restlichen Zweigen abstreifen, Basilikumblätter fein hacken. Die Sauce mit den Kräutern, Salz und Pfeffer abschmecken.

Morchelrahm

ZUTATEN FÜR 8 PERSONEN:
25 g getrocknete Morcheln
2 Schalotten · 50 g Butter
75 ml Cognac · 1 l dunkler Fond (S. 97; ersatzweise Gemüsefond) · 300 g Sahne · 2 TL Speisestärke · Salz · weißer Pfeffer

Zubereitung: 40 Min.
Einweichzeit: 8 Std.
Pro Portion: 1000 kJ/240 kcal
3 g E · 18 g F · 11 g KH

Exklusiv · einfach

1 Die Morcheln in 600 ml Wasser etwa 8 Std. zugedeckt einweichen. Morcheln gründlich säubern. Einweichwasser durch eine Filtertüte gießen.

2 Schalotten schälen, würfeln und bei mittlerer Hitze in der Butter glasig dünsten. Morcheln dazugeben und kurz mitdünsten. Einweichwasser, Cognac und Fond angießen und bei starker Hitze etwas reduzieren. Pilze nach 10 Min. herausnehmen, warm stellen.

3 Die Sauce durchsieben oder mit dem Pürierstab pürieren. Die Hälfte der Sahne zugeben. Die Stärke in 3–4 EL Wasser anrühren, in die kochende Sauce rühren. Übrige Sahne steif schlagen.

4 Morcheln samt Sud in die Sauce geben, Sahne unterziehen, nochmals erhitzen, mit Salz und Pfeffer abschmecken, servieren. Passt zu gekochtem Fleisch, Fisch, Schalentieren und Gemüse.

Guacamole

ZUTATEN FÜR 8 PERSONEN:
2 Frühlingszwiebeln
1 frische grüne Chilischote
3 Avocados · 5 EL Limettensaft
2 zerdrückte Knoblauchzehen
4 EL gehackter Koriander · Salz

Zubereitung: 20 Min.
Pro Portion: 400 kJ/100 kcal
1 g E · 9 g F · 6 g KH

Spezialität aus Mexiko

1 Frühlingszwiebeln und Chili putzen, waschen und fein hacken.

2 Avocados halbieren, Fruchtfleisch mit Limettensaft beträufelt pürieren. Mit den restlichen Zutaten mischen, salzen. Schmeckt zur Gemüseplatte, als Dip und zu Ofenkartoffeln.

Nussige grüne Sauce

ZUTATEN FÜR 8 PERSONEN:
3 EL gemahlene Pinienkerne
3 EL gemahlene Haselnüsse
2 Bund glatte Petersilie
je 1 Bund Basilikum und Thymian
100 ml Olivenöl
Saft von 1/2 Zitrone
150 g Crème fraîche
Salz · schwarzer Pfeffer

Zubereitung: 15 Min.
Pro Portion: 980 kJ/240 kcal
4 g E · 22 g F · 10 g KH

Zu Pasta · Ganz einfach

1 Pinienkerne und Haselnüsse in einer Pfanne trocken rösten, abkühlen lassen. Kräuter waschen, trockenschleudern und dickere Stiele entfernen. Kräuterblättchen mit Olivenöl fein pürieren.

2 Zitronensaft, Crème fraîche, Kerne und Nüsse unterziehen, salzen und pfeffern.

Varianten:
Für **Pesto** pürieren Sie 3 Bund Basilikum mit 75 ml Olivenöl. Geben Sie 100 g frisch geriebenen Parmesan und 100 g gemahlene Pinienkerne dazu.
Für eine **Salsa verde** pürieren Sie 3 hart gekochte Eier mit 50 g Kapern, 3 Bund Petersilie, 2–3 Knoblauchzehen, 250 ml Olivenöl und dem Saft von 1–2 Limetten. Die Masse mit Salz und weißem Pfeffer würzig abschmecken.

Senfsauce mit grünem Pfeffer

ZUTATEN FÜR 8 PERSONEN:
200 g süße Sahne
150 g saure Sahne
4 EL mittelscharfer Senf
2 EL scharfer Senf
3 EL eingelegte grüne Pfefferkörner · Salz · Zitronensaft

Zubereitung: 5 Min.
Pro Portion: 590 kJ/140 kcal
1 g E · 14 g F · 2 g KH

Schnell

1 Sahne, saure Sahne und beide Senfsorten verrühren. Pfefferkörner unterziehen. Mit Salz und einer Spur Zitronensaft abschmecken. Schmeckt zu kaltem Braten und Schinken.

Frankfurter grüne Sauce

ZUTATEN FÜR 8 PERSONEN:
6 hart gekochte Eier
4 EL scharfer Senf
300 g saure Sahne
200 g Kräuterfrischkäse
2 Bund Schnittlauch
1 Bund Rucola
je 1 Bund Petersilie, Kerbel, Estragon, Dill und Sauerampfer
einige Blätter Borretsch
100 g Sahne
Salz · Cayennepfeffer
1 Prise Zucker

Zubereitung: 30 Min.
Pro Portion: 1200 kJ/280 kcal
10 g E · 24 g F · 9 g KH

Zu Ei, Rindfleisch und Gemüse

1 Eier halbieren, Eiweiße fein hacken. Eigelbe durch ein Sieb streichen und mit dem Senf verrühren. Nach und nach die saure Sahne und den Kräuterfrischkäse unterschlagen.

2 Kräuter waschen, Schnittlauch in Röllchen schneiden. Restliche Kräuter fein hacken.

3 Kräuter mit der Sahne unter die Eigelbmasse rühren, das gehackte Eiweiß unterheben, pikant abschmecken.

Tipp!
Die Kräuter in der Sauce variieren nach Jahreszeit. Es sollten mindestens sieben verschiedene sein, mehr sind aber durchaus erlaubt. In Hessen wird die traditionelle Mischung fertig angeboten.

Mayonnaise

ZUTATEN FÜR CA. 200 g:
1 Eigelb · Salz · Pfeffer
170 ml natives Olivenöl
1 TL Weißweinessig (ersatzweise Zitronensaft)
1/2 TL Senf

Zubereitung: 10 Min.
6000 kJ/1400 kcal
3 g E · 160 g F · 1 g KH

Basis für viele kalte Saucen

1 Eigelb mit 1/2 TL Salz und Pfeffer dick cremig schlagen. Erst tropfenweise, dann im dünnen Strahl das Öl dazugießen. Dabei ständig weiterschlagen.

2 Ist alles Öl mit dem Eigelb zur cremigen Masse verschlagen, mit Essig und Senf abschmecken.

Cumberlandsauce

ZUTATEN FÜR 8 PERSONEN:
1 gewürfelte Schalotte
1 EL abgeriebene Orangenschale · 125 ml Rotwein
250 g rotes Johannisbeergelee
3 EL mittelscharfer Senf
50 ml Orangensaft
1 EL Zitronensaft
Cayennepfeffer · Portwein

Zubereitung: 30 Min.
Pro Portion: 440 kJ/100 kcal
1 g E · 0 g F · 24 g KH

Zu Wild und Geflügel

1 Schalotte und Orangenschale im Rotwein weich dünsten, abkühlen lassen.

2 Mit Gelee, Senf und angewärmten Säften glatt rühren. Mit Cayennepfeffer und Portwein abschmecken.

Joghurt-Knoblauch-Creme

ZUTATEN FÜR 8 PERSONEN:
6 Knoblauchzehen · Salz
1 Bund Dill · 100 g Cornichons
450 g Schafmilchjoghurt (ersatzweise Vollmilchjoghurt)
3 EL Walnussöl (ersatzweise Olivenöl) · Pfeffer

Zubereitung: 15 Min.
Pro Portion: 270 kJ / 60 kcal
2 g E · 5 g F · 14 g KH

Ganz einfach · Schnell

1 Knoblauch schälen, grob zerkleinern. Mit Salz bestreuen, mit dem Messerrücken zerdrücken. Dillspitzen und Cornichons hacken. Mit Joghurt und Öl verrühren und pikant mit Salz und Pfeffer abschmecken.

Varianten:
Für eine **Roquefort-Creme** 175 g Roquefort-Käse mit einer Gabel zerdrücken und mit je 150 g saurer Sahne und Naturjoghurt glatt rühren. Mit etwas Estragonessig, Salz und Pfeffer würzen.
Eine besonders schnelle **Joghurt-Kräuter-Creme** rühren Sie aus 300 g Naturjoghurt, 150 g Sahnejoghurt, 3 EL Zitronensaft, 2 EL Olivenöl, 1 EL Senf oder 2 TL Sahnemeerrettich und 6–8 EL fein gehackten gemischten Kräutern (Petersilie, Schnittlauch, Dill, Basilikum, Thymian, Pimpinelle). Evtl. 1 fein gehackte Zwiebel untermischen.
Mit Salz, schwarzem Pfeffer und evtl. Paprikapulver würzen.

Thousand-Island-Dressing

ZUTATEN FÜR 8 PERSONEN:
1/2 grüne Paprikaschote
4 Zweige Petersilie
5 grüne gefüllte Oliven
1/2 hart gekochtes Ei
150 g Salatmayonnaise
2 EL Ketchup
1 Spritzer Tabasco
Salz · Pfeffer

Zubereitung: 10 Min.
Marinierzeit: 30 Min.
Pro Portion: 960 kJ / 230 kcal
7 g E · 17 g F · 18 g KH

Schnell · Für den Vorrat

1 Von der Paprika Stielansatz, Kerne und Trennwände entfernen, Paprika und Petersilie waschen, Petersilienblättchen abzupfen. Paprika, Petersilie, Oliven und Ei sehr fein hacken.

2 Mayonnaise mit den vorbereiteten Zutaten und dem Ketchup verrühren, 30 Min. durchziehen lassen. Mit Tabasco, Salz und Pfeffer abschmecken.

Tipp!
Das Dressing hält sich verschlossen im Kühlschrank 8–10 Tage.

Variante:
Russian Dressing
Ersetzen Sie Paprika, Oliven, Petersilie und Ei durch 2 EL Sahnemeerrettich, verdoppeln Sie die Ketchupmenge und würzen Sie mit Salz, Cayennepfeffer und Worcestersauce.

Tomatenbutter

ZUTATEN FÜR CA. 300 g:
4 getrocknete, in Öl eingelegte Tomaten
2 EL Tomatenmark
250 g weiche Butter
3 Zweige Basilikum
Salz · schwarzer Pfeffer

Zubereitung: 10 Min.
9900 kJ/ 2400 kcal
33 g E · 209 g F · 124 g KH

Zu Gemüse, Pasta, Fisch

1 Tomaten hacken, mit Tomatenmark und der Hälfte der Butter pürieren.
2 Basilikum waschen, Blättchen fein hacken. Restliche Butter und Basilikum unter die Tomatenbutter mischen, mit Salz und Pfeffer würzen.

Varianten:
Statt Basilikum 1 TL geriebene Ingwerwurzel und 1 Prise Zucker zugeben.

Nuss-Chili-Butter

ZUTATEN FÜR CA. 300 g:
75 g gehackte Nüsse (nach Geschmack, evtl. auch gemischt)
250 g weiche Butter
1 getr. Chilischote
Salz

Zubereitung: 15 Min.
9400 kJ/2300 kcal
15 g E · 245 g F · 16 g KH

Zu Gemüse oder Süßspeisen

1 Nüsse in einer Pfanne trocken rösten, bis sie duften. Abkühlen lassen.
2 Nüsse und Butter verkneten. Chilischote fein hacken, unterziehen, evtl. salzen.

Pilzbutter

ZUTATEN FÜR CA. 250 g:
7 g getrocknete Steinpilze
1 Schalotte
250 g weiche Butter · Salz

Zubereitung: 5 Min.
Pro Portion: 8000 kJ/ 1900 kcal
13 g E · 208 g F · 11 g KH

Schnell

1 Pilze fein zerstoßen. Schalotte schälen, fein würfeln. Bei mittlerer Hitze in wenig Butter glasig dünsten, Pilze kurz mitdünsten. Abgekühlt mit der restlichen Butter verkneten, salzen.

Kräuterbutter

ZUTATEN FÜR CA. 300 g:
3 Knoblauchzehen
50 g gemischte Kräuter (z. B. Petersilie, Schnittlauch, Dill, Basilikum, Thymian, Kerbel)
250 g weiche Butter
1 TL Zitronensaft
Salz · schwarzer Pfeffer

Zubereitung: 20 Min.
8100 kJ/1900 kcal
12 g E · 204 g F · 127 g KH

Klassisch · Schnell

1 Knoblauch schälen und durchpressen. Kräuter waschen, fein hacken.
2 Knoblauch und Kräuter mit der Butter verkneten, mit Zitronensaft, Salz und Pfeffer würzen.

Lebermousse

ZUTATEN FÜR 8 PERSONEN, FÜR EINE 1-L-KASTENFORM:
500 g Hähnchenleber
Salz · Pfeffer
2 EL Cognac · 1 TL Öl
4 Blatt weiße Gelatine
200 ml Geflügelfond
100 ml Sherry
1 Zweig Thymian · 50 g Sahne
350 g weiche Butter
25 g gehackte Pistazien
2 EL gehacktes Basilikum

Zubereitung: 1 Std.
Ruhezeit: 1 Std. 30 Min. + 24 Std.
Pro Portion: 1900 kJ/450 kcal
13 g E · 41 g F · 4 g KH

Ganz einfach

1 Leber waschen, putzen, grob zerkleinern, salzen, pfeffern, mit Cognac und Öl vermischen. 1 Std. 30 Min. ziehen lassen.

2 Ofen auf 220° (Umluft 190°) vorheizen. Leber darin (Mitte) 45 Min. zugedeckt garen.

3 Gelatine 5 Min. kalt einweichen, tropfnass bei schwacher Hitze auflösen, mit Fond und Sherry vermischen. In die kalt ausgespülte Form einen Geleespiegel gießen. Thymian einlegen, fest werden lassen.

4 Leber mit Sahne fein pürieren und mit der weichen Butter cremig rühren. Pistazien und Basilikum untermischen, salzen und pfeffern.

5 Die Lebercreme auf dem Spiegel verteilen, restliche Flüssigkeit angießen. 24 Std. ruhen lassen.

Grüne Fischterrine

ZUTATEN FÜR 12 PERSONEN, FÜR EINE 1,5 -L- TERRINE:
500 g Zanderfilet
250 g Lachsfilet
3 EL Zitronensaft · Salz · Pfeffer
1 Bund Pimpinelle (ersatzweise Petersilie) · 400 g Sahne
100 g Crème fraîche
1 Schalotte · 1 Knoblauchzehe
250 g Blattspinat
4 EL Schnittlauchröllchen
Backpapier · Öl

Zubereitung: 45 Min.
Ruhezeit: 24 Std.
Pro Portion: 820 kJ/200 kcal
15 g E · 13 g F · 15 g KH

Raffiniert · Gelingt leicht

1 Fisch mit Zitronensaft beträufeln, salzen und pfeffern. Zander würfeln, Lachs in 4 Streifen von halber Terrinenlänge teilen.

2 Pimpinelleblättchen mit Zander, Sahne und Crème fraîche pürieren, Schalotte und Knoblauch schälen, fein hacken und zugeben. Spinat blanchieren. Größere Blätter auslegen, Lachsstreifen darin einwickeln. Übrigen Spinat fein hacken.

3 Ofen auf 170° (Umluft 150°) vorheizen. Form mit geöltem Backpapier auslegen, mit Schnittlauch ausstreuen. Halbe Farce einfüllen, Lachs hineinlegen, mit restlicher Farce abdecken. Papier und Deckel auflegen.

4 Terrine im Wasserbad im Ofen (unten) 45 Min. garen. 24 Std. kühl stellen.

Lachsforellentimbale

ZUTATEN FÜR 6 PERSONEN:
600 g Lachsforellenfilet (ersatzweise Lachsfilet)
1/2 unbehandelte Zitrone
Salz · 200 g Sahne · Pfeffer
1 Avocado (150 g Fruchtfleisch)
2 EL Limettensaft
je 1/2 Bund Pimpinelle (ersatzweise Petersilie) und Dill · 1 EL Crème fraîche
Fett für die Tassen

Zubereitung: 1 Std.
Pro Portion: 1100 kJ/260 kcal
21 g E · 17 g F · 7 g KH

Gelingt leicht

1 Fisch würfeln, mit Zitronensaft beträufeln, salzen, portionsweise mit der Sahne pürieren. Mit Salz und Pfeffer abschmecken.

2 Avocado halbieren, Fruchtfleisch herausheben, mit Limettensaft mischen. Gewaschene Kräuterblättchen (einige für die Dekoration zurückbehalten), Pfeffer und wenig Salz dazugeben, pürieren. Crème fraîche unterziehen.

3 Ofen auf 180° (Umluft 160°) vorheizen. Sechs Tassen (ca. 150 ml Inhalt) fetten, die Hälfte der Fischfarce einfüllen. Mit einem Teelöffel eine Mulde in die Farce drücken. Avocadomus hineingeben. Mit restlicher Farce bedecken, festdrücken und glatt streichen.

4 Im Wasserbad im Ofen (Mitte) 20 Min. garen. Abgekühlt stürzen. Mit Kräutern garnieren.

Fischpastetchen

ZUTATEN FÜR 8 PORTIONEN:
250 g Lachsfilet
250 g Seeteufelfilet (ersatzweise Scholle)
2 EL Zitronensaft
Salz · Pfeffer
edelsüßes Paprikapulver
1 Zwiebel
40 g Butter
2 EL Mehl
250 ml Fischfond
100 ml trockener Weißwein
100 g Sahne
8 Blätterteigpastetchen
Eigelb zum Bestreichen
Backpapier

Zubereitung: 30 Min.
Pro Portion: 2400 kJ/580 kcal
17 g E · 39 g F · 37 g KH

Raffiniert · Ganz einfach

1 Fischfilets in 2–3 cm große Würfel schneiden, mit Zitronensaft beträufeln, mit Salz, Pfeffer und Paprikapulver würzen.

2 Zwiebel schälen, fein würfeln. In Butter bei mittlerer Hitze glasig dünsten. Mit Mehl überstäuben, anschwitzen. Mit Fond, Wein und Sahne ablöschen. Aufkochen, 5 Min. bei schwacher Hitze köcheln lassen, würzig abschmecken. Fischstücke darin 3 Min. ziehen lassen.

3 Ofen auf 180° (Umluft 160°) vorheizen. Die Blätterteigpastetchen mit Eigelb bestreichen und etwa 10 Min. aufbacken.

4 Das Ragout in die heißen Pastetchen füllen und sofort servieren.

Lachscreme

ZUTATEN FÜR 8 PERSONEN, FÜR 1-l- KASTENFORM:
4 Blatt weiße Gelatine
200 g Räucherlachs
100 g Magerquark
Pfeffer · 2 EL Limettensaft
4 EL Weißwein · 200 g Sahne
1 Bund Rucola
200 g Blattspinat
100 g Kräuterfrischkäse · Salz

Zubereitung: 20 Min.
Kühlzeit: 6 Std.
Pro Portion: 680 kJ/ 160 kcal
8 g E · 13 g F · 3 g KH

Ganz einfach

1 Gelatine in kaltem Wasser einweichen. Räucherlachs mit dem Quark fein pürieren. Mit Pfeffer und Limettensaft würzen.

2 Gelatine tropfnass in Wein bei kleiner Hitze auflösen, abkühlen. Sahne steif schlagen. Vorsichtig unter die Gelatine ziehen.

3 Rucola und Spinat waschen, putzen, mit Käse pürieren, mit Salz und Pfeffer abschmecken. Die Hälfte der Sahne unter die Lachs-, die andere unter die Kräutermasse ziehen.

4 Die Form mit Frischhaltefolie auslegen. Die Hälfte der Lachscreme einfüllen, verstreichen, 30 Min. kalt stellen. Dann Rucola-, Lachs- und wieder Rucolacreme einfüllen. Nach jeder Schicht kühlen.

5 Folie übereinanderschlagen. Form für 4 Std. in den Kühlschrank stellen. Zum Anrichten stürzen.

Blätterteigfisch

ZUTATEN FÜR 8 PERSONEN:
600 g TK-Blätterteig
600 g Victoriabarschfilet
3 EL Zitronensaft · Salz
1 Brötchen · 200 g Sahne
2 getrennte Eier · 100 ml Fischfond · weißer Pfeffer
je 1 Bund Schnittlauch und Dill
250 g Lachsfilet

Zubereitung: 2 Std.
Pro Portion: 2600 kJ/630 kcal
28 g E · 40 g F · 38 g KH

Dekorativ · Ganz einfach

1 Blätterteig auftauen. Den Barsch streifig schneiden, mit Zitronensaft beträufeln, salzen.

2 Brötchen zerkleinern, in Sahne einweichen. Mit Fisch, Fond und 1 Eigelb fein pürieren und pfeffern.

3 Die Hälfte des Teiges in Blechgröße ausrollen. Einen Fisch ausschneiden, mit Backpapier aufs Blech legen. Kräuter waschen, fein hacken, zur Hälfte auf den Teig streuen. Eiweiße steif schlagen, bis auf 2 EL unter die Farce ziehen, die Hälfte auf den Teig geben, Eischnee auf den Rand streichen, mit Lachs belegen, übrige Farce zugeben, mit Kräutern bestreuen.

4 Ofen auf 200° (Umluft 180°) vorheizen. Fisch mit übrigem Teig belegen, Ränder gleichschneiden. Teigreste schuppig auflegen. Maul und Auge formen. Fisch mit Eigelb bepinseln. Im Ofen (Mitte) in 50 Min. goldgelb backen.

Wildterrine

ZUTATEN FÜR 8 PERSONEN, FÜR 1-l-TERRINENFORM:
3 lange Möhren
100 ml trockener Rotwein
1 Kaninchenfilet (200 g)
Salz · schwarzer Pfeffer
1 EL Öl · 400 g Hirschgulasch
175 g Sahne · 1 Ei
200 g Frischkäse
Muskatnuss, frisch gerieben
2 TL grüne Pfefferkörner
1 kleiner Wirsing

Zubereitung: 2 Std.
Ruhezeit: 24 Std.
Pro Portion: 1400 kJ/330 kcal
25 g E · 20 g F · 10 g KH

Gut vorzubereiten

1 Möhren waschen, putzen, im Ganzen im Wein gar dünsten, abkühlen lassen.

2 Das Kaninchenfilet salzen, pfeffern und rundum im Öl anbraten.

3 Hirschgulasch von Sehnen und festen Häuten befreien, würfeln, mit Sahne, Ei, Käse, je 1/4 TL Muskat und Salz, etwas Pfeffer und Möhrenfond pürieren. Pfefferkörner unterheben, nochmal abschmecken.

4 Wirsingblätter waschen, und blanchieren. Form so auslegen, dass die Blätter über den Rand hängen. Filet in einige Blätter hüllen.

5 Ofen auf 180° (Umluft 160°) vorheizen. Gut die Hälfte der Farce in der Form glatt streichen. Möhren und Filet in die Mitte legen, mit restlicher Farce bedecken, glatt streichen.

6 Wirsing über die Terrine schlagen, mit Alufolie bedecken oder einen Deckel auflegen. Im Ofen (Mitte) 70–75 Min. garen. Herausnehmen, beschweren und kalt werden lassen. 24 Std. ruhen lassen, stürzen und in Scheiben schneiden.

Riesenterrine

ZUTATEN FÜR 12 PERSONEN, FÜR 3-L-AUFLAUFFORM:
5 altbackene Brötchen
10 g getrocknete Steinpilze
250 ml trockener Rotwein
500 g Champignons
2 Bund Petersilie
2 große Zwiebeln
1,25 kg gemischtes Hackfleisch
3 Eier · Salz · weißer Pfeffer
Paprika, rosenscharf · Fett

Zubereitung: 1 Std. 30 Min.
Ruhezeit: Evtl. 12 Std.
Pro Portion: 1300 kJ/310 kcal
22 g E · 17 g F · 15 g KH

Ganz einfach

1 Brötchen würfeln, Steinpilze zerbröseln. In Rotwein und ca. 400 ml warmem Wasser einweichen.

2 Champignons putzen. 200 g feinblättrig schneiden, zur Seite stellen. Rest fein hacken. Petersilie waschen, Blättchen hacken. Zwiebeln schälen und fein würfeln. Aus Hackfleisch, eingeweichten Brötchen, gehackten Pilzen, Petersilie, Zwiebeln und Eiern einen Teig kneten und würzen.

3 Ofen auf 200° (Umluft 180°) vorheizen. Auflaufform einfetten. Boden und Rand mit Pilzscheiben bestreuen, Teig einfüllen und glatt streichen.

4 Im Ofen (Mitte) zugedeckt 1 Std. garen, noch 10 Min. im Ofen ruhen lassen. Terrine heiß servieren oder beschweren, 12 Std. ruhen lassen und kalt servieren.

Putenterrine

ZUTATEN FÜR 8 PERSONEN, FÜR 1,5-L-KASTENFORM:
750 g Brokkoli · Salz
3 EL Zitronensaft
1 1/2 Bund Petersilie
150 g Möhren · 3 Scheiben Toastbrot · 300 g saure Sahne
3 Eier · 400 g Putenbrust
Pfeffer · Muskatnuss, frisch gerieben · Worcestersauce
65 g Kapern · Fett für die Form

Zubereitung: 1 Std. 20 Min.
Pro Portion: 1100 kJ/270 kcal
19 g E · 14 g F · 19 g KH

Kalorienarm

1 Brokkoli waschen, putzen. Röschen abtrennen, Strunk schälen, würfeln. Alles in 125 ml Salzwasser mit Zitronensaft in 10 Min. bei schwacher Hitze bissfest garen. Abtropfen lassen.

2 Petersilie und Möhren waschen. Petersilienblättchen abzupfen, Möhren fein würfeln. Brot würfeln, in saurer Sahne einweichen.

3 Eier trennen. Putenbrust würfeln, mit Eigelben, Brot und Petersilie pürieren, mit Pfeffer, Salz, Muskat und Worcestersauce würzen. Möhrenwürfel und Kapern untermischen. Eiweiße steif schlagen, unter die Masse ziehen.

4 Backofen auf 180° vorheizen. Form einfetten. Farce zur Hälfte einfüllen, Brokkoli hineindrücken. Mit Farce auffüllen und im Ofen (Mitte, Umluft 150°) 45 Min. garen. Warm oder kalt servieren.

Auberginen-schichtpastete

ZUTATEN FÜR 8 PERSONEN, FÜR 2-L-KASTENFORM:
2 kleine Auberginen (500 g)
4 EL Öl · je 1 Bund Dill, Minze und Koriander
4 Eier · 250 g Schafkäse
200 g Sahne · Salz · Pfeffer
Muskatnuss, frisch gerieben
1/2 TL abgeriebene Zitronenschale · Öl

Zubereitung: 1 Std. 30 Min.
Pro Portion: 610 kJ/150 kcal
8 g E · 11 g F · 5 g KH

Ganz einfach

1 Backofen auf 240° (Umluft 220°) vorheizen. Auberginen waschen, ohne Stielansätze längs in 1/2 cm dicke Scheiben schneiden. Backblech einölen, Auberginen darauf verteilen, mit Öl bepinseln. Im Ofen (oben) von jeder Seite 2 Min. bräunen. Temperatur auf 180° (Umluft 160°) zurückschalten.

2 Kräuter waschen. Eier, Schafkäse und Kräuterblättchen pürieren, Sahne hinzufügen. Mit Salz, Pfeffer, Muskat und Zitronenschale würzen.

3 Form mit Alufolie (blanke Seite innen) auslegen, einfetten. Lagenweise Auberginen und Käsecreme einfüllen.

4 Pastete im Ofen (Mitte) 45 Min. garen, evtl. abdecken. Pastete vor dem Stürzen 10 Min. ruhen lassen. Warm oder kalt in dicken Scheiben servieren.

Gemüseterrine

FÜR 8 PERSONEN, FÜR 1 RINGFORM VON 26 cm Ø:
1 dickes Bund Basilikum
3 reife Avocados
3 EL Limettensaft
12 Blatt weiße Gelatine
150 g Tomatenpaprika (Glas)
400 ml kalte Gemüsebrühe
Salz · Sojasauce · Pfeffer
6 hart gekochte Eier
etwa 20 Cocktailtomaten

Zubereitung: 20 Min.
Kühlzeit: 30 Min. + 6 Std.
Pro Portion: 1500 kJ/360 kcal
14 g E · 19 g F · 42 g KH

Gut vorzubereiten

1 Basilikum waschen, Blätter abzupfen. Avocados halbieren, Fruchtfleisch mit einem Löffel herauslösen. Basilikum und Avocados mit Limettensaft pürieren.

2 Gelatine 5 Min. kalt einweichen, Tomatenpaprika würfeln. Gelatine tropfnass bei schwacher Hitze auflösen. Kalte Brühe löffelweise hinzufügen. Zum Avocadomus geben, mit Salz, Sojasauce und Pfeffer gut würzen. Tomatenpaprika unterziehen. Eier pellen.

3 Form kalt ausspülen. Etwa die Hälfte des Muses einfüllen. Eier einlegen. Tomaten waschen, putzen, um die Eier verteilen.

4 Im Kühlschrank 30 Min. fest werden lassen, restliches Mus einfüllen.

5 6 Std. kalt stellen, dann stürzen, aufschneiden. Dazu passt die Joghurt-Knoblauch-Creme (S. 104).

Geflügelaspik

ZUTATEN FÜR 8 PERSONEN, FÜR 1,5-l-KASTENFORM:
300 g Putenbrust
1 kleine Stange Lauch
1 Möhre · 50 g Knollensellerie
1 kleine Zwiebel · Sojasauce
Worcestersauce · 500 ml Gemüsebrühe (Instant) · 6 Blatt weiße Gelatine · 1 Prise Zucker
6 EL Zitronensaft · 100 g Himbeeren · 50 g Brunnenkresse

Zubereitung: 45 Min.
Kühlzeit: 4 Std.
Pro Portion: 500 kJ/120 kcal
10 g E · 4 g F · 13 g KH

Dekorativ

1 Fleisch in dünne Scheiben schneiden. Lauch putzen, waschen, in breitere Ringe schneiden. Möhre und Sellerie schälen, würfeln.

2 Gemüse, ungeschälte Zwiebel, etwas Soja-, Worcestersauce und Brühe 20 Min. köcheln, Fleisch die letzten 5 Min. mitköcheln. Gelatine kalt einweichen.

3 Brühe durchseihen. Gelatine darin auflösen. Zucker und Zitronensaft zugeben, mit Wasser auf 500 ml auffüllen, würzen.

4 Beeren verlesen. Kresse waschen, trockentupfen. Form kalt ausspülen. Eine dünne Schicht Brühe in die Form geben, mit etwas Kresse belegen. Im Kühlschrank gelieren lassen.

5 Putenfleisch, Beeren und Kresse einschichten, mit Brühe bedecken. Im Kühlschrank in etwa 4 Std. gelieren lassen.

Ochsenschwanzaspik

ZUTATEN FÜR 6 PERSONEN, FÜR 6 FÖRMCHEN á 200 ml:
1 kg Ochsenschwanz
20 g Butter · 3 Zwiebeln
1 Stange Staudensellerie
2 Möhren · 1 Lorbeerblatt
1 Pimentkorn · 4 Pfefferkörner
Salz · 3 EL Aceto Balsamico

Zubereitung: 45 Min.
Garzeit: 2 Std. 30 Min.
Kühlzeit: 6 Std.
Pro Portion: 1100 kJ/270 kcal
27 g E · 15 g F · 6 g KH

Raffiniert

1 Ochsenschwanz in Butter anbraten. Zwiebeln schälen, Sellerie und Möhren waschen, putzen, alles würfeln und zugeben, kurz mitbraten. 1 l Wasser angießen, Gewürze zugeben. Bei mittlerer Hitze 2 Std. 30 Min. köcheln lassen. Brühe abseihen, und kalt stellen.

2 Das Fleisch ablösen, Fett entfernen, Fleisch würfeln und in die Förmchen füllen.

3 Fett von der Brühe abheben. Brühe mit Essig und Salz würzen, anwärmen, bis sie wieder flüssig ist, und in die Förmchen gießen. Mindestens 6 Std. kalt stellen, dann stürzen.

Tipp!

Dazu passen 500 g Tomatenwürfel mit 1 Bund in Röllchen geschnittenem Schnittlauch, gewürzt mit Essig, Worcestersauce, 1 EL Öl, Salz und Pfeffer.

Pikantes Gebäck

Blätterteigtaschen

ZUTATEN FÜR 6 PERSONEN, FÜR 12 STÜCK:
450 g TK-Blätterteig (6 rechteckige Scheiben)
600 g frischer Spinat (ersatzweise 300 g TK-Spinat)
150 g Gorgonzola
150 g Maiskörner (Glas)
Muskatnuss, frisch gerieben
Pfeffer
Mehl zum Ausrollen
Eiweiß zum Bestreichen
je 1 EL weißer und schwarzer Sesam

Zubereitung: 1 Std.
Pro Portion: 1200 kJ/280 kcal
7 g E · 19 g F · 20 g KH

Raffiniert · Gelingt leicht

1 Teig auftauen lassen. Spinat waschen, putzen, überbrühen, abtropfen lassen. Gorgonzola klein würfeln. Mit Spinat und Mais mischen und mit Pfeffer und Muskat würzen.

2 Ofen auf 200° (Umluft 180°) vorheizen. Backblech kalt abspülen. Teigscheiben halbieren, auf bemehlter Arbeitsfläche jeweils leicht ausrollen. Eiweiß mit 1 EL Wasser verrühren, die Ränder damit bepinseln. Füllung entlang der Mittellinie auf dem Teig verteilen, Teig beiderseitig darüber klappen, Ränder festdrücken.

3 Taschen mit der Schnittstelle nach unten auf das Blech legen, mit Eiweiß bestreichen und mit Sesam bestreuen. Im Ofen (Mitte) 25 Min. backen.

Brötchen-Sonne

ZUTATEN FÜR 20 MINI-BRÖTCHEN:
350 g Weizenmehl
1 Päckchen Trockenhefe
220 ml lauwarme Milch
1 EL Honig · 100 g Haferkleie
3 EL Öl · 1 TL Salz
1 Bund gemischte Kräuter
1 Zwiebel
30 g gehackte Walnusskerne
40 g geriebener Edamer
Backpapier · je 1 EL Mohn, Sesam und Leinsamen

Zubereitung: 1 Std. 40 Min.
Pro Portion: 460 kJ/110 kcal
4 g E · 4 g F · 18 g KH

Preiswert

1 Mehl und Hefe mischen, mit Milch, Honig, Haferkleie, 2 EL Öl und Salz zu einem glatten Teig verkneten. 1 Std. gehen lassen.

2 Kräuter waschen und hacken. Zwiebel schälen, klein würfeln, im restlichen Öl bei mittlerer Hitze glasig dünsten. Nüsse ohne Fett hellbraun rösten. Blech mit Backpapier auslegen.

3 Teig in vier Portionen teilen, pro Portion entweder Kräuter, Zwiebeln, Nüsse oder Käse unterkneten. Jeweils fünf Brötchen formen. Auf dem Blech eng zu einer Sonne legen, mit Wasser bepinseln und mit Samen bestreuen. 30 Min. gehen lassen, Ofen auf 200° (Umluft 180°) vorheizen.

4 Im Ofen (unten) 30 Min. backen. Im abgeschalteten Ofen 15 Min. ruhen lassen.

Dreierlei-Blechpie

ZUTATEN FÜR 8 PERSONEN:
900 g TK-Blätterteig · 1 Ei
Salz · Pfeffer
Für die Fischfüllung: 2 Eier
3 EL Dillspitzen · 100 g Ajvar
100 g gemahlene Mandeln
je 140 g Lachsfilet und Krabben
2 TL Zitronensaft
Für die Spinatfüllung:
25 g Pinienkerne · 600 g TK-Blattspinat · 250 g Magerquark
300 g Kräuterfrischkäse · 1 Ei
Für die Geflügelfüllung:
400 g Möhren · 2 TL Butter
400 g gegarte Hühnerbrust
1 Ei · 2 EL Orangensaft
20 g Korinthen · Salz · Pfeffer
2 EL gehackte Petersilie
130 g Crème fraîche
1 TL Curry · Backpapier

Zubereitung: 2 Std. 50 Min.
Pro Portion: 4700 kJ/1100 kcal
43 g E · 79 g F · 67 g KH

Gut vorzubereiten

1 Teig auftauen. Ein tiefes Blech mit Backpapier auslegen. 600 g Teig ausrollen, Blech damit belegen.

2 Eier trennen, Eigelbe mit Dill, Ajvar und Mandeln verrühren. Eiweiße steif schlagen, mit fein gewürfeltem Lachs, Krabben und Zitronensaft unter die Mandelmasse ziehen, würzen.

3 Pinienkerne rösten. Aufgetauten, abgetropften Spinat mit anderen Zutaten mischen, salzen, pfeffern.

4 Möhren schälen, raspeln, in heißer Butter 2 Min. dünsten. Fleisch in Streifen schneiden. Ei trennen, Eiweiß steif schlagen. Zutaten mischen, salzen, pfeffern.

5 Ofen auf 200° (Umluft 180°) vorheizen. Füllungen nebeneinander auf je 200 g Teig geben. Restlichen Teig ausrollen auf Pie setzen, Ränder festdrücken, mit Ei bestreichen. Im Ofen (Mitte) 50 Min. backen.

Streifentarte

ZUTATEN FÜR 10 PERSONEN:
100 g zarte Haferflocken
400 g Weizenmehl
200 g Butter · 5 Eier · Salz
500 g Champignons · 1 Zwiebel
1 Knoblauchzehe · 4 EL Olivenöl
Pfeffer · 400 g Magerquark
100 g Reibekäse · 40 g Schnittlauchröllchen · 500 g passierte Tomaten · 40 g Pinienkerne
2 Tomaten · Öl für das Blech

Zubereitung: 1 Std. 40 Min.
Pro Portion: 2200 kJ/520 kcal
22 g E · 30 g F · 47 g KH

Gelingt leicht

1 Haferflocken in einer Pfanne rösten. Mehl mit Butter, 3 Eiern, Salz und abgekühlten Flocken verkneten. Evtl. 1–2 EL Wasser dazugeben. Backblech fetten, Teig darauf ausrollen, einen Rand hochziehen.

2 Pilze putzen, hacken. Zwiebel und Knoblauch schälen, klein hacken, alles in 1 EL Öl braten, salzen, pfeffern. Quark, restliche Eier, Käse und Schnittlauch verrühren, würzen. Passierte Tomaten mit 1 EL Öl bei starker Hitze einkochen, Pinienkerne zugeben und würzen. Tomaten in Scheiben schneiden.

3 Ofen auf 200° vorheizen. Teig im Wechsel mit Pilz-, Käse- und Tomatenmasse in sechs Streifen bestreichen. Tomatenscheiben auf die Tomatenmasse legen. Tarte mit 2 EL Öl beträufeln.

4 Im Backofen (Umluft 180°) 40 Min. backen.

Lauchquiche

ZUTATEN FÜR 8 PERSONEN, FÜR EINE FORM 28 cm Ø:
100 g Schweineschmalz (ersatzweise Butter)
280 g Mehl · Salz · 1 TL Honig
3 Stangen Lauch · 40 g Butter
Pfeffer · 1/2 TL Paprikapulver edelsüß · 3 EL Apfelsaft
250 g blaue Trauben
2 Eier · 125 g Sahne
80 g gehobelte Haselnüsse
Fett für die Form

Zubereitung: 1 Std. 20 Min.
Pro Portion: 1800 kJ/440 kcal
7 g E · 29 g F · 39 g KH

Gut vorzubereiten

1 Schmalz mit 125 ml Wasser aufkochen. Mehl, 1/2 TL Salz und Honig zugeben, rasch zum glatten Teig verrühren und in Folie gewickelt abkühlen lassen.

2 Ofen auf 200° (Umluft 180°) vorheizen. Form einfetten, mit dem Teig auslegen, Boden mit der Gabel einstechen. Im Ofen (Mitte) 20 Min. vorbacken.

3 Inzwischen Lauch putzen, waschen, in feine Ringe schneiden. In heißer Butter andünsten, mit Salz, Pfeffer und Paprika würzen, mit Saft ablöschen. Offen halb gar dünsten. Trauben waschen, halbieren, Kerne entfernen.

4 Quicheboden ausdampfen lassen. Eier, Sahne und Lauch vermischen, auf den Teig geben, mit Nüssen und Trauben bestreuen. 15 Min. bei 180° (Mitte, Umluft 160°) weiterbacken.

Country Pie

ZUTATEN FÜR 8 PERSONEN, FÜR 1 PIE-FORM 28 cm Ø:
375 g Mehl · Salz · 140 g Butter
2 große säuerliche Äpfel
2 Gemüsezwiebeln
250 g Schweinehackfleisch
50 g rohe Schinkenwürfel
75 g zarte Haferflocken
150 g saure Sahne · 1 Prise Piment · Pfeffer · 3 EL gehackte Petersilie · Mehl zum Ausrollen Fett für die Form · 1 Ei

Zubereitung: 1 Std. 15 Min.
Pro Portion: 1900 kJ/460 kcal
4 g E · 23 g F · 50 g KH

Preiswert

1 Mehl und 1/2 TL Salz mischen, Butter mit 150 ml Wasser aufkochen, ins Mehl gießen, zu einem glatten Teig verrühren. In Folie gewickelt abkühlen lassen.

2 Äpfel schälen, vierteln, Kerngehäuse entfernen, Äpfel quer in Scheiben schneiden. Zwiebeln schälen, würfeln. Mit Hack und Schinken bei starker Hitze 5 Min. rösten. Mit Äpfeln, Haferflocken, saurer Sahne, Salz, Piment, Pfeffer und Petersilie mischen.

3 Backofen auf 200° (Umluft 180°) vorheizen. Form einfetten. Zwei Drittel des Teiges ausrollen, Form damit auslegen, einstechen, Füllung darauf verteilen. Teigränder nach innen schlagen, mit verquirltem Ei bestreichen. Teigrest ausrollen, als Deckel auflegen, mit Ei bestreichen. Im Ofen (Mitte) 30 Min. backen.

Herbstliche Pastetchen

ZUTATEN FÜR 8 PERSONEN, FÜR 8 SOUFFLE-FÖRMCHEN:
8 quadratische Scheiben TK-Blätterteig (600 g)
400 g mildes Sauerkraut
300 g blaue Weintrauben
100 g geräucherter Schinken
400 g Mett · Salz · Pfeffer
120 g gehackte Walnusskerne
1/2 TL Senfpulver
2 Msp. gemahlenes Lorbeerblatt · 2 zerstoßene Wacholderbeeren · 1 Eiweiß zum Bestreichen · Mehl zum Ausrollen Fett und gemahlene Walnüsse für die Förmchen

Zubereitung: 1 Std. 10 Min.
Pro Portion: 2700 kJ/640 kcal
5 g E · 46 g F · 44 g KH

Ganz einfach · Raffiniert

1 Blätterteig auftauen, auf doppelte Größe ausrollen. Förmchen einfetten, mit Nüssen ausstreuen, mit zwei Drittel Teig auslegen.

2 Sauerkraut ausdrücken, kürzer schneiden. Trauben waschen, halbieren, Kerne entfernen. Schinken fein würfeln. Alles mit Mett, Salz, Walnüssen und Gewürzen mischen.

3 Ofen auf 200° (Umluft 180°) vorheizen. Füllung in die Förmchen verteilen. Teigränder nach innen schlagen, mit Eiweiß bestreichen. Restlichen Teig ausstechen, auflegen, gut andrücken, ebenfalls mit Eiweiß bestreichen.

4 Im Ofen (Mitte) 35 Min. backen. 5 Min. im Ofen ruhen lassen.

Saftige Pizza

ZUTATEN FÜR 6 PERSONEN:
300 g Weizenmehl (Type 1050)
1/2 Päckchen Trockenhefe
4 EL Olivenöl · Salz
250 g passierte Tomaten
Pfeffer · 500 g Brokkoli
150 g gekochter Schinken
200 g Maiskörner (Glas)
2 EL getrocknete italienische Kräuter · 300 g Mozzarella in Scheiben · Backpapier
Mehl zum Ausrollen

Zubereitung: 1 Std.
Pro Portion: 2000 kJ/480 kcal
26 g E · 21 g F · 53 g KH

Schmeckt kalt und warm

1 Mehl mit Hefe, 180 ml Wasser, 2 EL Öl und 1/2 TL Salz verkneten, 30 Min. ruhen lassen.

2 Tomaten mit 2 EL Öl 5 Min. bei starker Hitze einkochen, pfeffern. Brokkoli waschen, in kleine Röschen teilen, Stiele schälen und würfeln. In Salzwasser 2 Min. sprudelnd kochen, abtropfen lassen. Schinken fein würfeln. Mais abtropfen lassen. Ofen auf 200° (Umluft 180°) vorheizen. Das Blech (35x40 cm) mit Backpapier auslegen.

3 Teig auf dem Blech ausrollen, einen Rand hochziehen. Boden mehrfach einstechen, mit Tomatensauce bestreichen. Kräuter, Schinken, Brokkoli und Mais darauf verteilen, mit Mozzarellascheiben belegen.

4 20 Min. im heißen Ofen (unten) backen, bis der Käse schmilzt.

Tipp!
Wenn's schneller gehen muss: Pitta-Brot quer aufschneiden, mit verschiedenen Gemüsearten belegen, mit Olivenöl beträufeln und mit Käse bestreuen. Im Ofen etwa 10 Min. überbacken.

Zwiebelkuchen

ZUTATEN FÜR 6 PERSONEN:
350 g Mehl · 2 Eier
125 g Quark · Salz · 6 EL Milch
6 EL Öl · 1 kg Gemüsezwiebeln
100 g roher Schinken
2 EL Butterschmalz
1 EL Kümmelsamen
400 g saure Sahne
3 Eier · Pfeffer
Muskatnuss, frisch gerieben
Backpapier

Zubereitung: 1 Std.
Pro Portion: 2600 kJ/620 kcal
20 g E · 34 g F · 57 g KH

Zu neuem Wein

1 Mehl, Eier, Quark, 1/2 TL Salz, Milch und Öl zu einem glatten Teig verkneten. Backblech (35 x 40 cm) mit Backpapier auslegen.

2 Zwiebeln schälen, in Ringe schneiden. Schinken fein würfeln, in Schmalz anbraten. Zwiebeln zugeben, bei mittlerer Hitze 5 Min. dünsten, mit Kümmel abschmecken. Saure Sahne und Eier verquirlen, mit Salz, Pfeffer und Muskat würzen, zu den Zwiebeln geben.

3 Ofen auf 200° (Umluft 180°) vorheizen. Teig auf dem Backblech ausrollen, einen Rand hochziehen und den Boden mehrfach einstechen. Zwiebelmischung darauf verteilen. Im Ofen (unten) etwa 30 Min. backen.

Variante:
Vegetarier können den Schinken durch 4 EL Kapern ersetzen.

Flammkuchen

ZUTATEN FÜR 6 PERSONEN,
FÜR 1 BLECH VON 35 x 40 cm:
250 g Weizenmehl (Type 1050)
1/2 Päckchen Trockenhefe
Salz · 3 EL Öl
200 g saure Sahne
Pfeffer
1/2 TL Thymian
1 Bund Frühlingszwiebeln
50 g gehackte Walnusskerne
80 g Frühstücksspeck (Bacon)
Backpapier

Zubereitung: 1 Std. 15 Min.
Pro Portion: 1400 kJ/340 kcal
12 g E · 19 g F · 34 g KH

Schmeckt warm und kalt

1 Mehl und Hefe vermischen. Etwa 150 ml lauwarmes Wasser, 1/2 TL Salz und Öl unterrühren. Der Teig sollte weich, aber formbar sein. Solange kneten, bis er nicht mehr klebt, bei Zimmertemperatur 30 Min. gehen lassen.

2 Saure Sahne mit Pfeffer, Salz und Thymian würzen. Frühlingszwiebeln putzen, waschen und in Ringe schneiden.

3 Ofen auf 220° (Umluft 200°) vorheizen. Backblech mit Backpapier auslegen. Teig darauf ausrollen, Boden mehrmals einstechen, mit saurer Sahne bestreichen, mit Frühlingszwiebeln und Nüssen bestreuen.

4 Speck in sehr dünne Streifen schneiden, auf dem Teig verteilen. Flammkuchen im Ofen (Mitte) etwa 25 Min. backen.

Piroschki

ZUTATEN FÜR 12 STÜCK:
350 g Mehl · Salz · 175 g kalte Butter · 1 Zwiebel · 100 g Rote Beten · 75 g Weißkohl · 2 saure Gurken · 1 TL Schweineschmalz
100 g Schweinehackfleisch
Pfeffer · Paprikapulver, edelsüß
1 TL Apfelkraut
75 g saure Sahne · 1 Eigelb
Backpapier · Sesamsamen zum Bestreuen

Zubereitung: 1 Std. 45 Min.
Pro Portion: 1100 kJ/260 kcal
5 g E · 15 g F · 25 g KH

Häppchen

1 Mehl, 1/4 TL Salz, Butter und 4 EL Eiswasser verkneten, 1 Std. ruhen lassen.

2 Zwiebel schälen, in Ringe schneiden. Rote Beten schälen, raspeln. Kohl putzen, fein hobeln. Gurken würfeln.

3 Zwiebel im Schmalz bei mittlerer Hitze glasig dünsten. Fleisch, Rote Beten und Kohl dazugeben und mitbraten. Gewürze, Gurken, Apfelkraut und Sahne untermischen.

4 Ofen auf 200° (Umluft 180°) vorheizen. Blech mit Backpapier auslegen. Den Teig auf bemehlter Arbeitsfläche Teig 2–3 mm dick ausrollen. 10 x 10 cm große Quadrate schneiden, in die Mitte je 1 EL Füllung setzen. Teig diagonal darüber schlagen. Ränder andrücken, mit Eigelb bestreichen, mit Sesam bestreuen. Im Ofen (Mitte) 40 Min. backen.

Frühlingsrollen

ZUTATEN FÜR 24 STÜCK:
4 Mu-Err-Pilze
24 Blatt Reispapier (20 cm Ø)
2 Tassen gemischte Sprossen (z. B. Rettich, Soja, Linsen)
250 g Möhren · 2 hart gekochte Eier · 2 EL Kapern · 1 Bund Petersilie · Salz · weißer Pfeffer
1 Prise gemahlenes Zitronengras · 12 Blätter Kopfsalat
1 Eiweiß · 2 TL Speisestärke · Öl

Zubereitung: 55 Min.
Einweichzeit: 12 Std.
Pro Portion: 260 kJ/63 kcal
3 g E · 1 g F · 11 g KH

Vegetarisch

1 Pilze 12 Std. in Wasser einweichen.

2 Reispapier einzeln auf feuchte Küchentücher legen. Sprossen abbrausen, trockenschleudern. Möhren schälen, fein raspeln. Eier und Kapern grob hacken. Petersilienblättchen und abgetropfte Pilze hacken. Alles mischen, mit Salz, Pfeffer und Zitronengras würzen. Salat waschen, in Blätter teilen, Rippen entfernen.

3 Jedes Reispapier mit Salat belegen und 1–2 EL Füllung darauf verteilen. Eiweiß mit Stärke verrühren und auf Reispapierränder streichen. Eng aufrollen, offene Enden dabei einschlagen.

4 Röllchen in Öl portionsweise in 6–8 Min. bei mittlerer Hitze goldbraun braten. Darauf achten, dass sie sich nicht berühren. Auf Küchenpapier abtropfen lassen. Heiß servieren.

Tunfischzopf

ZUTATEN FÜR 10 PERSONEN:
Für den Teig:
1 Würfel Hefe (42 g)
180 ml lauwarme Milch
1 TL Honig · 450 g Mehl
1 gehäufter TL Salz · 2 Eier
1 Eigelb · 50 ml Weißwein
150 g weiche Butter
Für die Füllung:
200 g grüne Oliven ohne Stein
200 g getrocknete Tomaten in Öl
300 g Tunfisch naturell (Dose)
1 Eiweiß · Salz · Pfeffer
1 TL Kräuter der Provence
Backpapier
Milch · Kürbiskerne

Zubereitung: 1 Std.
Ruhezeit: 12 Std.
Pro Portion: 1600 kJ/390 kcal
17 g E · 18 g F · 40 g KH

Zum Wein

1 Hefe, 4 EL Milch und Honig verrühren. 15 Min. gehen lassen. Mit allen Teigzutaten zu einem glatten Teig verkneten. Den Teig in einer Schüssel mit Deckel 12 Std., z. B. über Nacht, im Kühlschrank ruhen lassen. Oder 1 Std. bei Zimmertemperatur gehen lassen.

2 Oliven und getrocknete Tomaten fein würfeln. Abgetropften Tunfisch mit Eiweiß fein pürieren, Oliven, Tomaten, Salz, Pfeffer und Kräuter unterrühren.

3 Ofen auf 180° (Umluft 160°) vorheizen. Blech mit Backpapier auslegen. Teig 1 cm dick, 40 x 45 cm groß, ausrollen. Teigplatte längs halbieren. Mitten auf jede Platte je die Hälfte der Füllung verteilen. Teig darüber falten. Teigstränge zum Zopf verdrehen und auf das Blech legen, mit Milch einpinseln, mit Kürbiskernen bestreuen.

4 Im Ofen (Mitte, 40 Min. backen. Evtl. mit Alufolie abdecken.

Fischstrudel

ZUTATEN FÜR 10 PERSONEN:
450 g TK-Blätterteig
400 g frischer Spinat
1 Zitrone · 400 g Lachsfilet
750 g Seelachsfilet (ersatzweise Rotbarsch) · Salz · Pfeffer
2 Scheiben Toastbrot
50 g gemahlene Mandeln
75 ml Weißwein · 75 g Sahne
2 Eier · Backpapier
Öl zum Bestreichen
2 EL Sesamsamen zum Bestreuen

Zubereitung: 1 Std. 45 Min.
Pro Portion: 1900 kJ/460 kcal
30 g E · 26 g F · 26 g KH

Edel

1 Blätterteig auftauen. Spinat waschen, putzen und verlesen. Zitrone auspressen. Fisch waschen, mit Zitronensaft beträufeln, würzen, Lachs in fingerdicke Streifen schneiden, Seelachs würfeln

2 Brot zerpflücken. Mit Mandeln, Wein, Sahne, Eiern, Seelachs und 350 g Spinat pürieren, würzen. Ofen auf 200° (Umluft 180°) vorheizen. Blech mit Backpapier auslegen.

3 Teigplatten auf einem bemehlten Küchentuch 30 x 40 cm ausrollen. Mit restlichen Spinatblättern belegen, mit Fischmus bestreichen, Lachsstreifen einlegen. Aufrollen, Enden einschlagen, mit der Nahtstelle nach unten auf das Blech legen.

4 Strudel mit Öl bestreichen, mit Sesam bestreuen. Im Ofen (Mitte) 40 Min. backen.

Biskuit-Lachs-Rolle

ZUTATEN FÜR 8 PERSONEN:
Für die Füllung:
800 g Blattspinat · 2 EL Öl
1 Knoblauchzehe
300 g saure Sahne · Muskat
Salz · 150 g Räucherlachs
Für den Biskuit:
5 Eier · 75 g Mehl · 1/2 TL Backpulver · 2 EL Speisestärke
40 g zerlassene Butter · Salz
Muskatnuss, frisch gerieben
Backpapier

Zubereitung: 50 Min.
Pro Portion: 1000 kJ/250 kcal
11 g E · 17 g F · 13 g KH

Würzig

1 Spinat putzen, in einer Pfanne mit Öl zusammenfallen lassen, grob hacken und mit fein gehacktem Knoblauch, der Hälfte der sauren Sahne, Salz und Muskat mischen.

2 Backofen auf 200° (Umluft 180°) vorheizen. Backblech mit Backpapier auslegen.

3 Eier trennen, Eigelbe schaumig, Eiweiße steif schlagen. Restliche Biskuitzutaten unter die Eigelbe heben. Vorsichtig den Eischnee unterziehen. Teig gleichmäßig auf dem Blech verteilen. 10 Min. im heißen Backofen (Mitte) backen.

4 Biskuit mit übriger Sahne bestreichen, Lachs und Spinat darauf verteilen und von der Längsseite her eng einrollen. Auf einer feuerfesten Platte 5 Min. bei 220° backen.

Pikant gefüllte Windbeutel

ZUTATEN FÜR 10 WINDBEUTEL:
60 ml Milch · 50 g Butter
Salz · 75 g Mehl · 2 Eier
Backpapier

Zubereitung: 45 Min.
Pro Portion: 340 kJ/80 kcal
2 g E · 5 g F · 6 g KH

Vielfältig zu füllen

1 Milch mit 60 ml Wasser und Butter aufkochen. 1 Prise Salz und Mehl unterrühren. Weiter erhitzen und rühren, bis sich ein Kloß bildet und am Topfboden ein heller Belag entsteht. Masse in eine Schüssel umfüllen, 1 Ei unterrühren. Zweites Ei unter den abgekühlten Teig rühren.

2 Ofen auf 200° (Umluft 180°) vorheizen, Blech mit Backpapier auslegen. Teig in einen Spritzbeutel füllen. Zehn walnussgroße Rosetten auf das Blech spritzen.

3 Im Backofen (Mitte) in 25 Min. goldgelb backen. Windbeutel quer aufschneiden und abkühlen lassen.

Füllungsvarianten:
Käsecreme: z. B. Seite 46 Creme-Cheese-Kanapees.
Schinkencreme: 150 g Schinkenwürfel mit 75 g Schmand pürieren, mit Pfeffer würzen.
Forellencreme: 150 g geräucherte Forellenfilets mit 100 g Schmand pürieren. Mit Salz, Pfeffer, 1 EL gehacktem Dill und Zitronensaft abschmecken.

Schinkenhörnchen

ZUTATEN FÜR 20 STÜCK:
200 g Mehl · 2 TL Backpulver
1 Prise Salz · 150 g kalte Butter
160 g Quark · 125 g rohe Schinkenwürfel · Pfeffer
1/2 TL Senf · 40 g weiche Butter
1 EL feine Schnittlauchröllchen
Mehl zum Ausrollen · Backpapier · 1 Eiweiß zum Bestreichen

Zubereitung: 1 Std. 15 Min.
Ruhezeit: 3 Std.
Pro Portion: 540 kJ/130 kcal
13 g E · 9 g F · 8 g KH

Ganz einfach

1 Mehl, Backpulver, Salz, Butterflocken und Quark rasch zu einem glatten Teig verkneten. Zum Block formen und in einem feuchten Tuch 1 Std. ruhen lassen.

2 Teig zum Rechteck ausrollen, Ecken zur Mitte einschlagen, nochmal zusammenfalten. Alles einmal wiederholen. Teig feucht abgedeckt 2 Std. ruhen lassen.

3 Ofen auf 220° (Umluft 200°) vorheizen. Blech mit Backpapier auslegen. Schinken mit etwas Pfeffer, Senf, Butter und Schnittlauch vermischen.

4 Teig auf bemehlter Arbeitsfläche 2 mm dünn ausrollen. In Dreiecke von 10 cm Breite und 12–13 cm Seitenlänge teilen. Ränder mit Eiweiß bestreichen. Etwas Füllung auf die Dreiecke geben, von der kurzen Seite einrollen. Hörnchen mit Eiweiß bestreichen. Im Ofen (Mitte) 15 Min. backen.

Mini-Quiches

ZUTATEN FÜR CA. 15 STÜCK:
125 g abgetropfter Quark
125 g kalte Butterstückchen
125 g Mehl · Salz
1/2 unbehandelte Limette
750 g Brokkoli
150 g gegarte Nordseekrabben
3 Eier · 100 g Gorgonzola
200 ml Milch · Pfeffer
Muskatnuss · Backpapier

Zubereitung: 1 Std.
Ruhezeit: 1 Std.
Pro Portion: 740 kJ/180 kcal
9 g E · 11 g F · 11 g KH

Gelingt leicht

1 Quark, Butter, Mehl und 1 Prise Salz rasch zu einem glatten Teig verkneten. In Folie wickeln und 1 Std. kühl ruhen lassen.

2 Limette auspressen und Schale abreiben. Brokkoli waschen, putzen, in kleine Röschen teilen und in wenig Salzwasser mit der Limettenschale 4 Min. kochen. Die Krabben mit Limettensaft beträufeln. Eier, Käse und Milch pürieren, mit Pfeffer, Muskat und Salz abschmecken. Ofen auf 200° (Umluft 180°) vorheizen. Blech mit Backpapier auslegen.

3 Teig ca. 5 mm dick ausrollen, Taler (8 cm Ø) ausstechen, einen Rand formen und auf das Blech legen. Brokkoli und abgetropfte Krabben auf den Teig geben mit Eier-Milch übergießen. Quiches im Ofen (unten) in 20–25 Min. goldbraun backen. Noch warm servieren.

Pikante Torteletts

FÜR 12 FÖRMCHEN (8 cm Ø):
200 g kalte Butter · 300 g Mehl
3 EL saure Sahne · Salz
Fett und Semmelbrösel für die Förmchen · Mehl zum Ausrollen

Zubereitung: 1 Std. 45 Min.
Ruhezeit: 30 Min.
Pro Portion: 920 kJ/220 kcal
13 g E · 15 g F · 19 g KH

Grundrezept

1 Butterflöckchen, Mehl, saure Sahne und 1/2 TL Salz rasch zu einem glatten Teig verkneten. 30 Min. kühl stellen.

2 Ofen auf 200° (Umluft 180°) vorheizen. Förmchen einfetten und mit Semmelbröseln ausstreuen. Teig in 12 Portionen teilen. Auf bemehlter Arbeitsfläche ausrollen und in die Förmchen legen. Teigböden mit einer Gabel mehrfach einstechen.

3 Im Ofen (Mitte) in 20 Min. goldbraun backen. Kurz ruhen lassen, dann stürzen. Auf einem Gitter auskühlen lassen.

Tipp!

Die Torteletts 3 Std. vor dem Essen belegen, damit sie gut durchziehen können. Als Belag eine Schicht Käsecreme (S. 124), Nussige grüne Sauce (S. 102), Guacamole (S. 102) oder dick eingekochten Tomatensugo (S. 101) darauf verteilen. Mit gedünstetem Gemüse, Krabben, Räucherlachs oder Kräutern belegen, mit Aspik überziehen.

Lammkoteletts

ZUTATEN FÜR 6 PERSONEN:
750 g Tomaten · 4 Schalotten
250 g Fenchel · 3 EL Olivenöl
175 ml Brühe (Instant) · Salz
Pfeffer · 3 Knoblauchzehen
6 doppelte Lammkoteletts
1 EL Butter
50 g Weißbrot vom Vortag
60 g gehackte Mandeln

Zubereitung: 45 Min.
Pro Portion: 1900 kJ/450 kcal
50 g E · 21 g F · 15 g KH

Ganz einfach

1 Tomaten heiß überbrühen, häuten, Kerne entfernen, Fruchtfleisch hacken. Schalotten schälen, fein würfeln. Fenchel putzen, in feine Streifen schneiden. 2 EL Öl erhitzen, Schalotten und Fenchel darin 5 Min. bei mittlerer Hitze dünsten. Tomaten dazugeben, zugedeckt weitere 10 Min. dünsten. Brühe angießen, alles 5 Min. bei schwacher Hitze garen. Salzen und pfeffern.

2 Knoblauch schälen, durchpressen, mit Salz und Pfeffer vermischen. Koteletts damit einreiben. Restliches Öl mit der Butter erhitzen, das Fleisch darin bei starker Hitze von beiden Seiten 5–6 Min. braten, warm stellen.

3 Weißbrot fein zerbröseln, mit den gehackten Mandeln im Bratfett unter Rühren bräunen.

4 Koteletts mit Gemüse und den Mandel-Bröseln anrichten. Dazu Nudeln servieren.

Lammfilet mit Port

ZUTATEN FÜR 6 PERSONEN:
6 Lammfilets (je 125 g; ersatzweise 12 Lammkoteletts)
200 ml weißer Portwein
100 ml Aceto balsamico
2 EL Olivenöl
2 Knoblauchzehen
Salz · Cayennepfeffer
Paprikapulver, rosenscharf
etwas Butterschmalz
125 ml Fleischbrühe (Instant)
1 EL Johannisbeergelee

Zubereitung: 20 Min.
Marinierzeit: 2 Std.
Pro Portion: 1100 kJ/270 kcal
26 g E · 10 g F · 8 g KH

Ganz einfach · Raffiniert

1 Filets waschen, trockentupfen. 150 ml Port mit 50 ml Essig und dem Öl mischen. Knoblauch schälen und in die Marinade pressen. Mit Salz, Cayennepfeffer und Paprika würzen. Filets damit bestreichen, 2 Std. im Kühlschrank marinieren.

2 Filets aus der Marinade nehmen, trockentupfen. Butterschmalz erhitzen, Filets rundum bei starker Hitze kurz anbraten. Restliche Marinade, Port und Brühe angießen, zugedeckt bei mittlerer Hitze 8 Min. garen.

3 Fleisch aus dem Fond heben, warm stellen. Fond mit Gewürzen, restlichem Balsamico und Gelee abschmecken, dazu reichen.

Tipp!
Dazu: Kartoffelgratin (S. 165) und Böhnchen mit Speck (S. 173) und grüner Salat.

Gefüllte Lammkeule

ZUTATEN FÜR 8 PERSONEN:
1,75 kg entbeinte Lammkeule
3 EL Olivenöl · 2 TL Basilikum in Öl · Salz · Pfeffer
1 kleine Aubergine (etwa 200 g)
1 Bund Frühlingszwiebeln
75 g gemahlene Mandeln
50 g Kapern · 300 g Kräuterfrischkäse · 1/2 TL Kräuter der Provence · 100 g Crème fraîche
Bratschlauch

Zubereitung: 2 Std. 30 Min.
Marinierzeit: 12 Std.
Pro Portion: 2700 kJ/640 kcal
35 g E · 53 g F · 4 g KH

Gut vorzubereiten

1 Lammkeule rundum mit einem Mix aus 1–2 EL Öl, 1/2 TL Basilikum in Öl, Salz und Pfeffer einreiben, 12 Std. kühl ruhen lassen.

2 Aubergine fein würfeln. Leicht würzen, mit restlichem Öl beträufeln, auf ein Blech verteilen. Im heißen Backofen braun grillen. Zwiebeln putzen, in Ringe schneiden. Mandeln rösten, Kapern hacken. Alles mit 200 g Frischkäse, Kräutern, übrigem Basilikum mischen, in die Keule füllen. Mit Holzstäbchen verschließen.

3 Ofen auf 180° (Umluft 160°) vorheizen. Bratschlauch 20 cm länger als den Braten zuschneiden, Fleisch hineinschieben, beide Enden verschließen, mit einer Nadel einstechen. Auf kalten Rost legen. Etwa 2 Std. im Ofen (unten) garen.

4 Schlauch aufschneiden, Bratensaft in einem Topf auffangen, bei starker Hitze einkochen, mit übrigem Frischkäse und Crème fraîche abschmecken.

5 Braten in Scheiben mit der Sauce zu Kartoffelgratin (S. 165) servieren.

Lamm à la Provence

ZUTATEN FÜR 6 PERSONEN:
1,5 kg Lammrücken · 2 Knoblauchzehen · 4 EL Olivenöl
1 EL getr. Kräuter der Provence
2 EL Dijon-Senf · 1 EL Sojasauce
Pfeffer · 3 Zwiebeln · 4 Tomaten
500 ml Rotwein · 2 Lorbeerblätter · 3 Wacholderbeeren

Zubereitung: 1 Std.
Marinierzeit: 4 Std.
Pro Portion: 2800 kJ/670 kcal
35 g E · 49 g F · 9g KH

Ganz einfach

1 Fleisch kalt abwaschen, trockentupfen. Überschüssiges Fett wegschneiden. Übrige Fettschicht kreuzweise einschneiden. An beiden Knochenseiten ca. 1,5 cm Fleisch lösen.

2 Knoblauch schälen, durchpressen, mit Öl, Kräutern, Senf, Sojasauce und Pfeffer vermischen. Fleisch damit einstreichen. Abgedeckt im Kühlschrank etwa 4 Std. ziehen lassen.

3 Zwiebeln schälen, vierteln. Tomaten waschen, vierteln, dabei Stielansätze entfernen.

4 Backofen auf 225° (Umluft 200°) vorheizen. Bräter auf dem Herd erhitzen. Fleisch mit Marinade rundum anbraten. Zwiebeln und Tomaten dazugeben. Mit Wein, Lorbeer und Wacholder im Ofen (Mitte) 40–45 Min. garen.

5 Fleisch warm stellen. Gemüse mit Fond pürieren, würzen, als Sauce reichen.

Steaks mit Gemüsejulienne

ZUTATEN FÜR 4 PERSONEN:
3 EL Ketchup · 5 EL Öl
Salz · Pfeffer · Cayennepfeffer
Paprikapulver, rosenscharf
4 Steaks (je 150 g)
300 g Möhren · 3 Stangen Staudensellerie
200 g Lauch · 250 g Zucchini
1 TL Sojasauce

Zubereitung: 25 Min.
Marinierzeit: 12 Std.
Pro Portion: 1300 kJ/320 kcal
16 g E · 24 g F · 11 g KH

Schnell · Ganz einfach

1 Ketchup, 2 EL Öl und Gewürze mischen. Steaks 12 Std. darin marinieren.

2 Gemüse waschen, putzen, in Streifen schneiden.

3 Steaks in etwas Öl beidseitig je 2 Min. bei starker Hitze braten, warm stellen.

4 Restliches Öl und restliche Marinade erhitzen. Möhren und Sellerie dazugeben, 2 Min. unter ständigem Rühren bei schwacher Hitze garen, Lauch zugeben, 1 Min. garen. Zucchini und 125 ml Wasser dazugeben. Schmoren, bis das Gemüse bissfest ist. Mit Sojasauce abschmecken. Steaks auf dem Gemüse anrichten.

Tipp!
Für 8 oder mehr Personen rohes Gemüse, Marinade, Öl, Wasser auf ein Backblech geben. Steaks darauf legen, bei 250° (Umluft 220°) 10 Min. grillen. Das Fleisch nach 5 Min. wenden.

Rindersaftschinken

ZUTATEN FÜR 10 PERSONEN:
1,3 kg kleine (Salat-)Kartoffeln
1,3 kg Bundmöhren
1 Stange Lauch
2 Stangen Staudensellerie
40 g Butter
200 ml Tomatensaft · Pfeffer
2 kg gepökelter Rinderbraten (Frikandeau, vorbestellen)
400 g küchenfertige Maroni
1 Bund Petersilie
120 g Kräuterfrischkäse

Zubereitung: 2 Std. 30 Min.
Wässern: 1 Std.
Pro Portion: 2300 kJ/560 kcal
49 g E · 18 g F · 49 g KH

Gelingt leicht

1 Einen Tontopf 1 Std. wässern. Gemüse waschen, schälen, putzen. Lauch und Sellerie klein schneiden.

2 Backofen auf 180° (Umluft 160°) vorheizen. Lauch und Sellerie in der Butter bei mittlerer Hitze anbraten, mit Tomatensaft ablöschen, pfeffern. Fleisch in den Tontopf geben, mit der Tomatenmischung bedecken. Im Ofen (unten) schmoren. Braten nach 1 Std. wenden, Maroni, Kartoffeln und Möhren dazugeben, 1 Std. weiterschmoren.

3 Petersilie waschen, Blättchen fein hacken. Gemüse herausheben, mit Petersilie bestreuen, warm stellen. Braten in Alufolie 10 Min. ruhen lassen. Fond pürieren, mit Frischkäse abschmecken. Braten mit Beilagen reichen.

Tafelspitz mit Apfelmeerrettich

ZUTATEN FÜR 6 PERSONEN:
2 Knoblauchzehen
500 ml Gemüsebrühe (Instant)
500 ml Brottrunk (Bäcker oder Reformhaus) · 1,2 kg Tafelspitz
100 g frischer Meerrettich
1 großer säuerlicher Apfel
1 TL Zitronensaft · 1 Bund Schnittlauch · 100 g saure Sahne · Salz · Pfeffer

Zubereitung: 35 Min.
Pro Portion: 2500 kJ/600 kcal
36 g E · 39 g F · 25 g KH

Schmeckt warm und kalt

1 Knoblauch schälen, mit Gemüsebrühe und Brottrunk aufkochen. Temperatur auf mittlere Hitze reduzieren. Tafelspitz einlegen, in der leise simmernden Brühe in 2 Std. gar ziehen lassen.

2 Meerrettich und Apfel schälen, fein reiben und mit Zitronensaft mischen. Schnittlauch waschen, trockentupfen und in Röllchen schneiden. Mit der sauren Sahne zur Apfel-Meerrettich-Mischung geben.

3 Tafelspitz aus dem Sud heben, in Scheiben schneiden. 2 EL Sud zum Apfelmeerrettich geben. Salzen, pfeffern. Tafelspitz mit Kartoffelsalat (S. 77) oder gefüllten Kartoffeln (S. 165) servieren.

Tipp!
Dem Sud kann man etwas fein geschnittenes Suppengemüse zufügen und enthält so eine feine Vorsuppe.

Milder Sauerbraten

ZUTATEN FÜR 8 PERSONEN:
250 ml Apfelessig · 500 ml Apfelsaft · Saft von 1 Zitrone
3 Zwiebeln · 3 Lorbeerblätter
6 Gewürznelken
1,5 kg Rinderschmorbraten
30 g Butterschmalz
Salz · Pfeffer
750 ml Gemüsebrühe (Instant)
50 g Rosinen
100 g Pumpernickel
100 g Sahne

Zubereitung: 1 Std. 40 Min.
Marinierzeit: 3 Tage
Pro Portion: 2500 kJ/600 kcal
34 g E · 38 g F · 32 g KH

Gut vorzubereiten

1 Essig mit Apfel- und Zitronensaft mischen. Zwiebeln schälen, mit Lorbeerblättern und Nelken zur Beize geben. Fleisch darin 3 Tage ziehen lassen, gelegentlich wenden.

2 Fleisch aus der Beize heben, trockentupfen. Butterschmalz erhitzen, Fleisch darin rundum anbraten, salzen, pfeffern.

3 Braten mit Gemüsebrühe und etwas Beize ablöschen. Rosinen zugeben und 1 Std. zugedeckt bei mittlerer Hitze schmoren. Pumpernickel zerbröseln, in den letzten 20 Min. mitkochen. Auf abgeschaltetem Herd 10 Min. ruhen lassen.

4 Fleisch aus der Sauce heben und in Scheiben schneiden. Die Sauce mit Sahne, Salz, Pfeffer und Beize abschmecken.

Gefüllte Kalbsbrust

ZUTATEN FÜR 8 PERSONEN:
ca. 1,3 kg Kalbsbrust (zum Füllen einschneiden lassen)
Salz · 4 altbackene Brötchen
100 ml lauwarme Milch
3 Eier · Pfeffer · Muskatnuss
150 g Möhren · 1 Zwiebel
2 EL Butter · 100 g Erbsen (TK)
100 g Schinken · 2 hart gekochte Eier · 150 g saure Sahne
Bratschlauch

Zubereitung: 2 Std. 15 Min.
Pro Portion: 1600 kJ/380 kcal
42 g E · 16 g F · 13 g KH

Traditionell · Auch für Kinder

1 Braten salzen. Brötchen würfeln, mit Milch und Eiern mischen und mit Salz, Pfeffer und geriebener Muskatnuss mischen. Möhren und Zwiebel schälen, klein würfeln, in 1 EL Butter 5 Min. dünsten, Erbsen dazugeben, salzen und kurz ziehen lassen. Schinken fein würfeln, mit dem Gemüse zu den Brötchen geben.

2 Backofen auf 200° (Umluft 180°) vorheizen. Füllung in die Fleischtasche schieben. Eier pellen, einlegen. Kalbsbrust zunähen, in einem Bratschlauch auf den kalten Rost legen und im Ofen (Mitte) 1 Std. braten.

3 Schlauch aufschneiden, Saft auffangen. Braten mit restlicher Butter bestreichen, 15 Min. offen braten, weitere 15 Min. im abgeschalteten Ofen ruhen lassen. Bratensaft erhitzen, mit saurer Sahne verrühren.

Filet Wellington

ZUTATEN FÜR 8 PERSONEN:
450 g TK-Blätterteig
500 g Champignons
1 getrockneter Steinpilz
1 Zwiebel · 1 EL Butter
1 Zweig Thymian
1 kg Rinderfilet · Salz · Pfeffer
1 EL Butterschmalz
2 Eier · 1 EL Cognac
2 EL Semmelbrösel
4 EL gehackte Petersilie

Zubereitung: 2 Std. 30 Min.
Pro Portion: 3000 kJ/740 kcal
29 g E · 55 g F · 31 g KH

Klassiker

1 Blätterteig auftauen lassen. Pilze putzen, fein hacken. Steinpilz zerbröseln. Zwiebel schälen, fein würfeln, in Butter anbraten. Pilze und Thymian zugeben, bei mittlerer Hitze offen braten, bis alle Flüssigkeit verdampft ist. Abkühlen.

2 Ofen auf 150° (Umluft 130°) vorheizen. Vom Filet Fett entfernen, salzen, pfeffern. Bei mittlerer Hitze im Schmalz rundum anbraten. In Folie gewickelt im Ofen (Mitte) 35 Min. garen.

3 Pilzmasse mit 1 Ei, Cognac, Bröseln und Petersilie mischen, salzen, pfeffern. Backblech mit Backpapier auslegen. Backtemperatur auf 200° (Umluft 180°) hochschalten. Teigplatten aufeinanderlegen, ausrollen. Ein Drittel der Pilzmasse auf die Teigmitte streichen, Filet darauf setzen, mit restlichen Pilzen bedecken. Teig darüber klappen, mit Nahtstellen nach unten aufs Blech legen.

4 Mit verquirltem Ei bestreichen, mit Teigresten verzieren. Im Ofen (Mitte) 30 Min. backen, vor dem Anschneiden 15 Min. ruhen lassen.

Roastbeef mit Möhrenkruste

ZUTATEN FÜR 6 PERSONEN:
1 dickes Bund Petersilie
500 g Möhren
2 Knoblauchzehen
3 EL Rotisseur-Senf · 6 EL Öl
3 TL Salz · schwarzer Pfeffer
1 kg Roastbeef mit Fettrand

Zubereitung: 1 Std. 30 Min.
Pro Portion: 1900 kJ/450 kcal
28 g E · 34 g F · 9 g KH

Gelingt leicht

1 Backofen auf 250° (Umluft 220°) vorheizen. Möhren und Petersilie waschen. Möhren schälen und grob raspeln. Petersilie trockentupfen, die Blättchen hacken. Knoblauchzehen schälen, fein würfeln.

2 Möhren, Petersilie, Knoblauch, Senf, 5 EL Öl, Salz, Pfeffer mischen. Fettrand vom Roastbeef einschneiden. Roastbeef mit der Paste einreiben. Ein großes Stück extra starke Alufolie auf der blanken Seite mit restlichem Öl einreiben. Roastbeef darauf setzen und Folie fest verschließen.

3 Roastbeef im Backofen (Mitte) 45 Min. garen, abschalten und weitere 30 Min. ziehen lassen.

Tipp!
Ganz klassisch (mit Kräuterkruste): Nussige grüne Sauce (S. 102) ohne Crème fraîche zubereiten und das Roastbeef damit einstreichen.

Saucen-Koteletts

ZUTATEN FÜR 8 PERSONEN:
8 Koteletts · 4 EL Ketchup
Pfeffer · Salz · 4 EL Öl
Gemüse (s. rechte Spalte)

Zubereitung: 30 Min.
Pro Portion: 1500 kJ/360 kcal
18 g E · 30 g F · 2 g KH

Schnell · Ganz einfach

1 Ofen auf 220° (Umluft 200°) vorheizen. Koteletts mit Ketchup einstreichen, salzen und pfeffern. In einem großen Bräter in Öl von beiden Seiten anbraten.

2 Vorbereitetes Gemüse dazugeben. 15 Min. im Ofen (Mitte) mitschmoren lassen, bis es weich ist. Abschmecken und mit Brot reichen.

... mit Tomaten und Pilzen
750 g gewürfelte Fleischtomaten, 500 g Champignonscheiben, 2 gepresste Knoblauchzehen zum Fleisch geben, würzen, weich schmoren und abschmecken.

... mit Kürbis und Käse
1 kg entkernten, gewürfelten Kürbis und 200 g Kräuterfrischkäse zum Fleisch geben, garen, bis der Kürbis zerfällt, und würzig abschmecken.

... mit Kräuter-Zucchini
1 kg gewürfelte Zucchini zum Fleisch geben. Wenn die Zucchini weich sind, je 1 Bund Petersilie und Basilikum fein hacken, dazufügen, würzen, und kurz aufkochen lassen.

Schweinefilet in Lauchhülle

ZUTATEN FÜR 6 PERSONEN:
2 Schweinefilets (ca. 800 g)
2 EL Butter · Salz · Pfeffer
250 ml Fleischbrühe (Instant)
150 g Maisgrieß · 100 g saure Sahne · 3 dicke Stangen Lauch
2 EL Crème fraîche
1 Bund gehackter Kerbel (ersatzweise Petersilie)

Zubereitung: 1 Std.
Pro Portion: 1700 kJ/400 kcal
24 g E · 23 g F · 25 g KH

Gelingt leicht

1 Filets in etwas Butter anbraten, dann herausheben, würzen. Den Bratensatz mit Brühe ablöschen, aufkochen, Maisgrieß einrieseln lassen, saure Sahne dazugeben. In 5 Min. dick einkochen, abkühlen lassen.

2 Lauch putzen, auf etwa 20 cm Länge schneiden, waschen und 1 Min. in Salzwasser kochen und kalt abschrecken.

3 Ofen auf 200° (Umluft 180°) vorheizen. Ein großes Stück Alufolie buttern, mit Lauch auslegen, mit Grieß bestreichen. Filets quer zu den Blättern mittig darauf legen. Lauch darüber klappen, Alufolie gut verschließen. Mit der Naht nach oben aufs Blech setzen.

4 Im Backofen (Mitte) 30 Min. garen. Im abgeschalteten Ofen 15 Min. ruhen lassen. Bratensaft abgießen, mit Crème fraîche aufkochen, mit Kerbel abschmecken.

Filettöpfchen

ZUTATEN FÜR 8 PERSONEN:
750 g Rosenkohl · 500 g kleine Möhren · 300 g Schalotten
850 g Schweinefilet · Pfeffer
2 EL Butterschmalz · Salz
150 ml Gemüsebrühe
200 ml trockener Cidre
2 Zweige Thymian
je 1 Prise Zucker, Muskatnuss und Kreuzkümmel
150 g Sahne · Worcestersauce

Zubereitung: 50 Min.
Pro Portion: 1500 kJ/370 kcal
22 g E · 21 g F · 25 g KH

Ganz einfach · Raffiniert

1 Rosenkohl putzen. Möhren schälen. Je nach Größe ganz lassen oder längs halbieren. Schalotten schälen. Ofen auf 220° vorheizen.

2 Fleisch in 1,5–2 cm dicke Scheiben schneiden, pfeffern. Gemüse bei mittlerer Hitze im Butterschmalz 5 Min. zugedeckt dünsten. Gemüse aus dem Topf nehmen, Fleisch beidseitig darin anbraten, salzen. Gemüse wieder dazugeben, Brühe und Cidre angießen, Thymian dazugeben, mit Zucker, Muskat und Kreuzkümmel würzen. Zugedeckt im Ofen (Umluft 200°) 30 Min. garen.

3 Sahne halb steif schlagen. Filettöpfchen aus dem Ofen nehmen, Thymian entfernen und mit Gewürzen und Worcestersauce noch einmal abschmecken. Die Sahne unterziehen und das Filettöpfchen sofort servieren.

Kasseler im Brotteig

ZUTATEN FÜR 10 PERSONEN:
275 g Weizenvollkornmehl
2 TL Backpulver · 150 g weiche Butter · 250 g Quark · Salz
1 Msp. Ingwerpulver
3 Bund Schnittlauch in Röllchen
1 Zwiebel · 100 g Crème fraîche
3 EL körniger Senf
1,8 kg Kasseler ohne Knochen
Fett · Semmelbrösel für das Blech · Milch zum Bestreichen

Zubereitung: 2 Std.
Pro Portion: 3600 kJ/850 kcal
50 g E · 62 g F · 23 g KH

Für das Buffet

1 Mehl, Backpulver, Butter, Quark, Salz, Ingwer und Hälfte Schnittlauch verkneten. 20 Min. ruhen lassen.

2 Zwiebel schälen, fein würfeln. Mit restlichem Schnittlauch, Crème fraîche und Senf verrühren.

3 Ofen auf 200° vorheizen. Blech fetten und einbröseln. Teig 1 cm dick ausrollen, Kassler mit der Schnittlauchpaste bestreichen, auf den Teig legen. Teig darüber zusammenschlagen und mit der Nahtstelle nach unten aufs Blech setzen.

4 Teig rundum mit Milch einpinseln. Im Ofen (unten, Umluft 180°) 45 Min. backen. Mit Backpapier abdecken, Hitze auf 160° (Umluft 140°) reduzieren und 20 Min. weiterbacken.

5 Aus dem Ofen nehmen und gleich mit kaltem Wasser bepinseln. (Gibt eine glänzende Oberfläche.)

Exotischer Rollbraten

ZUTATEN FÜR 6 PERSONEN:
1 kleine frische Ananas (oder 400 g Dosenananas)
2 kleine rote Paprikaschoten
1 Stück frischer Ingwer, walnussgroß · 1 Bund Koriander (ersatzweise Petersilie)
je 2 EL süßer und mittelscharfer Senf · 3 EL Semmelbrösel
1 EL Ajvar (Paprikapaste)
3 EL Sojasauce · 1 TL Tabasco
1 kg Schweinebraten (zum Rollen vorbereiten lassen)

Zubereitung: 1 Std. 30 Min.
Pro Portion: 1700 kJ/400 kcal
28 g E · 27 g F · 11 g KH

Raffiniert

1 Ananas schälen, Fruchtfleisch würfeln. Paprika waschen, putzen, längs in Streifen schneiden.

2 Backofen auf 220° (Umluft 200°) vorheizen. Ingwer schälen, mit Korianderblättchen fein hacken. Mit Senf, Bröseln, Ajvar, 1 EL Sojasauce und Tabasco verrühren. Fleisch flach klopfen, damit bestreichen. Die Hälfte der Ananas- und Paprikastücke der Länge nach in der Mitte verteilen, Fleisch darüber zusammenschlagen, mit Küchengarn umwickeln, Braten mit restlicher Sojasauce bestreichen.

3 Restliche Ananas und Paprika auf Alufolie verteilen, Braten draufsetzen, Folie locker verschließen. Im Ofen (Mitte) 1 Std. garen. Die letzten 15 Min. Folie öffnen.

Krustenbraten

ZUTATEN FÜR 8 PERSONEN:
1,5 kg Schweineschulter mit Schwarte · Salz · Pfeffer
2 Zwiebeln · 2 Lorbeerblätter
3 Gewürznelken · 250 g Möhren
1 dicke Stange Lauch
200 g Knollensellerie
gemahlener Kümmel
je 1 TL Pfeffer- und Senfkörner
600 ml Weizenbier (ersatzweise Fleischbrühe)

Zubereitung: 2 Std.
Pro Portion: 1600 kJ/400 kcal
25 g E · 26 g F · 9 g KH

Deftig · Traditionell

1 Ofen auf 220° (Umluft 200°) vorheizen. Fleischschwarte kreuzweise einritzen, Braten rundum mit Salz und Pfeffer einreiben.

2 In einen großen Bräter fingerhoch Salzwasser geben. Braten (mit der Schwarte nach unten) hineinlegen, im Ofen (Mitte) braten. Nach 15 Min. wenden.

3 Zwiebeln schälen, mit Lorbeer und Nelken spicken. Gemüse waschen, putzen und würfeln, um den Braten verteilen. Kümmel, Pfeffer- und Senfkörner einstreuen, 250 ml Bier angießen.

4 1 Std. 30 Min. bei 200° (Umluft 180°) weitergaren, nach und nach das restliche Bier angießen. Falls die Kruste zum Ende der Garzeit zu dunkel wird, mit Alufolie abdecken.

5 Fleisch aus dem Bräter heben, Gemüse und Sauce abgießen. Fleisch im ausgeschalteten Ofen ohne Folie ruhen lassen.

6 Zwiebeln aus dem Gemüse fischen. Sauce mit Gemüse pürieren, abschmecken und zum Fleisch servieren.

Wildmedaillons

ZUTATEN FÜR 6 PERSONEN:
12 Wildmedaillons (je ca. 60 g)
Salz · schwarzer Pfeffer
12 dünne Scheiben Frühstücksspeck · Öl zum Braten
300 ml Wildfond
5 cl Cognac
250 g Crème fraîche
2 TL gehackte Thymianblättchen
Limettensaft

Zubereitung: 30 Min.
Pro Portion: 2300 kJ/540 kcal
38 g E · 42 g F · 3 g KH

Schnell

1 Medaillons würzen, mit Speck umwickeln und mit Küchengarn zu Tournedos binden, in Öl pro Seite 7–8 Min. bei mittlerer Hitze braten.

2 Fleisch aus der Pfanne heben, warm stellen. Bratensatz mit Fond und Cognac loskochen. 2–3 Min. bei schwacher Hitze köcheln lassen.

3 Crème fraîche und Thymian unterrühren, mit Salz, Pfeffer und Limettensaft abschmecken.

Tipp!

Sie können den Wildfond auch nach Grundrezept »Dunkler Fond«, S. 97, mit Wildknochen zubereiten. Wildmedaillons auf einem Spiegel aus Fond- oder Weinaspik als kalte Platte servieren. Entfetteten Fond mit eingeweichter Gelatine erwärmen, Platte und Medaillons damit überziehen, mit Obst dekorieren.

Kräuterbraten

ZUTATEN FÜR 8 PERSONEN:
40 g gemischte frische Kräuter
1 Knoblauchzehe
je 1/2 TL getrockneter Thymian und Oregano · Pfeffer
2 EL süßer Senf · 1 EL Ketchup
5 EL Öl · 1,5 kg Schinkenbraten
15 Blatt weiße Gelatine
600 ml Fleischbrühe (Instant)
250 ml Cidre · 6 EL Weinessig
Sojasauce · Fett für die Form

Zubereitung: 1 Std.
Kühlzeit: 12 Std.
Pro Portion: 2000 kJ/490 kcal
27 g E · 39 g F · 7 g KH

Gut vorzubereiten

1 Ofen auf 180° (Umluft 160°) vorheizen. Frische Kräuter hacken, Knoblauch schälen, pressen. Beides mit getrockneten Kräutern, Pfeffer, Senf, Ketchup und Öl zur Paste rühren. Fleisch rundum damit bestreichen, in eine gefettete, flache Auflaufform setzen. Im Backofen (Mitte) 1 Std. garen, 10 Min. abkühlen lassen. In eine hohe Form (2,5 l Inhalt) setzen.

2 Gelatine kalt einweichen. Brühe erwärmen, Gelatine darin auflösen, mit Cidre, Essig, Pfeffer und Sojasauce kräftig würzen. Sobald die Brühe zu gelieren beginnt, das Fleisch in der Form damit bedecken. 12 Std. kalt stellen.

3 Zum Servieren in der Form in Scheiben schneiden oder stürzen und auf einer Platte in Scheiben anrichten.

Rehkeule

ZUTATEN FÜR 8 PERSONEN:
1,5 kg ausgelöste Rehkeule
je 500 ml Milch und Buttermilch · 100 ml schwarzer Johannisbeersaft
1 Stange Staudensellerie
1 Möhre · 2 große Tomaten
2 Zwiebeln · je 1 Zweig Rosmarin und Thymian
einige Wacholderbeeren
1 Prise gemahlener Piment
Salz · weißer Pfeffer
30 g Butterschmalz
3 EL Ajvar (Paprikapaste)
2 TL Speisestärke
75 g Crème fraîche

Zubereitung: 2 Std.
Marinierzeit: 12 Std.
Pro Portion: 1800 kJ/430 kcal
47 g E · 23 g F · 16 g KH

Festlich

1 Rehkeule in Milch, Buttermilch und Saft einlegen. Gemüse putzen, in Streifen schneiden, mit Kräutern und Gewürzen zur Beize geben. Zugedeckt kühl 12 Std. marinieren.

2 Ofen auf 200° (Umluft 160°) vorheizen. Keule in einem Bräter in heißem Schmalz bei starker Hitze anbraten. Ajvar dazugeben, mit Beize samt Gemüse ablöschen.

3 Im Ofen (Mitte) 2 Std. zugedeckt garen, dabei 2–3-mal wenden und mit Beize begießen.

4 Keule warm stellen. Stärke mit 3–4 EL Wasser anrühren. Gesiebten Bratenfond damit binden. Crème fraîche einrühren, salzen und pfeffern.

Wildschweinkeule

ZUTATEN FÜR 10 PERSONEN:
1 ausgelöste Wildschweinkeule (ca. 2 kg) · 1 l Malzbier
1 unbehandelte Orange
1 Lorbeerblatt · 3 Gewürznelken
5 Pimentkörner · 4 EL Honig
80 g getrocknete Apfelringe
1 Zwiebel · 80 g Cashewkerne
Salz · Pfeffer · 1,5 kg Rote Beten
100 g Crème fraîche

Zubereitung: 2 Std. 45 Min.
Marinierzeit: mind. 2 Tage
Pro Portion: 2000 kJ/470 kcal
47 g E · 15 g F · 31 g KH

Braucht etwas Zeit

1 Keule in Bier, Orangenscheiben, Gewürzen und 2 EL Honig 2–3 Tage beizen.

2 Apfelringe 2 Std. in etwas Beize einlegen. Ofen auf 180° (Umluft 160°) vorheizen. Zwiebel schälen, fein würfeln, mit abgetropften Apfelringen und Nüssen mischen. Keule salzen, pfeffern. Mit der Nuss-Mischung füllen, Öffnung verschließen.

3 Rote Beten schälen. Keule in einen breiten Bratschlauch geben, Rote Beten einschichten. Schlauch verschließen, oben einstechen. Auf kalten Rost legen, im Ofen (Mitte) 2 Std. braten.

4 Bratensaft auffangen, Rote Beten warm halten. Ofen auf 200° (Umluft 180°) erhitzen. Keule mit je 2 EL Beize und Honig bepinseln. 15 Min. glasieren.

5 Bratensaft einkochen, mit Crème fraîche und Gewürzen abschmecken.

Fasan auf Sektkraut

ZUTATEN FÜR 8 PERSONEN:
2 Fasane (je ca. 1 kg; küchenfertig) · 2 cl Cognac
Salz · Pfeffer · 1 Msp. Piment
30 g Butterschmalz
1 Zwiebel
1,5 kg frisches Sauerkraut
50 g rohe Schinkenwürfelchen
250 ml Sekt · 8 dünne Scheiben Schinkenspeck
250 g Trauben

Zubereitung: 1 Std.
Pro Portion: 2000 kJ/480 kcal
42 g E · 24 g F · 17 g KH

Raffiniert · Ganz einfach

1 Die Fasane waschen und halbieren, rundum mit Cognac, Salz, Pfeffer und Piment einreiben. Schmalz in einem Bräter erhitzen, die Fasanenhälften darin rundum anbraten. Ofen auf 180° (Umluft 160°) vorheizen.

2 Fasane herausheben. Zwiebel schälen, fein würfeln, im Fett mit Sauerkraut und Schinkenwürfeln andünsten, die Hälfte des Sekts angießen.

3 Die Fasanenhälften auf dem Kraut anrichten, mit Speck belegen, im Ofen (Mitte) 30 Min. braten. Zwischendurch mit etwas Sekt begießen.

4 Inzwischen die Trauben waschen, halbieren, entkernen. Unter das Kraut ziehen und alles im abgeschalteten Ofen 10 Min. ziehen lassen. Abschmecken und die Fasanenhälften auf dem Kraut anrichten.

Rehrücken

ZUTATEN FÜR 6 PERSONEN:
1 dickes Bund Suppengrün
Salz · je 2 Zweige Thymian und Majoran · 1 Lorbeerblatt
einige Piment-, Pfefferkörner und Wacholderbeeren
250 ml trockener Rotwein
125 ml Rotweinessig
1,5 kg Rehrücken · Pfeffer
125 g Räucherspeck in dünnen Scheiben · 3 EL Butterschmalz

Zubereitung: 1 Std. 45 Min.
Marinierzeit: 24 Std.
Pro Portion: 2400 kJ/570 kcal
63 g E · 33 g F · 8 g KH

Klassisch

1 Suppengrün waschen, putzen, grob zerkleinern. In 375 ml Salzwasser mit Kräutern, Gewürzen, Wein und Essig 30 Min. kochen, abkühlen lassen. Rehrücken 24 Std. abgedeckt darin marinieren, öfter wenden.

2 Fleisch aus der Marinade heben, trockentupfen, salzen, pfeffern. In einem Bräter mit Butterschmalz anbraten, mit Speck belegen. Gemüse aus der Marinade zugeben.

3 In den kalten Ofen stellen, 3–4 Std. bei 80° (Mitte, Umluft 60°) garen.

4 Speck vom Braten nehmen, Fleisch warm stellen. Fond evtl. mit etwas Wasser auffüllen und mit dem Gemüse pürieren.

Der Rehrücken schmeckt auch kalt, dazu mit Johannisbeergelee gefüllte Birnenhälften und Cumberlandsauce (S. 103) servieren.

Gefüllte Hähnchenschnitzel

ZUTATEN FÜR 6 PERSONEN:
70 g dunkle Rosinen
70 g getrocknete Aprikosen
150 ml Sherry (Medium dry)
2 Zweige Thymian · 3 Hühnerbrustfilets (je ca. 200 g)
Salz · Pfeffer
2 EL Sojasauce
250 ml Geflügelfond
150 ml Aprikosensaft
1 EL grüner Pfeffer
Fett zum Braten

Zubereitung: 1 Std. 30 Min.
Pro Portion: 890 kJ/210 kcal
21 g E · 2 g F · 21 g KH

Schmeckt warm und kalt

1 Rosinen und Aprikosen in 50 ml Sherry erhitzen, einweichen. Thymian waschen, Blättchen hacken. In die Brüstchen große Taschen schneiden, salzen, pfeffern.

2 Eingeweichte Früchte hacken, mit Thymian und 1 EL Sojasauce mischen und in die Fleischtaschen füllen, mit Holzspießchen verschließen.

3 Brüstchen in heißem Fett rundum bei mittlerer Hitze anbraten. Restlichen Sherry, Fond und Saft angießen, 15–20 Min. bei schwacher Hitze ziehen lassen, dabei einmal wenden. Sauce mit 1 EL Sojasauce, Pfeffer und etwas Thymian abschmecken.

4 Hühnerbrüstchen in Scheiben schneiden, mit Sauce servieren. Dazu passt Kartoffelgratin (S. 165) oder Pilzrisotto (S. 170).

Hühnerbrüstchen mit Senfkruste

ZUTATEN FÜR 8 PERSONEN:
2 große Dosen geschälte Tomaten
2 Gemüsezwiebeln
2 Knoblauchzehen
100 g grüne entsteinte Oliven
Salz · Paprikapulver, edelsüß
Pfeffer · 100 g Dijon-Senf
2 EL Mayonnaise
125 g gemahlene Mandeln
8 Hühnerbrustfilets (je 100 g)
Öl für die Form

Zubereitung: 30 Min.
Pro Portion: 1100 kJ/260 kcal
24 g E · 14 g F · 10 g KH

Preiswert · Schnell

1 Ofen auf 220° (Umluft 180°) vorheizen. Eine große Auflaufform leicht einölen. Zerkleinerte Tomaten mit Saft darin verteilen. Zwiebeln und Knoblauch schälen. Zwiebeln grob, Knoblauch fein würfeln. Oliven halbieren.

2 Tomaten mit 1 TL Salz, 1 TL Paprika und Pfeffer würzen, Zwiebeln, Oliven und Knoblauch darauf verteilen.

3 Dijon-Senf und Mayonnaise mit Mandeln vermischen, etwas Wasser zugeben, so dass eine cremige Masse entsteht.

4 Fleisch rundum mit Paprikapulver, Salz und Pfeffer einreiben, auf der Oberseite mit Senfcreme bestreichen. Die Hühnerbrüstchen auf die Tomatensauce setzen und im Ofen (Mitte) 20 Min. backen.

Pilzhähnchen

ZUTATEN FÜR 8 PERSONEN:
1 EL flüssige Speisewürze
Pfeffer · 2 TL Thymian
2 küchenfertige Hähnchen (je ca. 1 kg) · 2 Scheiben Vollkorn-Toastbrot · 3 EL Butter
1 kg gemischte Pilze · 1 Zwiebel
100 g Schinkenspeck in dünnen Scheiben · Salz · 125 ml trockener Rotwein · 125 ml Geflügelbrühe · 2 Bund gehackte Petersilie · 5 EL Sahne

Zubereitung: 1 Std. 30 Min.
Pro Portion: 2500 kJ/600 kcal
43 g E · 25 g F · 57 g KH

Raffiniert

1 Speisewürze, Pfeffer und 1 TL Thymian mischen, die beiden Hähnchen damit einreiben.

2 Ofen auf 200° (Umluft 180°) vorheizen. Toastbrot würfeln, in 2 EL Butter rösten. Pilze putzen, Stiele grob hacken. Zwiebel schälen, fein würfeln. 50 g Schinkenspeck würfeln, in 1 EL Butter auslassen, mit Zwiebeln und Pilzstielen bei starker Hitze braten. Toastwürfel zugeben. Mit Salz, Pfeffer und Thymian würzen, in die Hähnchen füllen, mit Holzspießchen verschließen und mit Speck belegen.

3 Hähnchen im tiefen Blech 45 Min. im Ofen (Mitte) braten. Pilzköpfe vierteln. Wein und Brühe mit den Pilzen aufkochen, zum Hähnchen geben, weitere 30 Min. braten. Mit Petersilie und Sahne abschmecken.

Verhüllte Entenbrust

ZUTATEN FÜR 6 PERSONEN:
600 g TK-Blätterteig · 3 Entenbrüste (je 300 g) · Salz · Pfeffer
1 EL Butterschmalz
1 kg Brokkoli · 4 EL Weißwein
50 g Walnusskerne
3 Bund Petersilie · 3 Eier
200 g Kräuterfrischkäse
2 EL grüner Pfeffer

Zubereitung: 1 Std. 30 Min.
Pro Portion: 4200 kJ/100 kcal
46 g E · 67 g F · 56 g KH

Raffiniert

1 Blätterteig auftauen. Fleisch würzen, bei starker Hitze in Schmalz anbraten und abgekühlt halbieren.

2 Brokkoli waschen, in Röschen teilen, Stiele klein schneiden, beides im Bratfond andünsten, Wein dazugeben, 5 Min. garen.

3 Nüsse rösten. Petersilie waschen, mit Brokkoli fein hacken. 1 Ei trennen, das Eiweiß, 2 ganze Eier und restliche Zutaten mischen, würzen.

4 Ofen auf 180° (Umluft 160°) vorheizen. Blech mit Backpapier auslegen. Teig in 6 Stapeln je zur vierfachen Breite und dreifachen Länge der Brüstchen ausrollen.

5 Hälfte der Brokkolimasse auf äußere Längsseiten geben, Fleisch darauf setzen, mit restlichem Püree bedecken. Teig darüber schlagen, Ränder festdrücken, mit Eigelb bepinseln. Im Ofen (unten) 1 Std. backen.

Ente au Pêcher

ZUTATEN FÜR 6 PERSONEN:
1 Ente (ca. 3 kg, küchenfertig)
150 g getrocknete Pfirsiche (ersatzweise Aprikosen)
2 Zweige Thymian · 25 g frischer Ingwer · 125 ml Pêcher Mignon (Pfirsichlikör) · 2 EL Sojasauce
Salz · Pfeffer · Currypulver
2 große Zwiebeln · 3 Möhren
2 kleine Stangen Lauch
10 g Butterschmalz
125 ml Geflügelbrühe (Instant)

Zubereitung: 2 Std.
Pro Portion: 2800 kJ/680 kcal
70 g E · 24 g F · 29 g KH

Exklusiv

1 Ente waschen, trockentupfen. 50 g Pfirsiche fein würfeln, den Rest vierteln. Thymianblättchen fein hacken. Ingwer schälen, fein reiben. Thymian, Ingwer, 2–3 EL Pêcher Mignon, Sojasauce, Salz, Pfeffer und Curry vermengen, Ente damit einreiben.

2 Ente mit gewürfelten Pfirsichen füllen, Öffnung zubinden. Zwiebeln schälen und vierteln. Möhren putzen, in 2–3 cm große Stücke teilen. Lauch putzen, in 3–4 cm breite Abschnitte schneiden.

3 Ofen auf 200° (Umluft 180°) vorheizen. Schmalz im Bräter auf dem Herd erhitzen, Ente darin bei starker Hitze rundum anbraten. Gemüse dazugeben, kurz mitbraten, Brühe angießen. Pfirsiche dazugeben.

4 Ente zugedeckt im heißen Ofen (unten) 45 Min. garen. Offen 30 Min. weiterbraten, dabei ab und zu mit restlichem Pêcher begießen.

5 Die Ente ruhen lassen. Inzwischen den Bratenfond entfetten, pürieren, abschmecken und zur Ente reichen.

Gefüllte Putenbrust

ZUTATEN FÜR 10 PERSONEN:
1,75 kg Putenbrust am Stück
Salz · Pfeffer · Sojasauce
2 EL Zitronensaft
100 g Putenschinken
100 g Putenleber
1 Scheibe Toastbrot
3 EL Sahne · 1 Ei
2 Frühlingszwiebeln
2 Möhren · 1 Knoblauchzehe
25 g Ingwer · 1 TL Speisestärke

Zubereitung: 1 Std. 45 Min.
Pro Portion: 1300 kJ/300 kcal
39 g E · 13 g F · 5 g KH

Exotisch · Gut vorzubereiten

1 Putenbrust einschneiden, 200 g heraustrennen und klein schneiden. Brust mit Salz, Pfeffer, Sojasauce, Zitronensaft rundum einreiben. Ofen auf 180° (Umluft 160°) vorheizen.

2 Herausgetrenntes Brustfleisch, Schinken, Leber, Toast, Sahne, Ei pürieren.

3 Gemüse waschen. Zwiebeln putzen, in Ringe schneiden. Möhren schälen, fein raspeln, Knoblauch und Ingwer schälen, fein hacken. Alles unter den Fleischteig ziehen, salzen und pfeffern. Putenbrust damit füllen.

4 Brust in Bratschlauch geben, verschließen, oben einstechen. Auf den kalten Rost legen (Mitte), 1 Std. braten. Dann 15 Min. im Ofen ziehen lassen.

5 Saft bei starker Hitze einkochen, mit angerührter Stärke binden, abschmecken.

Putenbrust in Salzkruste

ZUTATEN FÜR 8 PERSONEN:
2 EL Sojasauce · 1 EL Honig
1,75 kg Putenbrust
15 eingelegte Weinblätter
2,5 kg einfaches Salz
2 Eiweiß
250 g passierte Tomaten
200 g Crème fraîche · Pfeffer

Zubereitung: 1 Std. 30 Min.
Pro Portion: 1800 kJ/430 kcal
44 g E · 24 g F · 6 g KH

Raffiniert

1 Ofen auf 220° (Umluft 200°) vorheizen. Sojasauce und Honig vermischen, Putenbrust einstreichen. Weinblätter trockentupfen, Putenbrust damit einhüllen.

2 Salz mit Eiweiß mischen, nach und nach ca. 150 ml Wasser hineinrühren, bis das Salz eine formbare Konsistenz hat. Ein Drittel auf den Boden eines Bräters geben. Fleisch darauf setzen, mit übrigem Salz bedecken, rundum fest andrücken. Zugedeckt im Ofen (Mitte) 1 Std. 15 Min. garen. Im abgeschalteten Ofen 15 Min. ruhen lassen.

3 Passierte Tomaten mit Crème fraîche verrühren, mit Salz und Pfeffer abschmecken.

4 Die Putenbrust aus dem Bräter heben und von der Salzkruste befreien. Das Fleisch in nicht zu dünne Scheiben schneiden. Mit der Tomaten-Crème-fraîche servieren.

Gefüllte Babypute

ZUTATEN FÜR 6 PERSONEN:
1 Babypute (ca. 3 kg) · Saft von 1 Zitrone · Salz · Pfeffer
2 Zwiebeln · 50 g gewürfelter Schinkenspeck · 30 g Butter
150 g küchenfertige Maroni
500 ml Gemüsebrühe · 300 g Polentagrieß · je 1 Msp. Muskatnuss, Piment und gemahlene Nelken · 325 g Maiskörner (Dose) · 100 g Crème fraîche
2 EL Öl · 1 EL Honig · 100 g Sahne · 2 TL Semmelbrösel
2 TL geriebene Nüsse

Zubereitung: 3 Std. 30 Min.
Pro Portion: 3200 kJ/760 kcal
54 g E · 34 g F · 59 g KH

Etwas aufwändiger

1 Ofen auf 180° (Umluft 160°) vorheizen. Pute waschen, innen und außen mit etwas Zitronensaft, Salz und Pfeffer einreiben.

2 Zwiebeln schälen, fein würfeln. Mit Speck und Maroni in Butter braten. Brühe angießen, Grieß, Gewürze und Mais zugeben, unter Rühren einkochen. Crème fraîche unterziehen. Pute mit der Masse füllen, zustecken, mit Öl bestreichen, in Alufolie wickeln.

3 Pute auf einem tiefen Blech im Ofen (Mitte) 2 Std. 30 Min. garen. Restlichen Zitronensaft mit Honig auf die Pute streichen, 30 Min. offen braten.

4 Fond mit etwas Wasser lösen. In einer Pfanne mit Sahne, Bröseln und Nüssen aufkochen lassen, würzig abschmecken.

Süß-saure Putenkeulen

ZUTATEN FÜR 8 PERSONEN:
2 Putenoberkeulen (je 600 g)
3 Orangen · 1 Limette
3 EL Sojasauce · 3 EL Sojaöl
Pfeffer · Paprika, edelsüß
500 ml Hühnerbrühe (Instant)
1 Bund Koriander (ersatzweise Petersilie) · 250 g Zuckerschoten · 500 g Chinakohl
1 Prise Zucker

Zubereitung: 1 Std. 30 Min.
Pro Portion: 970 kJ/230 kcal
28 g E · 9 g F · 4 g KH

Exotisch · Ganz einfach

1 Keulen waschen, trocknen. Orangen filetieren, Saft auffangen. Limette heiß waschen, Schale abreiben, Saft auspressen. Den Orangensaft, die Hälfte Limettensaft und -schale, Sojasauce, Öl, Pfeffer, Paprika verrühren. Keulen darin 15 Min. marinieren. Ofen auf 180° (Umluft 160°) vorheizen.

2 Keulen aus der Marinade heben, rundum anbraten. Brühe angießen, dann im Ofen (Mitte) 45–50 Min. schmoren.

3 Korianderblättchen hacken. Zuckerschoten waschen, halbieren oder dritteln. Chinakohl waschen, putzen, in schmale Streifen schneiden.

4 5 Min. vor Ende der Garzeit Koriander, Gemüse und Orangenstücke unter die Keulen schieben.

5 Mit restlichem Limettensaft, -schale, Zucker und Gewürzen abschmecken.

Martinsgans

ZUTATEN FÜR 6 PERSONEN:
150 g essfertige Trockenpflaumen · 50 ml Weißwein
1 Gans (ca. 4,5 kg; küchenfertig)
4 EL Zitronensaft
Salz · Pfeffer · 2 Zwiebeln
50 g gewürfelter Schinkenspeck
30 g Butter
150 g küchenfertige Maroni
400 ml Gemüsebrühe
1 Packung Kloßmehl für
12 Klöße halb und halb
100 g saure Sahne
je 1 Msp. Muskatnuss, Piment und Gewürznelken · 2 EL Öl
1 EL Honig · 100 g Sahne
2 TL Semmelbrösel
2 TL geriebene Nüsse

Zubereitung: 3 Std. 30 Min.
Pro Portion: 5000 kJ/1200 kcal
116 g E · 51 g F · 116 g KH

Etwas aufwändiger

1 Trockenpflaumen würfeln, in Wein einweichen. Backofen auf 180° (Umluft 160°) vorheizen. Gans heiß waschen. Mit 2 EL Zitronensaft, Salz und Pfeffer einreiben.

2 Zwiebeln schälen, fein würfeln. Speck in der Butter auslassen, Zwiebeln darin hellbraun braten. Maroni kurz mitbraten. Brühe angießen, Kloßmehl einrühren. Trockenpflaumen samt Wein dazugeben. Saure Sahne unterziehen, mit den Gewürzen abschmecken. Gans mit dieser Masse füllen, zustecken.

3 Gans mit Öl bestreichen, im Bratschlauch im Ofen (Mitte) 2 Std. 30 Min. braten. Schlauch öffnen, restlichen Zitronensaft mit Honig mischen, auf die Gans streichen, 30 Min. weitergaren.

4 Fond mit etwas Wasser lösen, mit Sahne, Böseln und Nüssen aufkochen, würzen.

Lachs aus dem Bratschlauch

ZUTATEN FÜR 6 PERSONEN:
1 Lachsseite (ca. 1 kg; gehäutet; ersatzweise Victoria- oder Rotbarsch) · Salz · 3 EL Zitronensaft · 1 kg Spinat · 2 Knoblauchzehen · Pfeffer · Muskatnuss, frisch gerieben · 250 g Kräuterfrischkäse · 150 g saure Sahne

Zubereitung: 50 Min.
Pro Portion: 1800 kJ/420 kcal
41 g E · 26 g F · 8 g KH

Ganz einfach

1 Fisch waschen, trockentupfen, salzen, mit Zitronensaft beträufeln.

2 Spinat waschen, verlesen, und trockenschleudern. Knoblauch schälen, fein würfeln, mit etwas Salz, Pfeffer und Muskat zum Spinat geben.

3 Backofen auf 180° (Umluft 160°) vorheizen. Spinat, bis auf einen kleinen Rest, in einen Bratschlauch geben. Frischkäse mit saurer Sahne verrühren, zwei Drittel auf dem Fisch verteilen, mit restlichem Spinat belegen. Fisch in den Schlauch geben, diesen verschließen, oben einstechen.

4 Auf den kalten Rost im Ofen (Mitte) 35 Min. garen. Bratschlauch unten einschneiden. Spinatsaft auffangen, mit übrigem Frischkäsemix zu einer Sauce verrühren.

5 Den Schlauch ganz aufschneiden, den Fisch samt Spinatbett auf eine Platte gleiten lassen.

Gebeizter Lachs

ZUTATEN FÜR 6 PERSONEN:
1 Lachsseite (ca. 1 kg)
6 Schalotten · 2 Bund Dill
Salz · 4 EL Zitronensaft
2 EL brauner Zucker · Pfeffer
100 ml trockener Vermouth
1 TL Saucenbinder · 100 g Sahne
4 EL Rotisseur-Senf
1 Schuss Sekt

Zubereitung: 1 Std.
Marinierzeit: 2 Tage
Pro Portion: 1300 kJ/300 kcal
35 g E · 10 g F · 10 g KH

Gut vorzubereiten

1 Lachs waschen, trockentupfen. Schalotten schälen, fein würfeln. Dill waschen und hacken.

2 Die Lachsseite in eine feuerfeste Porzellanform legen, salzen, mit Zitronensaft beträufeln. Mit Zucker, Pfeffer, Schalotten und der Hälfte des Dills bestreuen, Vermouth darüber träufeln. Mit Alufolie (blanke Seite nach innen) abgedeckt den Fisch 2 Tage im Kühlschrank marinieren.

3 Backofen auf 160° (Umluft 140°) vorheizen. Lachs im Ofen (Mitte) 30 Min. gar ziehen lassen.

4 Gewürze vom Fisch nehmen, mit Bratfond aufkochen, durchsieben, mit Saucenbinder binden. Sahne steif schlagen. Sauce mit Senf, Salz, Pfeffer, Sahne und Sekt abschmecken. Übrigen Dill auf den Lachs streuen. Mit Sauce und Reis oder kalt mit Nussiger grüner Sauce (S. 102) servieren.

Fischpäckchen mit Käsesauce

ZUTATEN FÜR 6 PERSONEN:
je 600 g Lachs- und Zanderfilet (beides in der gleichen Breite)
4 EL Zitronensaft · Salz
300 g Kräuterfrischkäse
4 EL gemahlene Pinienkerne
2 TL Öl
1 Bund Frühlingszwiebeln
30 g Butter · 125 g Sahne
weißer Pfeffer
Muskatnuss

Zubereitung: 45 Min.
Pro Portion: 2100 kJ/510 kcal
43 g E · 36 g F · 5 g KH

Gelingt leicht

1 Filets in 6 gleiche Stücke teilen, waschen, trockentupfen, mit Zitronensaft beträufeln, leicht salzen.

2 100 g Käse mit Pinienkernen mischen. 6 Alufolienstücke (blanke Seite oben) einölen. Je 1 Zanderfilet daraufsetzen, Käsemischung darauf verteilen, mit Lachs belegen, andrücken. Folie gut verschließen.

3 Einen großen flachen Topf mit Wasser füllen, aufkochen. Päckchen nebeneinander reinlegen. 15 Min. bei schwacher Hitze garen, vom Herd nehmen und 15 Min. im Topf ruhen lassen.

4 Für die Sauce Frühlingszwiebeln putzen, in feine Ringe schneiden. In Butter andünsten, mit Sahne ablöschen, mit weißem Pfeffer und Muskat würzen, 3 Min. weiterdünsten. Restlichen Frischkäse unterziehen.

Lachsforelle in Pergament

ZUTATEN FÜR 6 PERSONEN:
6 Lachsforellenfilets (je 150 g)
Saft von 1 Zitrone · Salz
Pfeffer · 800 g Tomaten
6 Stangen Staudensellerie
1 Bund Petersilie
3 EL Sahnemerrettich
40 g Kräuterbutter
Pergamentpapier · Öl

Zubereitung: 1 Std.
Pro Portion: 1100 kJ/270 kcal
29 g E · 13 g F · 9 g KH

Gut vorzubereiten

1 Forellenfilets mit Zitronensaft beträufeln, salzen und pfeffern. Pergamentpapier in sechs 25 cm breite Stücke teilen, einölen. Ofen auf 180° vorheizen.

2 Gemüse waschen. Tomaten kochend heiß überbrühen und häuten, Kerne und Stielansätze entfernen, Fruchtfleisch würfeln. Selleriestangen putzen und in Scheibchen hobeln. Petersilie waschen, Blätter hacken.

3 Jedes Filet auf ein Pergamentstück legen, mit Sahnemeerrettich bestreichen. Gemüse darauf verteilen, würzen. Mit Kräuterbutterflöckchen belegen.

4 Pergament über dem Fisch schließen, die Seiten ebenfalls einschlagen. Päckchen aufs Blech legen. Im Ofen (Mitte, Umluft 160°) 30–35 Min. garen.

Tipp!
Funktioniert auch mit Alufolie.

Knusperfisch mit Zucchini

ZUTATEN FÜR 6 PERSONEN:
1 kg Fischfilet (Kabeljau, Schellfisch, Seezunge oder Petersfisch)
6 EL Zitronensaft · Salz
60 g Butter
60 g Semmelbrösel
40 g gemahlene Mandeln
Pfeffer · 1 kg Zucchini
1 Zweig Thymian
3 EL Olivenöl
150 ml Gemüsebrühe (Instant)
Öl für das Blech

Zubereitung: 45 Min.
Pro Portion: 1500 kJ/360 kcal
35 g E · 18 g F · 17 g KH

Ganz einfach

1 Filets mit 3 EL Zitronensaft beträufeln und salzen. Butter zerlassen, mit Semmelbröseln, Mandeln, Salz, Pfeffer und restlichem Zitronensaft mischen. Zucchini waschen, putzen, in Scheiben schneiden. Thymian waschen.

2 Ofen auf 180° (Umluft 160°) vorheizen. Backblech leicht einölen, die Fischfilets darauf legen und die Zucchinischeiben schuppenförmig darum verteilen. Filets mit der Bröselmischung bestreichen, mit Thymianblättern bestreuen und mit Olivenöl beträufeln.

3 Dreiviertel der Gemüsebrühe angießen, Fisch im Ofen (Mitte) in 35 Min. goldbraun überbacken. Bei Bedarf nach und nach die restliche Brühe dazugeben.

Karpfen auf Gemüsebett

ZUTATEN FÜR 6 PERSONEN:
1 Karpfen (ca. 2 kg, küchenfertig, längs halbiert)
3 EL Zitronensaft · Salz · Pfeffer
1 Bund Möhren · 4 Stangen Staudensellerie · 2 Stangen Lauch · 2 Äpfel (Boskop)
2 EL Butter
125 ml Gemüsebrühe (Instant)
1 Lorbeerblatt
150 g saure Sahne

Zubereitung: 1 Std. 15 Min.
Pro Portion: 2400 kJ/580 kcal
62 g E · 28 g F · 18 g KH

Gelingt leicht

1 Karpfen waschen, Haut schräg einschneiden, mit Zitronensaft beträufeln, salzen und pfeffern.

2 Möhren, Sellerie und Lauch putzen, waschen und in feine Streifen schneiden. Äpfel waschen, halbieren, Kerngehäuse entfernen und in Halbringe schneiden.

3 Ofen auf 175° (Umluft 160°) vorheizen. Gemüse in einem großen Bräter in 1 EL Butter andünsten, Brühe angießen, Lorbeerblatt dazugeben. Karpfenhälften auf das Gemüse legen.

4 Fisch mit übriger Butter bestreichen, zugedeckt 20 Min. im Ofen (Mitte) garen. Dann Apfelringe auflegen, weitere 5 Min. offen backen. Der Karpfen ist gar, wenn sich die Flossen leicht herausziehen lassen. Fisch auf dem Apfelgemüse mit saurer Sahne und Petersilienkartoffeln servieren.

Gefüllter Hecht

ZUTATEN FÜR 8 PERSONEN:
1 Hecht (ca. 1,6 kg, küchenfertig, ersatzweise Zander)
Saft von 1/2 Zitrone · Salz
1 Bund Petersilie
2 Stiele Zitronengras
50 g gehobelte Haselnüsse
100 g Schalotten
2 rote Paprikaschoten
500 g Champignons
30 g Butter
250 ml Weißwein
125 g Crème double

Zubereitung: 50 Min.
Pro Portion: 1300 kJ/320 kcal
38 g E · 13 g F · 8 g KH

Klassisch · Raffiniert

1 Den geschuppten Hecht waschen, trockentupfen, mit Zitronensaft beträufeln, salzen. Petersilie waschen, Blättchen hacken, Stiele und Zitronengras in die Bauchöffnung des Fisches legen.

2 Nüsse in einer Pfanne rösten. Schalotten schälen, vierteln. Paprika waschen, putzen und in Rauten schneiden. Pilze putzen und in Scheiben schneiden. Paprika und Schalotten in Butter in einem Bräter andünsten. Pilze zugeben, würzen, den Fisch darauflegen, mit den Nüssen bestreuen. Wein angießen, bei schwacher Hitze 20–25 Min. dünsten.

3 Fisch auf eine Platte heben. Fond etwas einkochen lassen, mit Crème double abschmecken, zum Fisch reichen. Dazu passt eine Reis-Wildreis-Mischung oder Kartoffelgratin (S. 165).

Tipp!
Bei kleineren Fischen reduziert sich die Garzeit: bei Forelle um 10 Min., bei Lachsforelle um 5 Min. Pro Person sollten Sie 1 Forelle, für 2 Personen 1 Lachsforelle rechnen.

Flambiertes Edelpilzragout

ZUTATEN FÜR 6 PERSONEN:
je 500 g Steinpilze, Pfifferlinge und Shiitake-Pilze · 1 Bund Petersilie · 3 EL Mandelöl
500 ml Gemüsebrühe
50 g Butter · 35 g Mehl
150 g Crème fraîche · Salz
Pfeffer · Sojasauce · Tabasco
50 g geräucherte Mandeln
80 ml Whiskey

Zubereitung: 1 Std.
Pro Portion: 2700 kJ/650 kcal
16 g E · 29 g F · 87 g KH

Exklusiv

1 Pilze putzen, größere halbieren, vierteln oder in Scheiben schneiden. Petersilie waschen, Blättchen grob hacken.

2 Öl bei mittlerer Hitze heiß werden lassen, Pilze darin kräftig braten, bis die gesamte Flüssigkeit verdampft ist. Pilze herausnehmen und warm halten. Bratensatz mit Brühe ablöschen, aufkochen.

3 Butter mit Mehl verkneten, einrühren, aufkochen. Crème fraîche unterziehen, mit Salz, Pfeffer, Sojasauce und Tabasco würzen. Mandeln blättrig schneiden, mit der Petersilie untermischen.

4 Pilze wieder in die Sauce geben. Erwärmten Whiskey in eine Kelle geben, flambieren und über das Ragout gießen.

Tipp!
Dazu passen Semmelknödel.

Gefüllte Mangoldrolle

ZUTATEN FÜR 8 PERSONEN:
2 rote Paprikaschoten
50 g grüne Kürbiskerne
1 EL Öl
375 g Rundkornreis
Salz · Pfeffer
1 unbehandelte Zitrone
2 kg Mangold mit großen Blättern (ersatzweise Wirsing)
150 g Parmesan, frisch gerieben
200 ml Gemüsebrühe (Instant)

Zubereitung: 1 Std. 20 Min.
Pro Portion: 1500 kJ/360 kcal
17 g E · 11 g F · 52 g KH

Preiswert

1 Paprika waschen, putzen, klein würfeln, mit Kürbiskernen im heißen Öl bei mittlerer Hitze anbraten. Reis dazugeben, würzen, 750 ml Wasser angießen und mit abgeriebener Zitronenschale aufkochen. Zugedeckt bei schwacher Hitze 30 Min. ausquellen lassen.

2 Stiele der Mangoldblätter abschneiden, hacken, zum Reis geben. Blätter in Salzwasser 2 Min. kochen.

3 Blätter überlappend auf ein Mulltuch legen. Parmesan unter den Reis ziehen, Reis auf die Blätter schichten. Blätter darüber zusammenschlagen, in das Tuch wickeln.

4 Zitrone auspressen, Saft mit Brühe aufkochen. Mangoldrolle im Siebeinsatz 30–40 Min. über der schwach siedenden Flüssigkeit garen. 5 Min. ruhen lassen, dann aufschneiden.

Gefüllte Artischocken

ZUTATEN FÜR 6 PERSONEN:
20 g fein gehackte Pinienkerne
40 g Semmelbrösel
60 g Pecorino, grob gerieben
80 ml Weißwein · 1 Zwiebel
2 Knoblauchzehen
1 Bund Basilikum
2 Sardellenfilets · Salz · Pfeffer
1 TL Zitronensaft
12 kleine Artischocken
2 EL Olivenöl

Zubereitung: 1 Std.
Pro Portion: 1000 kJ/240 kcal
14 g E · 8 g F 34· g KH

Gut vorzubereiten

1 Pinienkerne mit Bröseln, Käse und 40 ml Weißwein mischen. Zwiebel und Knoblauch schälen, fein würfeln. Basilikum waschen, hacken, Sardellen zerdrücken, beides zur Bröselmasse geben, würzen. Zitronensaft in eine Schüssel mit 150 ml Wasser geben.

2 Artischockenstiele wegschneiden, äußere harte Blätter entfernen, obere Artischockenhälfte abtrennen. Schnittstellen ins Zitronenwasser tauchen. Dunkle harte Teile am Boden und Spitzen wegschneiden. »Heu« vom Boden abkratzen.

3 Artischocken abtropfen, mit der Bröselmischung füllen. Öl in einer Kasserole erhitzen, Artischocken aufrecht hineinsetzen, andünsten. Übrigen Wein angießen, aufkochen, bei mittlerer Hitze zugedeckt 35 Min. garen.

Biskuitrolle mit Käse-Tomaten-füllung

ZUTATEN FÜR 6 PERSONEN:
6 Eier · 80 g Mehl
1 gestrichener TL Backpulver
25 g Speisestärke
50 g zerlassene Butter · Salz
Muskatnuss · 500 g Eiertomaten · 2 Knoblauchzehen
200 g Kräuterfrischkäse
150 g Reibekäse · Pfeffer
Backpapier

Zubereitung: 1 Std.
Pro Portion: 1800 kJ/430 kcal
21 g E · 31 g F · 20 g KH

Preiswert

1 Ofen auf 200° (Umluft 180°) vorheizen. Blech mit Backpapier auslegen. Eier dickschaumig schlagen. Mehl, Backpulver, Stärke, Butter, etwas Salz und Muskat unterheben.

2 Teig gleichmäßig auf das Blech geben, im Ofen in 10 Min. (Mitte) goldgelb backen.

3 Tomaten überbrühen, häuten, Kerne entfernen, Fruchtfleisch grob hacken. Knoblauch schälen, durchpressen. Mit Frischkäse und 100 g Reibekäse verrühren. Kräftig salzen und pfeffern.

4 Frischkäsecreme auf den heißen Biskuit streichen, Tomatenstücke darauf verteilen, von der schmalen Seite her eng einrollen. Auf eine feuerfeste Platte legen, mit restlichem Käse bestreuen, 5 Min. bei 200° (Mitte, Umluft 180°) überbacken.

Gefüllter Blumenkohl

ZUTATEN FÜR 6 PERSONEN:
2 Köpfe Blumenkohl · 300 g Möhren · 1 Msp. Safranpulver
300 g Feta · 2 Eier
3 EL Joghurt
5 Knoblauchzehen · Salz
Pfeffer · 3 Zweige Rosmarin
40 ml lieblicher Weißwein
50 g kalte Butterflöckchen

Zubereitung: 1 Std. 30 Min.
Pro Portion: 1100 kJ/270 kcal
12 g E · 19 g F · 13 g KH

Braucht etwas Zeit

1 Blätter vom Blumenkohl entfernen. Kohl waschen, abtropfen lassen. Möhren putzen, fein reiben. Safran in 1 EL heißem Wasser auflösen, zu den Möhren geben. Feta, Eier und Joghurt pürieren. Knoblauch schälen, 1 Knoblauchzehe dazupressen, mit den Möhren mischen, würzen.

2 Ofen auf 200° (Umluft 180°) vorheizen. Übrigen Knoblauch stifteln. Rosmarinnadeln abzupfen. Kohl mit Knoblauch und Rosmarin spicken. Kopfüber in je einen Bratschlauch setzen, mit Käsemasse füllen. Schlauch verschließen, oben einstechen, in eine feuerfeste Form mit fingerhoch Wasser setzen.

3 Auf dem kalten Rost im Ofen (Mitte) 50 Min. garen. Bratschlauch aufschneiden. Fond und Wein etwas einkochen, kalte Butter unterschlagen, zum Blumenkohl reichen.

Lauch-Käse-Braten

ZUTATEN FÜR 6 PERSONEN,
FÜR FORM VON 11 x 29 cm:
300 g Maisgrieß (Polenta)
1 l Gemüsebrühe (Instant)
2 dicke Stangen Lauch
750 g Schichtkäse
3 Eier
Salz · Pfeffer
75 g Parmesan, frisch gerieben
Fett für die Form

Zubereitung: 1 Std.
Pro Portion: 2600 kJ/620 kcal
31 g E · 26 g F · 66 g KH

Gut vorzubereiten

1 Grieß unter ständigem Rühren in die kochende Brühe einstreuen und in 5 Min. dick einkochen. Kastenform fetten, Polenta hineingeben, glatt streichen. Kalt werden lassen.

2 Vom Lauch die äußeren Blätter ganz abtrennen, Lauch waschen. Ganze Blätter in Salzwasser 2 Min. kochen. Restlichen Lauch in sehr feine Ringe schneiden.

3 Ofen auf 200° (Umluft 180°) vorheizen. Schichtkäse mit Lauchringen, Eiern, Salz, Pfeffer und Parmesan mischen. Polenta aus der Form stürzen, in Scheiben schneiden. Form erneut fetten, mit den großen Lauchblättern überlappend auslegen. Polentascheiben und Schichtkäse im Wechsel einschichten. Mit Polenta abschließen. Lauch über der Polenta zusammenschlagen, die Form mit Alufolie abdecken.

4 Im Ofen (Mitte) 30 Min. backen. Folie entfernen und den Lauch-Käse-Braten noch 10 Min. im abgeschalteten Ofen ruhen lassen. Dann stürzen und zum Servieren in Scheiben schneiden. Dazu passt Tomatensugo (S. 101).

Geflügelfrikassee

ZUTATEN FÜR 12 PERSONEN:
1 Bund Suppengrün · 1 Zwiebel 1,25 kg Putenbrust · 2 Lorbeerblätter · 2 Gewürznelken 125 ml Weißwein · je 300 g Möhren, kleine Champignons und TK-Erbsen · 3 EL Traubenkernöl 70 g Mehl · 50 g Butter 250 g Sahne · Salz · Pfeffer Muskatnuss · etwas Zitronensaft · 3 Bund Schnittlauch Worcester- und Sojasauce

Zubereitung: 1 Std. 30 Min.
Pro Portion: 1300 kJ/310 kcal
24 g E · 17 g F · 13 g KH

Gelingt leicht

1 Suppengrün waschen, putzen, grob zerkleinern. Zwiebel schälen, mit Putenbrust, Lorbeer, Nelken in einem Topf knapp mit Wein und Wasser bedecken. Bei schwacher Hitze 30 Min. garen. Fleisch herausheben, klein schneiden. Brühe durch ein Sieb gießen, 750 ml abmessen.

2 Gemüse waschen, putzen. Möhren in Scheiben schneiden, größere Pilze halbieren. Möhren in Öl andünsten. Pilze zugeben, Erbsen nach 5 Min. Garzeit zugeben, weitere 2 Min. garen.

3 Mehl in Butter 2 Min. anschwitzen. Brühe mit Sahne angießen, unter Rühren aufkochen. Mit Salz, Pfeffer, Muskat und Zitronensaft würzen. Fleisch und Gemüse in der Sauce heiß werden lassen. Schnittlauch in Röllchen, Worcester- und Sojasauce dazugeben.

Indisches Biryani

ZUTATEN FÜR 14 PERSONEN:
6 Zwiebeln · 80 g Butterschmalz 800 g Basmatireis · Salz 100 g Rosinen · 1 Blumenkohl 500 g Kartoffeln · 2 rote Paprikaschoten · 50 g frischer Ingwer · 1 Knoblauchzehe · 1 Zimtstange · 3 Gewürznelken 3 Lorbeerblätter · je 1 TL Kurkuma, Kreuzkümmel, Paprika-, edelsüß, und Chilipulver 300 g Joghurt · 100 g Cashewkerne · 50 g Pistazien

Zubereitung: 1 Std. 45 Min.
Pro Portion: 1600 kJ/390 kcal
8 g E · 11 g F · 65 g KH

Gut vorzubereiten

1 Zwiebeln schälen, würfeln. Ein Drittel in 40 g Schmalz braten, Reis, Salz, Rosinen und 500 ml Wasser zugeben, 25 Min. bei mittlerer Hitze quellen lassen.

2 Blumenkohl waschen, putzen, in Röschen teilen. Kartoffeln schälen, würfeln. Paprika putzen, streifig schneiden. Ingwer und Knoblauch schälen, würfeln.

3 Zimt, Nelken, Lorbeer in restlichem Schmalz bei mittlerer Hitze 2 Min. braten. Gemüse mit anbraten, mit Gewürzen, Knoblauch, Zwiebel, Ingwer, Joghurt, Salz und 1 Tasse Wasser zugedeckt bei mittlerer Hitze 20–25 Min. schmoren.

4 Backofen auf 180° (Umluft 160°) vorheizen. Die Nüsse rösten, mit Reis und Gemüse auf einem tiefen Backblech im Ofen 15 Min. (Mitte) garen, durchrühren.

Chili con carne

ZUTATEN FÜR 12 PERSONEN:
2 Stangen Lauch · 500 g Zwiebeln · 4 Knoblauchzehen
je 3 rote und grüne Paprikaschoten · 2 große Fleischtomaten · je 3 EL Butter und Olivenöl
600 g gemischtes Hackfleisch
Salz · Cayennepfeffer
Tabasco · 500 ml Tomatensaft
750 ml kräftige Fleischbrühe
3 getrocknete rote Chilischoten
2 Dosen Kidneybohnen (à 840 g) · 2 Dosen schwarze Bohnen (à 375 g) · je 2 Bund Petersilie und Basilikum
250 g schwarze Oliven ohne Stein · 3 EL Senf

Zubereitung: 45 Min.
Pro Portion: 1700 kJ/ 400 kcal
25 g E · 14 g F · 46 g KH

Gut vorzubereiten

1 Lauch putzen, waschen, in feine Ringe schneiden. Zwiebeln und Knoblauch schälen, fein hacken. Paprika putzen, würfeln. Tomaten heiß überbrühen, ohne Stielansätze häuten und hacken.

2 Butter mit Öl erhitzen, Zwiebeln darin glasig dünsten, Lauch, Knoblauch und Fleisch dazugeben, anbraten. Kräftig mit Salz, Cayenne und Tabasco würzen, Saft und Brühe angießen. Paprika, Tomaten, zerbröselte Chilis und Bohnen samt Flüssigkeit dazugeben.

3 Alles bei schwacher Hitze aufkochen, 10 Min. köcheln. Petersilie und Basilikum waschen, hacken, mit Oliven dazugeben. Nochmals würzen und mit Senf kräftig abschmecken.

Borschtsch

ZUTATEN FÜR 8 PERSONEN:
750 g Ochsenschwanz
Salz · 2 Lorbeerblätter
1 TL Pfefferkörner · 1 Bund Suppengrün · 1 kg Rote Beten
250 g Möhren · 1 Zwiebel
1 Bund Petersilie · 500 g Weißkohl · 2 EL Butterschmalz
3 EL Rotweinessig · 1 EL Zucker
2 Fleischtomaten · Pfeffer
300 g saure Sahne

Zubereitung: 3 Std.
Pro Portion: 1900 kJ/470 kcal
33 g E · 28 g F · 20 g KH

Spezialität aus Russland

1 Fleisch, Salz, Lorbeer, Pfeffer und geputzes Suppengrün in 3 l Wasser bei schwacher Hitze in 2 Std. weich garen. Fleisch herausheben, würfeln. Brühe durch ein Sieb abgießen.

2 Rote Beten, Möhren und Zwiebel schälen. Zwiebel würfeln, Möhren und Rote Beten grob raspeln. Petersilienblättchen fein hacken. Weißkohl putzen, in feine Streifen schneiden.

3 Gemüse bei mittlerer Hitze im heißen Schmalz andünsten. 250 ml der Brühe dazugeben, bei schwacher Hitze 5 Min. köcheln lassen. Essig und Zucker dazugeben, restliche Brühe angießen, 30 Min. garen.

4 Tomaten kochend heiß überbrühen, häuten und würfeln. Mit dem Fleisch zum Gemüse geben. Mit Salz, Pfeffer und gehackter Petersilie abschmecken und mit saurer Sahne servieren.

Paella

ZUTATEN FÜR 10 PERSONEN:
500 g Miesmuscheln · 150 g durchwachsener Speck ohne Schwarte · 3 Zwiebeln · 4 Knoblauchzehen · 1 Poularde (in 10 Teile zerlegt) · 3 Hühnerschenkel · 75 ml Olivenöl
10 Hummerkrabben
je 1 rote und grüne Paprikaschote · 100 g Chorizo (ersatzweise 200 g Cabanossi)
500 g Tomaten · 1 Döschen Safran · Paprika, rosenscharf
750 g Risottoreis · 1 l Hühnerbrühe (Instant) · Salz · Pfeffer
300 g TK-Erbsen
2 EL Zitronensaft

Zubereitung: 1 Std. 15 Min.
Pro Portion: 3100 kJ/750 kcal
51 g E · 28 g F · 71 g KH

Spezialität aus Spanien

1 Muscheln gründlich abbürsten. Speck fein würfeln. Zwiebeln und Knoblauch schälen, fein hacken.

2 Poularde und Hühnerschenkel in der Hälfte des Öls in einer großen Pfanne anbraten, herausnehmen, Muscheln darin anrösten, bis sie sich öffnen (geschlossene entfernen), herausheben. Krabben anbraten, bis sie sich rot färben, herausnehmen. Speck im restlichen Öl knusprig ausbraten, Zwiebeln und Knoblauch darin weich dünsten.

3 Paprika waschen, putzen, streifig schneiden. Chorizos in hauchdünne Scheiben schneiden, Tomaten überbrühen, häuten, Fruchtfleisch hacken. Alles in der Pfanne mit Safran und Paprika mischen.

4 Reis dazugeben, Brühe angießen, würzen, aufkochen lassen, bei mittlerer Hitze offen kochen. Poularde und Erbsen dazugeben, weitere 5 Min. kochen. Zitronensaft, Krabben und Muscheln untermischen und noch 10 Min. zugedeckt ziehen lassen.

Geflügel-Gyros

ZUTATEN FÜR 15 PERSONEN:
3 dicke Bund Petersilie
8 Knoblauchzehen
1 unbehandelte Zitrone · Salz
Pfeffer · 200 ml Olivenöl
3 kg geschnetzelte Putenbrust
Paprikapulver, rosenscharf
Oregano · 1 kg Zwiebeln

Zubereitung: 30 Min.
Pro Portion: 1400 kJ/350 kcal
46 g E · 15 g F · 4 g KH

Spezialität aus Griechenland

1 Ofen auf 220° (Umluft 200°) vorheizen. Petersilie waschen. Knoblauch schälen. Zitrone auspressen, Schale abreiben. Hälfte der Petersilie, Knoblauch, Zitronensaft, -schale, Salz, Pfeffer und Öl pürieren. Mit Fleisch mischen, aufs Backblech geben.

2 Im Ofen (Mitte) 20 Min. garen, Fleisch ab und zu wenden, herausnehmen. Restliche Petersilie untermischen, mit Salz, Pfeffer, Paprika und Oregano abschmecken. Zwiebeln schälen, in Ringe schneiden. Dazu passt Tzatziki und Fladenbrot.

Lammcurry

ZUTATEN FÜR 15 PERSONEN:
2,5 kg Lammschulter
1 kg Zwiebeln · 4 Knoblauchzehen · 100 ml Olivenöl
2 Lorbeerblätter · 3 Gewürznelken · 5 Pimentkörner
je 1 EL Rosmarin und Thymian
je 1 gehäufter TL Currypulver, Paprikapulver, edelsüß, Kreuzkümmel · Salz · Pfeffer
1 l kräftige Gemüsebrühe
50 g geriebene Mandeln
500 g Crème fraîche

Zubereitung: 1 Std. 15 Min.
Pro Portion: 2500 kJ/600 kcal
25 g E · 50 g F · 12 g KH

Gut vorzubereiten

1 Fleisch vom groben Fett befreien, in 2 cm große Würfel schneiden. Zwiebeln und Knoblauch schälen, bis auf 1 Zwiebel würfeln.

2 Fleisch portionsweise bei starker Hitze in Öl anbraten, jeweils aus dem Topf nehmen. Zum Schluss Zwiebeln und Knoblauch im übrigen Öl anbraten, Fleisch dazufügen. Lorbeer und Nelken in die restliche Zwiebel stecken, Piment, Rosmarin, Thymian, Curry, Paprika, Kreuzkümmel, Salz und Pfeffer dazugeben, 1 Std. bei mittlerer Hitze schmoren lassen, bis der Fond karamellisiert.

3 Brühe angießen. Geriebene Mandeln einrühren, 20 Min. weitergaren. Gespickte Zwiebel herausheben. Crème fraîche unterrühren und pikant mit Curry abschmecken.

Geschnetzeltes mit Spargel-Brokkoli

ZUTATEN FÜR 12 PERSONEN:
1,5 kg Kalbfleisch
750 g Spargelspitzen
1 kg Brokkoli · 1 Zweig Liebstöckel · 6 EL Öl
Salz · Pfeffer · Muskatnuss
500 ml Fleischbrühe (Instant)
je 1 Bund Petersilie und Kerbel
4 EL Butter · 6 EL Mehl
100 g Sahne · 250 g Crème fraîche · 200 ml Sekt

Zubereitung: 1 Std. 30 Min.
Pro Portion: 1600 kJ/380 kcal
32 g E · 22 g F · 11 g KH

Gelingt leicht

1 Fleisch anfrieren, in dünne Scheiben schneiden. Untere Spargelhälften schälen. Brokkoli waschen, in Röschen teilen, dicke Stiele schälen, würfeln. Liebstöckel waschen.

2 Fleisch im Öl scharf anbraten. Mit Salz, Pfeffer und Muskat bestreuen. Brühe angießen, Liebstöckel zugeben, zugedeckt 30 Min. bei schwacher Hitze garen.

3 Gemüse 20 Min. in wenig Wasser dünsten. Petersilie und Kerbel waschen, Blättchen hacken. Butter und Mehl verkneten, ins Geschnetzelte rühren, Gemüsewasser und Sahne dazugeben und alles 10 Min. bei schwacher Hitze köcheln lassen.

4 Crème fraîche, Gemüse, Sekt und Kräuter zugeben, würzig abschmecken. Mit Reis oder Spätzle servieren.

Nudelbuffet

ZUTATEN FÜR JEWEILS 10 PERSONEN UND JE 1 kg SPAGHETTI:

Für Puten-Kapern-Sauce:
1 kg Putenbrust · 3 Stangen Lauch · je 2 Bund Petersilie und Basilikum · 1 unbehandelte Zitrone · 5 EL Öl · Salz · Pfeffer 500 ml Weißwein · 50 g Kapern

Für Möhrencurry:
1 kg Möhren · 40 g Ingwer 2 Bund Frühlingszwiebeln 50 g Butterschmalz · Salz Pfeffer · 300 ml kräftige Gemüsebrühe · 1 Bund Zitronenthymian (ersatzweise Thymian und 1/2 TL Zitronensaft) 125 ml Orangensaft 75 g geschlagene Sahne

Zubereitung: je 25 Min.
Pro Portion: 1500 kJ/360 kcal
19 g E · 8 g F · 48 g KH

Schnell

1 Für die Puten-Kapern-Sauce Fleisch hacken. Lauch putzen, waschen, in feinste Ringe schneiden. Kräuter waschen, fein hacken. Zitrone heiß waschen, Schale abreiben, auspressen.

2 Fleisch in heißem Öl bei mittlerer Hitze krümelig braten, salzen und pfeffern. Lauch dazugeben, kurz mitbraten. Wein angießen, mit restlichen Zutaten 10 Min. zugedeckt garen. Würzen.

3 Für das Möhrencurry Möhren putzen, raspeln. Ingwer schälen, fein reiben. Frühlingszwiebeln putzen, in feine Ringe schneiden.

4 Möhren und Ingwer im Fett bei schwacher Hitze andünsten, salzen, pfeffern, Brühe angießen, 10 Min. garen, pürieren, Thymianblättchen, Zwiebelringe und Orangensaft dazugeben. Erhitzen, abschmecken. Sahne unterziehen. Zu jeder Sauce 1 kg Spaghetti kochen.

Spargelgratin mit Lachs

ZUTATEN FÜR 10 PERSONEN:
je 2 kg weißer und grüner Spargel · 10 g Butter · Salz
1 Prise Zucker · 1 EL Zitronensaft
250 g Räucherlachs in dünnen Scheiben · 3 Bund Sauerampfer (150 g; ersatzweise Spinat)
100 g Sahne · 300 g Frischkäse mit Meerrettich · 1 Ei · Pfeffer
Fett für die Form

Zubereitung: 1 Std.
Pro Portion: 1100 kJ/260 kcal
15 g E · 17 g F · 18 g KH

Exklusiv

1 Spargel waschen, holzige Enden abschneiden. Weißen Spargel schälen, in 5 cm lange Abschnitte teilen. Untere Viertel vom grünen Spargel schälen, in Stücke schneiden. Weißen Spargel in Wasser mit Butter, Salz, Zucker und Zitronensaft 15 Min. köcheln lassen, nach 3 Min. grünen Spargel dazugeben, herausheben.

2 Räucherlachs in fingerbreite Streifen schneiden. Sauerampfer verlesen, waschen, trockentupfen, mit Sahne pürieren. Frischkäse und Ei untermischen, salzen und pfeffern.

3 Ofen auf 225° (Umluft 200°) vorheizen. Eine große Auflaufform oder ein tiefes Blech fetten. Spargel und Lachs mischen, in die Form geben. Mit der Sauerampfermischung übergießen.

4 Im Ofen (Mitte) 20 Min. gratinieren.

Moussaka

ZUTATEN FÜR 12 PERSONEN:
8 große Auberginen (ca. 2 kg)
Salz · Olivenöl zum Braten
2,5 kg vollreife Tomaten
250 g grüne Oliven · 400 g Feta
250 ml halbsüßer griechischer Wein · 150 g Ajvar (Paprikapaste) · 2 Knoblauchzehen
1 Bund Thymian · schwarzer Pfeffer · je 1 Prise gemahlenes Lorbeerblatt und Koriander
Fett und Mehl für die Form

Zubereitung: 1 Std. 50 Min.
Pro Portion: 870 kJ/210 kcal
8 g E · 11 g F · 20 g KH

Gut vorzubereiten

1 Auberginen waschen, putzen, längs in 5 mm dicke Scheiben schneiden. Salzen und 30 Min. ziehen lassen. Trockentupfen, mit Öl beträufeln und unter dem Backofengrill beidseitig goldbraun grillen.

2 Tomaten überbrühen, häuten, Kerne entfernen. Fruchtfleisch hacken. Oliven entsteinen, ebenfalls hacken. Feta zerbröseln. Mit Tomaten, Oliven, Wein und Ajvar vermischen. Knoblauch schälen, dazupressen. Thymianblättchen waschen, zugeben. Mit den Gewürzen abschmecken.

3 Ofen auf 200° (Umluft 180°) vorheizen. Eine große Form einfetten und mehlen. Lagenweise Auberginenscheiben und Tomatenmasse einfüllen, mit Tomatenmasse abschließen. Im Ofen (Mitte) 40 Min. gratinieren.

Shepherd's Pie

ZUTATEN FÜR 10 PERSONEN:
1,5 kg Kartoffeln · Salz
400 ml Milch · 80 g Butter
Muskatnuss · 750 g kleine Champignons · 400 g Schalotten · 500 g junge Möhren
1 kleiner Knollensellerie
2 Bund Petersilie · 3 EL Butterschmalz · Pfeffer · 50 g Tomatenmark · 200 ml lieblicher Rotwein · je 1 Msp. gemahlener Koriander und Kreuzkümmel
150 g geriebener Cheddar
Semmelbrösel zum Bestreuen

Zubereitung: 1 Std. 45 Min.
Pro Portion: 1500 kJ/350 kcal
11 g E · 18 g F · 37 g KH

Gut vorzubereiten

1 Kartoffeln kochen, mit Salz, 350 ml Milch, 40 g Butter und Muskat pürieren. Evtl. Milch unterrühren.

2 Pilze putzen, halbieren. Schalotten schälen, halbieren. Möhren waschen, putzen, in dickere Scheiben schneiden. Sellerie waschen, putzen, würfeln. Petersilienblätter waschen, hacken.

3 Ofen auf 200° (Umluft 180°) vorheizen. Schalotten im Schmalz andünsten. Gemüse zugeben, anbraten, salzen und pfeffern. Austretenden Saft verdampfen lassen. Tomatenmark zugeben, rösten, Wein angießen. Mit Petersilie, Gewürzen und Käse mischen.

4 Alles in einen Bräter geben, Püree, Butterflöckchen und Brösel darüber verteilen. 50 Min. (Mitte) backen.

Scharfer Tomaten-Meeresfrüchte-Topf

ZUTATEN FÜR 12 PERSONEN:
1 kg kleine Zucchini · 1 kg gelbe Paprika · je 1/2 Bund Thymian, Dill und Estragon · 2 Zwiebeln 4 Knoblauchzehen · 4 EL Olivenöl · 50 g Butter · 2 große Dosen geschälte Tomaten · Salz Pfeffer · je 500 ml Weißwein und Fischfond · 3 Lorbeerblätter 3 getrocknete Chilischoten 400 g Muscheln (aus dem Glas) 750 g kleine Kalamare, küchenfertig vorbereitet · 400 g gegarte, geschälte Garnelen 6 cl Anisschnaps (Pernod)

Zubereitung: 1 Std.
Pro Portion: 1300 kJ/300 kcal
24 g E · 9 g F · 20 g KH

Gelingt leicht

1 Gemüse und Kräuter waschen, putzen. Zucchini längs vierteln, in Scheiben schneiden. Paprika würfeln. Kräuter hacken. Zwiebeln und Knoblauch schälen, fein hacken.

2 Die Hälfte des Öls mit der Hälfte der Butter erhitzen, Zwiebeln darin glasig dünsten, Knoblauch, Dosentomaten, etwas zerkleinert, samt Saft dazugeben, 10–15 Min. einkochen. Restliches Gemüse dazugeben, 3–4 Min. dünsten, salzen, pfeffern. Kräuter und Gewürze zugeben, Wein und Fond angießen, alles 10 Min. köcheln lassen.

3 Muscheln im restlichen Fett 5–10 Min. braten, herausnehmen. Kalamare ins heiße Fett geben, salzen, pfeffern, bei mittlerer Hitze in 5 Min. braun braten.

4 Meeresfrüchte samt Bratfett und Garnelen zum Gemüse geben, heiß werden lassen. Mit dem Pernod abschmecken.

Bouillabaisse

ZUTATEN FÜR 12 PERSONEN:
3 kg Fischabfälle (beim Händler vorbestellen)
1 kg reife Tomaten · 2 Stangen Lauch · 2 Stangen Staudensellerie · 6 Knoblauchzehen
1 unbehandelte Zitrone
1 Lorbeerblatt · 1 Zweig Thymian · Salz · 1 TL weiße Pfefferkörner · 750 g Rotbarschfilet
750 g Scholle · 500 g Shrimps
500 g Muscheln ohne Schale

Zubereitung: 2 Std.
Pro Portion: 1100 kJ/260 kcal
36 g E · 7 g F · 7 g KH

Klassiker

1 Fischabfälle waschen, in einen großen Topf geben. 2 l Wasser dazugeben. Tomaten überbrühen, häuten, entkernen. Kerne und Haut zum Fischfond geben. Fruchtfleisch würfeln, zur Seite legen.

2 Gemüse waschen, putzen. Obere Blattenden von Lauch und Sellerie zum Fond legen. Untere Stangen in 2 cm lange Abschnitte teilen. Knoblauch schälen. Zitronenschale abreiben. Mit 2 Knoblauchzehen, Lorbeer, Thymian, 1 TL Salz, Pfeffer im Fond 1 Std. köcheln.

3 Fisch waschen, würfeln. Zitrone auspressen. Fisch und Shrimps damit beträufeln, salzen. Muscheln waschen, abtropfen lassen.

4 Fond durch ein Sieb gießen, mit Rotbarsch und Lauch aufwallen lassen. Tomaten, Scholle, Shrimps und Muscheln dazugeben. Erhitzen, würzen. Mayonnaise (S. 103) mit 4 gehackten Knoblauchzehen verrühren, dazu servieren.

Edles Fischragout

ZUTATEN FÜR 15 PERSONEN:
1 kg Bundmöhren · 2 Limetten
2 kg Edelfischfilet (z. B. Lachs, Petersfisch, Zander, Saibling, Goldbarsch, Dorade) · Salz
Butterschmalz zum Braten
500 ml Fischfond · Pfeffer
Paprikapulver, edelsüß
250 ml Sekt
250 g Crème double
500 g Zuckerschoten
1 Bund Frühlingszwiebeln

Zubereitung: 1 Std.
Pro Portion: 1200 kJ/290 kcal
29 g E · 13 g F · 11 g KH

Raffiniert

1 Möhren putzen, in Scheiben schneiden. Von 1 Limette Schale abreiben, beide Früchte auspressen. Fisch in mundgerechte Stücke teilen, mit Limettensaft beträufeln, salzen.

2 Möhren im Schmalz bei schwacher Hitze 5 Min. dünsten. Limettenschale, Fond, Pfeffer und Paprika dazugeben, 5 Min. dünsten.

3 Sekt und Crème double unterrühren. Zuckerschoten und Frühlingszwiebeln waschen und putzen. Zwiebeln in schräge Ringe schneiden. Beide Gemüse mit dem Fisch zum Ragout geben und 8–10 Min. bei schwacher Hitze weitergaren. Mild abschmecken.

Kartoffelgratin

ZUTATEN FÜR 8 PERSONEN:
2 kg fest kochende Kartoffeln
2 Bund Schnittlauch · 1 l Milch
250 g Sahne Kräutersalz
Fett für die Form

Zubereitung: 1 Std. 15 Min.
Pro Portion: 1300 kJ/300 kcal
9 g E · 13 g F · 39 g KH

Grundrezept

1 Kartoffeln waschen, schälen und in feine Scheiben hobeln. Schnittlauch waschen, in feine Röllchen schneiden. Milch, Sahne, 2–3 TL Salz und Schnittlauch vermischen.

2 Ofen auf 200° (Umluft 180°) vorheizen. Kartoffelscheiben in eine gefettete Auflaufform schichten, Sahne-Milch darüber gießen. Im Ofen (Mitte) 45–55 Min. backen. Wenn es zu dunkel wird, mit Alufolie locker zudecken.

Varianten:

Kartoffel-Apfel-Gratin
1,5 kg Kartoffel-, 1 kg säuerliche Apfelscheiben und 1 Bund Frühlingszwiebeln in Ringen mit 500 g Sahne, 500 ml Milch, Salz, Pfeffer und gemahlenem Zitronengras begießen, 50 Min. backen.

Kartoffel-Tomaten-Gratin
1,5 kg Kartoffel- und 1 kg Tomatenscheiben mit je 500 ml Sahne und Milch, Salz, Pfeffer, 1 EL frischem Thymian und 3 gewürfelten Schalotten ca. 50 Min. gratinieren.

Gefüllte Kartoffeln

ZUTATEN FÜR 6 PERSONEN:
6 große Kartoffeln (je 200 g)
etwas Öl · 40 g Butter
150 g saure Sahne
Salz · Paprika, edelsüß

Zubereitung: 1 Std. 10 Min.
Pro Portion: 880 kJ/210 kcal
4 g E · 11 g F · 26 g KH

Ganz einfach

1 Ofen auf 180° (Umluft 160°) vorheizen. Kartoffeln gründlich abbürsten, abtrocknen, rundum einölen.

2 Im Ofen 50 Min. backen (Mitte). Von den Kartoffeln einen flachen Deckel abschneiden, ausdampfen lassen. Mit einem kleinen Löffel bis auf eine dünne Wand aushöhlen. Ausgelöste Kartoffelmasse mit einer Gabel zerdrücken. Die Hälfte der Butter und die saure Sahne zugeben, würzen und wieder in die Kartoffeln füllen. Übrige Butter in Flöckchen darauf setzen.

3 Im Ofen in 10 Min. goldgelb überbacken.

Varianten:
Schmeckt auch toll mit 4 EL Zuckermais in der Füllung! Oder 100 g saure Sahne durch Feta ersetzen, mit 1–2 zerdrückten Knoblauchzehen und 1 EL gehacktem Basilikum würzen. Oder statt saurer Sahne 50 g gehackte grüne Oliven und 50 g fein gehackten rohen Schinken mit etwas Thymian hinzufügen.

Mini-Kartoffel-Soufflés

ZUTATEN FÜR 6 PERSONEN, FÜR 6 SOUFFLE-FÖRMCHEN VON JE 150 ml INHALT:
1 kg mehlig kochende Kartoffeln · Salz · 4 Eier
100 g kalte Butter in Flöckchen
120 g Reibekäse (z. B. Gruyère)
Muskatnuss, frisch gerieben
Fett und Semmelbrösel

Zubereitung: 1 Std. 30 Min.
Pro Portion: 1500 kJ / 350 kcal
12 g E · 24 g F · 22 g KH

Festlich

1 Kartoffeln schälen, in Salzwasser in 25–30 Min. gar kochen, abgießen, ausdampfen lassen und heiß durch die Presse drücken. Kalt werden lassen.

2 Eier trennen. Zwei Drittel der Butter geschmeidig rühren, nach und nach Kartoffelschnee, Eigelbe und 100 g Käse dazugeben. Mit Salz und Muskat würzig abschmecken.

3 Ofen auf 220° (Umluft 200°) vorheizen. Förmchen fetten, und ausbröseln. Eiweiße steif schlagen, unter die Kartoffelmasse heben. Förmchen zu zwei Dritteln mit Soufflé-Masse füllen. Mit übrigen Butterflöckchen und Käse bestreuen.

4 Im Ofen (Mitte) 30–35 Min. backen, bis sie goldbraun sind.

Tipp!
Soufflés sofort servieren, da sie sehr schnell zusammenfallen.

Knusperkartoffeln

ZUTATEN FÜR 10 PERSONEN:
2,5 kg fest kochende Kartoffeln
75 g Butterschmalz · Salz
150 g Pinienkerne (oder wahlweise 120 g Parmesan)

Zubereitung: 55 Min.
Pro Portion: 1100 kJ / 260 kcal
5 g E · 13 g F · 35 g KH

Zu Kurzgebratenem

1 Kartoffeln waschen, schälen und in etwa 2 mm dünne Scheiben hobeln.

2 Ofen auf 200° (Umluft 180°) vorheizen. Butterschmalz zerlassen, die Hälfte auf einem Backblech verteilen. Kartoffelscheiben in regelmäßigen Reihen dachziegelartig übereinandergelegt auf dem Blech verteilen.

3 Restliches Butterschmalz darüber träufeln, salzen.

4 Pinienkerne hacken, Kartoffeln damit bestreuen. Im Ofen (Mitte, 30 Min) backen.

Variante:
Pommes Frites vom Blech
Kartoffeln schälen und in fingerdicke Stäbchen schneiden. In reichlich kochendem Wasser portionsweise 4 Min. blanchieren, herausheben, trockentupfen. Etwa 250 ml Sonnenblumenöl in der Fettpfanne des Ofens auf 220° erhitzen, die Pommes Frites darauf verteilen und in 30–40 Min. goldbraun backen. Zwischendurch wenden. Auf Küchenpapier abtropfen lassen, mit Salz bestreuen.

Pommes Duchesse

ZUTATEN FÜR 8 PERSONEN:
1,5 kg mehlig kochende Kartoffeln · Salz · 2 Eier · 75 g Butter
2 EL Speisestärke
Muskatnuss, frisch gerieben
Fett für das Blech
schwarzen Sesamsamen zum Bestreuen

Zubereitung: 45 Min.
Pro Portion: 880 kJ/210 kcal
5 g E · 10 g F · 26 g KH

Raffiniert

1 Kartoffeln schälen, in Salzwasser gar kochen, abgießen, ausdampfen lassen, heiß zerdrücken oder durch die Presse geben. Abgekühlt mit Eiern, Butter und Stärke zum festen Püree verrühren und würzen.

2 Ofen auf 225° (Umluft 200°) vorheizen. Blech mit Backpapier belegen. Püree mit Spritzbeutel (mit großer Sterntülle) auf das Blech spritzen. Mit Sesamsamen bestreuen. Im Ofen (Mitte) 10–12 Min. backen.

Tipp!

Ragout oder Gemüse in eine feuerfeste Servierschale geben. Kartoffelmasse kranzförmig darüber spritzen. In 12–15 Min. bei 225° (Mitte, Umluft 200°) goldgelb überbacken.

Varianten:

Frisch: 2 Bund Petersilie und 2 Zweige Estragon fein püriert dazugeben.
Würzig: 120 g geriebenen Parmesan unterziehen.

Kräuter-Gnocchi

ZUTATEN FÜR 8 PERSONEN:
2 Packungen Kartoffelklöße halb und halb für 4 Portionen
1 Bund Petersilie
1/2 Bund Majoran (ersatzweise 1 TL getrockneter Majoran)
50 g Mehl · Salz
Öl zum Braten

Zubereitung: 1 Std.
Pro Portion: 660 kJ/160 kcal
5 g E · 1 g F · 34 g KH

Gut vorzubereiten

1 Das Kloßmehl nach Packungsaufschrift mit Wasser anrühren und quellen lassen.

2 Die Kräuter waschen, abtropfen lassen, Blättchen fein hacken, mit Mehl unter den Kloßteig kneten.

3 Teig zu 2 cm dicken Rollen formen, in 3 cm breite Abschnitte teilen. Mit einer Gabel flachdrücken.

4 Gnocchi in köchelndem Salzwasser 2 Min. ziehen lassen, kalt abschrecken. Gut abtropfen und auf einem Tuch trocknen lassen. Gnocchi im Öl aufbraten.

Varianten:

Würzig: 4 EL fein gehacktes Tomatenfleisch und 2 EL Tomatenmark unterziehen, mit 1 TL Basilikum in Öl würzen.
Für **hausgemachte** Gnocchi 1,5 kg mehlig kochende Kartoffeln dämpfen, mit 1/2 TL Salz und ca. 500 g Mehl verarbeiten, bis der Teig nicht mehr klebt. Wie oben beschrieben verarbeiten.

Nudel-Gemüse-Röllchen

ZUTATEN FÜR 6 PERSONEN:
300 g Mehl
3 kleine Eier
Salz · 3 EL Zitronensaft
400 g Blumenkohlröschen
600 g TK-Erbsen
40 g Butter
1 EL Mehl · Pfeffer
1/2 TL abgeriebene Zitronenschale · 1 EL Pesto
50 g Crème fraîche
2 EL Öl

Zubereitung: 1 Std. 15 Min.
Pro Portion: 1800 kJ/430 kcal
19 g E · 14 g F · 57 g KH

Gelingt leicht

1 Mehl, Eier, Salz und 1 EL Zitronensaft in der Küchenmaschine zum festen Teig verarbeiten. In Folie 15 Min. ruhen lassen.

2 Blumenkohlröschen in wenig Salzwasser bei mittlerer Hitze halb gar dünsten.

3 Erbsen in Butter bei mittlerer Hitze andünsten. Mit Mehl überstäuben, mit Salz, Pfeffer, Zitronensaft und -schale würzen, pürieren, abkühlen lassen. Pesto und Crème fraîche dazugeben.

4 Ofen auf 180° (Umluft 160°) vorheizen. Teig in 6 Portionen teilen, auf einer bemehlten Arbeitsfläche zu Platten von etwa 20 x 25 cm ausrollen. Mit Erbsenmus bestreichen, dabei rundum einen kleinen Rand frei lassen. Blumenkohlröschen darauf verteilen. Platten zusammenrollen, die Enden einschlagen.

5 Röllchen in einem beschichteten Bräter im heißen Öl anbraten und im Ofen zugedeckt (Mitte) 30 Min. garen, bis sie goldbraun sind.

Möhrenspätzle

ZUTATEN FÜR 8 PERSONEN:
500 g Mehl · 6 Eier · Salz
150 ml Milch
400 g Möhren
1 EL Öl · ca. 75 g Butter

Zubereitung: 40 Min.
Pro Portion: 1600 kJ/380 kcal
12 g E · 13 g F · 54 g KH

Ganz einfach

1 Mehl, Eier, 1–2 TL Salz und Milch zum glatten Teig verrühren, 15 Min. quellen lassen.

2 Möhren putzen, im Blitzhacker fein zerkleinern und zum Teig geben.

3 Reichlich Salzwasser mit Öl zum Kochen bringen. Teig portionsweise mit dem Spätzlehobel ins Wasser hobeln. Offen köcheln lassen, bis die Spätzle oben schwimmen. Aus dem Wasser heben, abtropfen lassen und in heißer Butter schwenken.

Spinat-Serviettenknödel

ZUTATEN FÜR 8 PERSONEN:
12 altbackene Brötchen
500 ml Milch
1,2 kg Blattspinat
Salz · 2 Zwiebeln
2 Knoblauchzehen
2 EL Butter · 4 Eier
Muskatnuss, frisch gerieben
8 Koch-Gefrierbeutel

Zubereitung: 1 Std.
Pro Portion: 1100 kJ/260 kcal
12 g E · 11 g F · 30 g KH

Gelingt leicht

1 Brötchen in ca. 5 mm dicke Scheiben schneiden. Mit erwärmter Milch begießen, 10 Min. ziehen lassen.

2 Inzwischen den Spinat putzen, gründlich waschen, in einer Pfanne mit Öl zusammenfallen lassen. Zwiebeln und Knoblauch schälen, fein hacken, in heißer Butter bei mittlerer Hitze glasig dünsten, Spinat dazugeben, 2–3 Min. mitdünsten.

3 Eier, Salz und Muskat mischen, eingeweichtes Brot und Spinat zugeben und verkneten. In 8 Portionen teilen, in je 1 Koch-Gefrierbeutel füllen, samt Beutel zu Rollen von 15 cm Länge und 5 cm Ø formen, verschließen.

4 Reichlich Wasser zum Kochen bringen, Beutel hineinlegen. Bei schwacher Hitze 25 Min. köcheln, bis zum Servieren im Wasser lassen. Zum Anrichten Beutel öffnen, Rollen in fingerdicke Scheiben schneiden.

Grundrezept: Semmelknödel

8 altbackene Brötchen in Scheiben mit 375 ml lauwarmer Milch übergießen, salzen, zugedeckt 20 Min. ziehen lassen. 1 gehackte Zwiebel in 2 EL Butter andünsten, mit 4 Eiern, 1 EL Speisestärke und 4–6 EL fein gehackter Petersilie und Brot verkneten. Mit nassen Händen 12 Knödel formen, in köchelndem Salzwasser 20 Min. ziehen lassen.

Kokosreis

ZUTATEN FÜR 8 PERSONEN:
500 ml Milch
150 g Kokosflocken
400 g Langkornreis · Salz

Zubereitung: 30 Min.
Pro Portion: 1300 kJ/300 kcal
3 g E · 8 g F · 55 g KH

Raffiniert · Schnell

1 Milch und Kokosflocken aufkochen, 5–10 Min. ziehen lassen. Durch ein Küchentuch abgießen. Die Kokosmilch mit Wasser auf 800 ml auffüllen.

2 Reis in einem Topf trocken erwärmen, die Kokosmilch angießen, salzen. Reis bei schwacher Hitze 20 Min. ausquellen lassen.

Varianten:
Basmatireis hat ein wunderbares Aroma und bleibt körnig. Erwärmen Sie pro Person 50 g Reis in einem Topf bei schwacher Hitze. Mit der doppelten Menge Salzwasser oder Brühe (also 100 ml pro Person) angießen, bei schwacher Hitze in 20 Min. ausquellen lassen. Der Reis saugt alle Flüssigkeit auf und ist bissfest.
Bulgur (türkische Spezialität), grob geschrotete, nussig schmeckende Weizenkörner. Sie werden wie Reis zubereitet, garen aber schneller. Dünsten Sie pro Person etwa 50 g Bulgur in wenig Butter an, gießen Sie 80–100 ml kräftige Brühe zu und lassen Sie ihn bei schwacher Hitze ca. 10 Min. köcheln.

Pilzrisotto

ZUTATEN FÜR 8 PERSONEN:
1 große Zwiebel
750 g gemischte Pilze
je 1 Bund Thymian und Oregano
100 g gewürfelter durchwachsener Speck ohne Schwarte
2 EL Olivenöl · Salz · Pfeffer
500 g Rundkornreis (Risotto- oder Milchreis)
2 EL Gemüsebrühepulver
150 g Parmesan, frisch gerieben

Zubereitung: 50 Min.
Pro Portion: 2300 kJ/550 kcal
22 g E · 14 g F · 88 g KH

Braucht etwas Zeit

1 Zwiebel schälen und fein würfeln. Pilze putzen, je nach Größe halbieren oder vierteln. Kräuter waschen, Blättchen grob hacken.

2 Speck und Öl erhitzen. Zwiebel darin glasig dünsten. Pilze dazugeben, würzen. Braten, bis alle Flüssigkeit verdampft ist.

3 Reis einstreuen und unter Rühren erwärmen. Kräuter und Brühe zugeben, Ein Drittel von 1 l Wasser zum Reis gießen. Bei schwacher Hitze offen unter Rühren köcheln lassen.

4 Sobald das Wasser fast verdampft ist, wieder Wasser aufgießen, weitergaren. Diesen Vorgang wiederholen, bis der Reis gar ist. Das dauert je nach Reissorte und Korngröße 15–20 Min. Risotto mit der Hälfte des Parmesans, Salz und Pfeffer abschmecken.

5 Restlichen Parmesan zum Risotto servieren.

Bunter Reis

ZUTATEN FÜR 8 PERSONEN, FÜR 3-L-KRANZFORM:
1 Zwiebel · 250 g Möhren
1 Stange Lauch · 2 Stangen Staudensellerie · 2 EL Butter
100 g Maiskörner (Dose)
400 g Reis · Salz
800 ml Gemüsebrühe (Instant)
1 Bund Petersilie · Pfeffer
Fett für die Form

Zubereitung: 50 Min.
Pro Portion: 1400 kJ/330 kcal
9 g E · 6 g F · 62 g KH

Gelingt leicht

1 Zwiebel schälen, fein würfeln. Möhren schälen, raspeln. Lauch putzen, waschen und in feine Ringe schneiden. Sellerie putzen, Fäden abziehen, Stangen in Scheiben hobeln.

2 Butter erhitzen, Zwiebel darin bei mittlerer Hitze glasig dünsten, Gemüse zugeben, 3–4 Min. dünsten. Mais und Reis einstreuen, 2 Min. mitdünsten, salzen, Brühe angießen. Bei schwacher Hitze zugedeckt 20 Min. ausquellen lassen.

3 Petersilie waschen, Blättchen fein hacken. Zum gegarten Reis geben, mit Salz und Pfeffer abschmecken.

4 Form einfetten. Reis hineingeben, gut andrücken. Vor dem Stürzen 2–3 Min. ruhen lassen.

Tipp!
Sie können den Reis auch portionsweise in Tassen drücken, stürzen und als Reistürmchen servieren.

Polentaschnitten

ZUTATEN FÜR 10 PERSONEN:
30 g getrocknete Morcheln
5 Zweige Thymian · 2 Gemüsezwiebeln · 3 Knoblauchzehen
1 EL Butterschmalz · 700 ml Fleischbrühe · Salz · 500 g grobes Maismehl (Polenta)
5 EL Parmesan, frisch gerieben
200 g Butter · Fett für das Blech
Thymianblättchen und Parmesan zum Bestreuen

Zubereitung: 1 Std.
Pro Portion: 1700 kJ/400 kcal
10 g E · 20 g F · 44 g KH

Gut vorzubereiten

1 Morcheln 30 Min. in warmem Wasser einweichen, säubern. Einweichwasser durch ein Tuch abseihen, auf 100 ml einkochen. Thymian waschen, Blättchen mit Morcheln fein hacken.

2 Zwiebeln und Knoblauch schälen, fein hacken. In heißem Schmalz bei mittlerer Hitze bräunen, mit Morchelwasser und Brühe ablöschen, Thymian und Morcheln aufkochen, salzen.

3 Polenta einrühren, in 20 Min. bei schwacher Hitze zum dicken Brei kochen, ab und zu umrühren. Käse und die Hälfte der Butter unterrühren.

4 Ofen auf 220° (Umluft 200°) vorheizen. Backblech einfetten. Masse 2 cm dick aufstreichen, restliche Butter in Flocken aufsetzen. Im Ofen (Mitte) 10 Min. gratinieren. Mit Thymian und Parmesan bestreuen, in Rauten schneiden.

Frühlings-gemüseplatte

ZUTATEN FÜR 8 PERSONEN:
1 kg Spinat · 1 Zwiebel
1 Knoblauchzehe · 2 EL Öl
2 EL Butter Salz · 350 g Möhren
1 EL Öl · 100 ml Orangensaft
Zucker · je 500 g grüner und weißer Spargel · 300 g Kohlrabi
1/2 Bund Petersilie
60 g gehackte Kürbiskerne

Zubereitung: 1 Std. 30 Min.
Pro Portion: 590 kJ/140 kcal
7 g E · 7 g F · 17 g KH

Braucht etwas Zeit

1 Spinat putzen. Zwiebel und Knoblauch schälen, fein hacken. Spinat in der Pfanne mit Öl zusammenfallen lassen. 16 schöne Blätter zur Seite legen. Zwiebel und Knoblauch in 1 EL Butter bei mittlerer Hitze glasig dünsten. Spinat dazugeben, erhitzen, salzen. In 16 Portionen teilen, länglich formen und in je 1 Spinatblatt wickeln, warm stellen.

2 Möhren waschen, schälen und in Scheiben schneiden. Im heißen Öl bei schwacher Hitze andünsten. Orangensaft angießen, bedeckt 10 Min. köcheln lassen. Mit Salz und Zucker würzen.

3 Spargel waschen, schälen (bei grünem nur unteres Drittel), Enden nachschneiden. Kohlrabi schälen und in größere Stifte schneiden, mit weißem Spargel im Dämpfer 15 Min. garen. Nach 5 Min. grünen Spargel dazugeben.

4 Petersilie waschen, Blättchen hacken. Kürbiskerne trocken rösten. Kohlrabi, Petersilie und restliche Butter vermischen, Spargel mit den Kürbiskernen bestreuen.

5 Gemüse auf einer Platte anrichten und mit Sauce hollandaise (S. 99) servieren.

Sommergemüseplatte

ZUTATEN FÜR 10 PERSONEN:
500 g kleine Zucchini
500 g Bobby-Böhnchen
10 kleine Tomaten
1 große Zwiebel
1 Knoblauchzehe
1 EL Butter
1 Zweig Majoran · Salz · Pfeffer
400 ml Gemüsebrühe (Instant)
500 g TK-Erbsen
2 EL Olivenöl
40 g Pinienkerne
milder Rotweinessig
1 EL Kräuteröl
10 dünne Scheiben Frühstücksspeck · 3 EL Kräuterbutter

Zubereitung: 50 Min.
Pro Portion: 950 kJ/230 kcal
8 g E · 17 g F · 13 g KH

Braucht etwas Zeit

1 Gemüse waschen. Von den Zucchini die Enden wegschneiden, Zucchini in 5 mm breite Scheiben schneiden. Von den Bohnen die Enden abknipsen und eventuell entfädeln. Stielansätze der Tomaten entfernen, Tomaten über Kreuz einritzen. Zwiebel und Knoblauch schälen, fein würfeln.

2 Ofen auf 225° (Umluft 200°) vorheizen. Die Hälfte der Zwiebelwürfel in heißer Butter glasig dünsten. Bohnen, Majoran, Salz und Pfeffer dazugeben, mit der Hälfte der Brühe ablöschen. Aufkochen lassen, bei schwacher Hitze 15 Min. köcheln lassen, abgießen. Erbsen in restlicher Brühe 8–10 Min. garen, abgießen.

3 Übrige Zwiebelwürfel in Olivenöl bei mittlerer Hitze glasig dünsten. Knoblauch, Zucchini und Pinienkerne zugeben, bei mittlerer Hitze 5 Min. braten. Mit Essig, Salz und Pfeffer würzen.

4 Tomaten in eine feuerfeste Form setzen, leicht mit Kräuteröl bepinseln und im Ofen (oben) 3–4 Min. garen.

5 Bohnen in 10 Portionen teilen. Speck in einer beschichteten Pfanne braten, um je ein Bohnenbündel legen. Für 1 Min. zu den Tomaten in den Ofen geben. Erbsen mit 1 EL Kräuterbutter mischen, salzen und pfeffern. Restliche Kräuterbutter in Flöckchen auf die Tomaten setzen, mit wenig Salz und Pfeffer bestreuen.

6 Alle Gemüsesorten dekorativ auf einer Platte anrichten, mit Sektschaumsauce (S. 99) servieren.

Varianten:
Zusätzlich oder statt eines der Gemüse Petersilienwurzeln verwenden. Dafür 2–4 Petersilienwurzeln waschen, schälen und würfeln. In wenig Öl andünsten, mit Salz, weißem Pfeffer und Kreuzkümmel würzen. 150 g Crème fraîche zugeben, zugedeckt 10–15 Min. garen. 2 EL Schnittlauchröllchen dazugeben.
Sie können alle Gemüsesorten der vier Jahreszeiten austauschen – oder jeweils immer nur zwei Sorten zubereiten. Rechnen Sie dann mit etwa 200 g pro Person.

Herbstgemüse-platte

ZUTATEN FÜR 12 PERSONEN:
2 Auberginen · Salz · je 1 rote, gelbe und grüne Paprikaschote
2 Knoblauchzehen
4 EL Olivenöl · Pfeffer
1/2 Bund Basilikum
1 kleiner Kopf Blumenkohl
200 ml Gemüsebrühe (Instant)
Muskatnuss
1,5 kg Kürbis
2 EL Butterschmalz
100 ml Apfelsaft · Ingwerpulver
750 g Champignons
1 Zwiebel · 30 g fetter Speck
1/2 TL gerebelter Oregano
2 hart gekochte Eier
1/2 Bund Petersilie · 2 EL Butter
3 EL Semmelbrösel

Zubereitung: 1 Std.
Pro Portion: 720 kJ/170 kcal
5 g E · 11 g F · 18 g KH

Braucht etwas Zeit

1 Auberginen waschen, Stielansätze entfernen und quer in 1 cm dicke Scheiben schneiden. Mit Salz bestreuen, 15 Min. ziehen lassen.

2 Paprika waschen, putzen und in 12 Spalten schneiden. Knoblauch schälen und mit der Hälfte des Öls pürieren. Salzen und pfeffern.

3 Ofen auf 250° (Umluft 225°) vorheizen. Paprika auf ein Backblech legen, mit etwas Knoblauchöl bestreichen. Basilikum waschen, Blätter mit restlichem Öl pürieren. Auberginenscheiben trockentupfen, ebenfalls auf das Blech legen und mit Basilikumöl bestreichen.

4 Vom Blumenkohl äußere grüne Blätter entfernen, waschen, abtropfen lassen. Gemüsebrühe mit etwas Muskat aufkochen. Blumenkohl im Ganzen in einem Siebeinsatz darüber 30 Min. dämpfen.

5 Auberginen und Paprika im Ofen (oben) 10 Min. braten. Einmal wenden.

6 Kürbis schälen, Kerne entfernen, Fruchtfleisch in 2 cm große Würfel schneiden. 1 EL Butterschmalz erhitzen, Kürbis bei schwacher Hitze 3 Min. andünsten. Apfelsaft, Ingwer, Salz und Pfeffer dazugeben und 5 Min. köcheln lassen.

7 Pilze putzen, Stiele nachschneiden, größere Köpfe halbieren. Zwiebel schälen, mit Speck fein würfeln. Speck im restlichen Butterschmalz auslassen, Zwiebel darin bei mittlerer Hitze glasig dünsten. Pilze und Oregano dazugeben, salzen, pfeffern und bei mittlerer Hitze braten, bis alle Flüssigkeit verdampft ist.

8 Eier pellen und hacken. Petersilie waschen, Blättchen hacken. Butter bei starker Hitze zerlassen, Semmelbrösel dazugeben und leicht bräunen lassen. Vom Herd nehmen, Ei, Petersilie und Salz unterrühren.

9 Blumenkohlkopf auf die Platte legen, mit der Bröselmischung bestreuen. Das übrige Gemüse um den Kohl legen. Mit Tomatencremesauce (S. 98) servieren.

Wintergemüse-platte

ZUTATEN FÜR 8 PERSONEN:
1 kg Rotkohl · 2 Zwiebeln
1 Lorbeerblatt · 2 Gewürznelken
2 EL Butterschmalz
Salz · Pfeffer · 100 ml Rotwein
2 EL Johannisbeergelee
700 g Rosenkohl
75 g roher Schinken
Salz · Muskatnuss
8 kleine Bratäpfel
5 EL Butter · 500 g Brokkoli
250 g Maroni (küchenfertig im Folienbeutel)
1 EL Öl · 1 TL Honig
3 EL gehackte Walnusskerne
etwas Zitronensaft

Zubereitung: 1 Std. 30 Min.
Pro Portion: 1600 kJ/380 kcal
9 g E · 14 g F · 58 g KH

Braucht etwas Zeit

1 Rotkohl putzen, in feine Streifen hobeln. Zwiebeln schälen, 1 Zwiebel mit Lorbeerblatt und Nelken spicken, die andere würfeln. Butterschmalz erhitzen, Rotkohl darin bei mittlerer Hitze 3–4 Min. andünsten. Gespickte Zwiebel, Salz, Pfeffer und Wein zugeben. Zugedeckt 1 Std. garen. Zwiebel entfernen, Kohl mit Gelee pikant abschmecken.

2 Rosenkohl putzen. Stiele kreuzweise einschneiden. Schinken fein würfeln. Rosenkohl in wenig Wasser mit Salz und Muskat bei mittlerer Hitze in 7–12 Min. gar dünsten. Dann abgießen.

3 Ofen auf 200° (Umluft 180°) vorheizen. Äpfel waschen, im heißen Ofen (Mitte) 15 Min. braten.

4 Die Hälfte der Butter mit dem Schinken erhitzen, die gewürfelte Zwiebel darin bei mittlerer Hitze bräunen, Rosenkohl darin schwenken, warm stellen.

5 Brokkoli waschen, in Röschen teilen, Stiele schälen. In wenig Salzwasser in 5–7 Min. bissfest kochen, abgießen, warm stellen.

6 Maroni im Öl mit Honig bei mittlerer Hitze in einer beschichteten Pfanne 5 Min. karamellisieren lassen, salzen. (Schneiden Sie frische Maroni an der Spitze kreuzweise ein. Verteilen Sie die Maroni auf einem Backblech und backen Sie sie im Ofen bei 200° (Umluft 180°) 15–20 Min., bis sie aufplatzen. Entfernen Sie die Schalen und die pelzige Innenhaut und verarbeiten sie die Maroni wie oben beschrieben weiter. Diese Vorbereitung können Sie treffen, während der Rotkohl gart.)

7 Restliche Butter mit Walnüssen bei mittlerer Hitze hellbraun rösten, mit Salz und Zitronensaft würzen.

8 Auf einer Platte Rosenkohl, Rotkohl, Äpfel, Maroni und Brokkoli mit Nussbutter verteilen.

Tipp!
Die Gemüseplatten sind ohne Speck auch für Vegetarier geeignet. Mit Morchelrahmsauce (S. 101) und Kartoffelgratin (S. 165) ergeben sie ein Hauptgericht für 6 Personen.

Ratatouille

ZUTATEN FÜR 10 PERSONEN:
3 mittelgroße Zwiebeln
3 Knoblauchzehen
5 gemischte Paprikaschoten
500 g Eiertomaten
4 Auberginen (ca. 750 g)
1 kg Zucchini · 500 g Staudensellerie · 2 Zweige Rosmarin
1/2 Bund Thymian
80 ml Olivenöl · Salz · Pfeffer

Zubereitung: 1 Std. 30 Min.
Pro Portion: 540 kJ/130 kcal
3 g E · 8 g F · 15 g KH

Zu Kurzgebratenem

1 Zwiebeln und Knoblauch schälen, hacken. Paprika waschen, putzen, in Streifen schneiden. Tomaten heiß überbrühen, häuten, Stielansätze entfernen, Fruchtfleisch würfeln. Auberginen waschen, ohne Stielansätze grob würfeln. Zucchini waschen, Enden entfernen, Zucchini längs vierteln und in 2 cm dicke Scheiben schneiden. Sellerie waschen, putzen, in dickere Scheiben schneiden. Kräuter waschen, Rosmarinnadeln und Thymianblättchen abzupfen und grob hacken.

2 Ofen auf 200° (Umluft 180°) vorheizen. Öl in einem großen Bräter erhitzen, Zwiebeln darin 10 Min. bei mittlerer Hitze glasig dünsten. Knoblauch nach 5 Min. zugeben. Kräuter unterrühren, salzen und pfeffern. Zugedeckt im Ofen (Mitte) etwa 55 Min. garen. Heiß oder kalt mit Baguette servieren.

Leipziger Allerlei

ZUTATEN FÜR 10 PERSONEN:
750 g Möhren
500 g Zuckerschoten
500 g Pfifferlinge
500 g Spargel
100 g gekochter Schinken
1 großes Bund Petersilie
1 Bund Schnittlauch
100 g Butter · 250 ml Gemüsebrühe · Kräutersalz · Pfeffer

Zubereitung: 45 Min.
Pro Portion: 1400 kJ/330 kcal
11 g E · 11 g F · 55 g KH

Klassiker

1 Möhren putzen, schräg in Scheiben schneiden. Zuckerschoten waschen, Enden abknipsen, falls nötig entfädeln. Schoten halbieren oder dritteln. Pilze putzen, größere halbieren. Spargel schälen, Enden abschneiden und in ca. 4 cm lange Abschnitte teilen. Kräuter waschen, Petersilie hacken, Schnittlauch in Röllchen schneiden.

2 Schinken, Möhren und Pilze in zwei Drittel der Butter 3–4 Min. dünsten. Spargelstücke zugeben, Brühe angießen, würzen und zugedeckt 10 Min. bei mittlerer Hitze garen. Dann 5 Min. offen weiterköcheln. Zuckerschoten zugeben, heiß werden lassen. Kräuter, übrige Butter, Salz und Pfeffer untermischen.

Tipp!
Champignons statt Pifferlinge und 450 g ausgepalte Erbsen statt Zuckerschoten nehmen.

Wok-Gemüse

ZUTATEN FÜR 8 PERSONEN:
600 g Möhren · 400 g Zuckerschoten (ersatzweise 2 Stangen Lauch)
3 gelbe Paprikaschoten
2 Fenchelknollen
2 Bund glatte Petersilie
50 ml Öl · 2 EL Sesamöl
Kräutersalz · Pfeffer
2 EL Sojasauce · Zitronensaft
gemahlenes Zitronengras

Zubereitung: 45 Min.
Pro Portion: 690 kJ/160 kcal
4 g E · 10 g F · 18 g K

Gelingt leicht

1 Möhren waschen, schälen, in dünne Scheiben schneiden. Zuckerschoten waschen, evtl. entfädeln, halbieren oder dritteln. Paprika und Fenchel waschen, putzen, in feine Streifen schneiden. Petersilie waschen, Blättchen hacken.

2 Im Wok Öl und Sesamöl erhitzen. Möhren darin unter Rühren 5 Min. bei mittlerer Hitze braten. Paprika und Fenchel zugeben, würzen, mit 1 EL Sojasauce 3 Min. weitergaren. Zuckerschoten dazugeben, unter Rühren 3–5 Min. weitergaren. Gemüse mit Petersilie, übriger Sojasauce, Pfeffer, Salz, Zitronensaft und -gras würzen.

Varianten:
Fast alle klein geschnittenen Gemüsesorten können sautiert werden. Gemüse mit etwas Zitronenwasser beträufeln und abgedeckt kühl stellen. Gebraten wird »à la minute« – unter Umständen auch bei Tisch.
Feine Kombinationen:
- China- oder Weißkohl mit roter Paprika, Frühlingszwiebeln und etwas Ingwer
- Brokkoli mit Chinakohl, Kürbis und Orangenspalten.

Grillgemüse

ZUTATEN FÜR 12 PERSONEN:
je 4 gelbe und rote Paprikaschoten · Salz
1,5 kg kleine Zucchini
500 g Schalotten
8 EL Olivenöl
1 Zweig Rosmarin
1 Lorbeerblatt · Pfeffer
5 EL Aceto balsamico
4 EL Portwein
2 Knoblauchzehen
1 Bund Basilikum

Zubereitung: 45 Min.
Pro Portion: 490 kJ/120 kcal
3 g E · 5 g F · 15 g KH

Ganz einfach

1 Paprika waschen, unter dem Grill bei 250° braten, bis die Haut blasig wird, dabei wenden. Salzen und unter einem feuchten Tuch abkühlen lassen.

2 Zucchini waschen, Enden entfernen, Schalotten schälen, alles längs halbieren. Auf einem Blech im Öl mit Rosmarinnadeln, Salz, zerkleinertem Lorbeer und Pfeffer wenden. So einschichten, dass die Zwiebeln bedeckt sind. Unter den heißen Backofengrill schieben, 5–7 Min. grillen, bis sie bräunen. Alternativ bei 220° (Mitte) 30 Min. backen.

3 Paprika häuten, putzen, Paprikasaft mit Balsamico, Port, Salz und Pfeffer würzen und über die Paprika träufeln, pfeffern. Knoblauch schälen, Basilikum waschen, beides hacken und über die Paprika streuen.

Blattspinat

ZUTATEN FÜR 8 PERSONEN:
2,5 kg Blattspinat
500 g Fleischtomaten
3 Knoblauchzehen
60 g Pinienkerne
4 EL Olivenöl
Salz · Pfeffer
Muskatnuss, frisch gerieben

Zubereitung: 1 Std.
Pro Portion: 500 kJ/120 kcal
7 g E · 7 g F · 11 g KH

Raffiniert

1 Spinat waschen und verlesen. Dicke Stiele entfernen. Spinat abtropfen lassen. Tomaten kreuzweise einritzen, mit heißem Wasser überbrühen, häuten, entkernen, Fruchtfleisch würfeln. Knoblauch schälen und fein hacken. Pinienkerne in einer Pfanne trocken rösten.

2 Spinat portionsweise in einer Pfanne mit wenig Öl zusammenfallen lassen.

3 Übriges Öl in einer großen Kasserolle erhitzen, Knoblauch darin anbraten. Spinat und Tomatenwürfel zugeben, vermischen und heiß werden lassen. Mit Salz, Pfeffer und Muskat würzen. Pinienkerne untermischen und servieren.

Variante:
60 g Rosinen dazugeben und Spinat mit 1 Schuss Portwein abschmecken.

Tipp!
Spinat bereits vorher putzen, dann ist das Gemüse in 10–15 Min. servierbereit.

Fächerzucchini

ZUTATEN FÜR 8 PERSONEN:
16 kleine Zucchini (ca. 3 kg)
100 g Semmelbrösel
125 g geriebener Parmesan
Kräutersalz
Pfeffer
100 ml Olivenöl

Zubereitung: 20 Min.
Pro Portion: 1100 kJ/270 kcal
12 g E · 17 g F · 20 g KH

Schnell

1 Ofen auf 200° (Umluft 180°) vorheizen. Backblech leicht ölen. Die Zucchini waschen, trockentupfen, je nach Größe längs in 4–6 Scheiben einschneiden. Dabei so vorgehen, dass die Früchte an den Stielansätzen zusammenhalten.

2 Zucchini aufgefächert auf das Blech legen. Semmelbrösel mit Parmesan, 2–3 TL Kräutersalz und Pfeffer mischen. Zucchini damit bestreuen, mit Öl beträufeln und im Ofen (Mitte) 10–13 Min. garen. Heiß oder lauwarm servieren.

Varianten:
Auberginenscheiben mit Basilikum einpinseln, mit Brösel bestreuen, backen. **Kartoffeln** vorgaren, in daumendicke Scheiben teilen, mit Bröselmix bestreuen, überbacken. **Gemüsezwiebeln** schälen, in daumendicke Scheiben schneiden und ebenso gratinieren. **Sehr pikant:** 100 g Kapern und 1 Bund Basilikum pürieren und aufstreichen.

Lauch-Pilz-Kräuterrahm

ZUTATEN FÜR 8 PERSONEN:
1,5 kg Lauch
1 kg kleine Champignons
je 1 Bund Petersilie und Kerbel
30 g Butter · 2 EL Öl · Salz
Pfeffer · 125 ml Weißwein
250 g Crème fraîche

Zubereitung: 45 Min.
Pro Portion: 1100 kJ/270 kcal
4 g E · 18 g F · 18 g KH

Zu kräftigem Braten

1 Lauch putzen, waschen und in 1 cm breite Ringe schneiden. Champignons trocken abreiben, Stiele nachschneiden, größere Köpfe halbieren oder vierteln. Kräuter waschen, Blättchen hacken.

2 Butter und Öl bei mittlerer Hitze heiß werden lassen. Champignons darin anbraten, salzen und pfeffern. Weiterbraten, bis alle Flüssigkeit verdampft ist. Lauch dzugeben, 7 Min. mitbraten, den Wein angießen.

3 Herd abschalten, Crème fraîche und gehackte Kräuter unter das Gemüse mischen, mit Salz und Pfeffer würzen.

Variante:
Sie können alternativ auch nur Lauch zubereiten, dann brauchen Sie 3 kg oder nur Champignons (1,5–2 kg). Oder die Pilze durch 800 g Möhrenstreifen ersetzen, bzw. den Lauch durch 1,2 kg streifig geschnittenen Wirsing.

Kochen bei Tisch

Fondue Chinoise

ZUTATEN FÜR 6 PERSONEN:
1,2 kg Hühnerbrust
1 Prise getrockneter Thymian
2 EL Sojasauce
je 300 g Möhren, Kohlrabi, kleine Zucchini, Blumenkohlröschen und Champignons
Salz · 2 l Hühnerfond (ersatzweise Hühnerbrühe, Instant)

Zubereitung: 1 Std.
Pro Portion: 1600 kJ/390 kcal
44 g E · 17 g F · 14 g KH

Leichtes Fondue

1 Fleisch in dünne Scheiben von 3–4 cm Länge schneiden. Thymian und 1 EL Sojasauce mit dem Fleisch vermischen. Dekorativ auf einer Platte anrichten, zugedeckt kühl stellen.

2 Gemüse waschen, putzen. Möhren und Kohlrabi schälen, in dickere Stifte schneiden. Zucchini in 2 cm dicke Scheiben schneiden.

3 Hühnerfond erhitzen, mit restlicher Sojasauce abschmecken. Zunächst die Möhren, Kohlrabi und Blumenkohlröschen darin in 5–8 Min. knackig vorgaren. Zucchini und Pilze jeweils 3 Min. vorgaren.

4 Gemüse abtropfen lassen, auf einer Platte oder in Schälchen arrangieren. Fond vorsichtig salzen.

5 Gemüse und Fleisch auf Spießchen oder in Körbchen im Fond garen. Dazu 2–3 Dips (siehe S. 101–102) und Baguette reichen. Die Brühe hinterher heiß in Tassen servieren.

Fondue Bourguignon

ZUTATEN FÜR 6 PERSONEN:
je 600 g mageres Rind- und Lammfleisch · 700 ml Öl

Zubereitung: 30 Min.
Pro Portion: 2600 kJ/620 kcal
30 g E · 55 g F · 0 g KH

Klassisches Fleisch-Fondue

1 Fleisch 2 cm groß würfeln. Nach Sorten getrennt anrichten.

2 Öl im Fondue-Topf bis fast zum Siedepunkt erhitzen. (Am Stiel eines ins Öl gehaltenen Holzlöffels müssen kleine Bläschen aufsteigen.)

3 Fleischwürfel auf Fondue-Gabeln spießen, 2–4 Min. im Öl garen. Mit Würzsaucen oder Dip servieren.

Dip-Varianten:
Zum Fondue passen Buttermischungen (S. 105), Tomatensugo (S. 101), Nussige grüne Sauce oder Senfsauce mit grünem Pfeffer (S. 102), Grill- oder Fonduesaucen und diese Dips:

Zigeuner-Mischung
100 g fein gehackte Mixed Pickles und 1 zerstoßene getrocknete rote Chili mit 150 g Ketchup mischen.

Dip à la Dijon
100 g Sahne, 6 EL Dijon-Senf und 2 EL Mayonnaise. Mit Salz, Pfeffer und 2–3 EL Schnittlauchröllchen abschmecken.

Meeres-Fondue

ZUTATEN FÜR 6 PERSONEN:
2 Limetten (ersatzweise Zitronen) · 500 g Victoriabarschfilet
500 g Seeteufelfilet
12 rohe geschälte Garnelen, küchenfertig vorbereitet
Salz · Pfeffer · 250 g grüner Spargel · 1 Stange Lauch
250 g Zuckerschoten
1 Döschen Safranpulver
1,75 l Fischfond (ersatzweise Instant-Gemüsebrühe)
250 ml trockener Weißwein
Sojasauce

Zubereitung: 30 Min.
Pro Portion: 1600 kJ/370 kcal
38 g E · 11 g F 12· g KH

Exklusiv

1 1 EL Limettenschale abreiben, Saft auspressen. Fisch waschen, trockentupfen, 3–4 cm groß würfeln. Fisch und Garnelen mit Limettensaft beträufeln, leicht salzen, pfeffern. Dekorativ anrichten und kühlen.

2 Spargel putzen, in 3 cm lange Abschnitte teilen. In Salzwasser 8–10 Min. vorgaren. Lauch putzen, waschen, in 1 cm breite Ringe schneiden. Zuckerschoten waschen, putzen, halbieren. Auf einer Platte anrichten.

3 Safran in 1 EL heißem Wasser auflösen. Mit Limettenschale, Fond, Wein, etwas Sojasauce in einem Fonduetopf aufkochen. Auf das Rechaud stellen.

4 Fisch, Garnelen und Gemüse in Körbchen im Fond garen. Dazu: Baguette und Guacamole (S. 102).

Gemüse-Fondue

ZUTATEN FÜR 6 PERSONEN:
180 g Mehl · 5 kleine Eier
45 g Parmesan, frisch gerieben
175 g Joghurt · Salz · Pfeffer
1/2 TL Kreuzkümmel · 400 g Brokkoli · 250 g kleine Egerlinge · je 1 gelbe und rote Paprikaschote · 1 Bund Frühlingszwiebeln · etwa 300 ml Frittieröl (ersatzweise Palmfett) · Zitronenschnitze

Zubereitung: 45 Min.
Pro Portion: 1300 kJ/ 300 kcal
15 g E · 12 g F · 34 g KH

Ganz einfach

1 Mehl mit Eiern, Parmesan, Joghurt, Salz, Pfeffer und Kreuzkümmel zu einem dicklichen Teig rühren, 15 Min. quellen lassen.

2 Inzwischen Gemüse putzen. Brokkoli waschen, in Röschen, die Stiele in mundgerechte Stücke teilen. Pilze trocken abreiben, putzen. Paprika waschen, putzen, in dünne Streifen schneiden. Frühlingszwiebeln waschen, Zwiebeln in 7 cm große Abschnitte teilen.

3 Fett bis zum Siedepunkt erhitzen. Portionsweise Gemüsestückchen in den Teig tauchen und sofort im heißen Fett goldbraun ausbacken. Heiß servieren, dazu Zitronenschnitze und 2–3 Dips.

Tipp!
Schneller Dip: 1 Glas Ajvar (Paprikamark) mit 2–3 EL Crème fraîche mixen, 1/2 geraspelten Apfel unterrühren.

Käse-Fondue

ZUTATEN FÜR 6 PERSONEN:
1,2 kg kleine vorwiegend fest kochende Kartoffeln · Salz
750 g Grahambrot · 450 g Weintrauben · 3 rote Äpfel
2 EL Zitronensaft · je 300 g mittelalter Gruyère, Gouda und milder Edelpilzkäse
1 Knoblauchzehe
500 ml trockener Cidre
Muskatnuss · weißer Pfeffer
1 gehäufter TL Speisestärke

Zubereitung: 50 Min.
Pro Portion: 4600 kJ/1100 kcal
53 g E · 49 g F · 117 g KH

Ganz einfach

1 Kartoffeln waschen, in wenig Salzwasser 20 Min. garen, pellen, warm halten. Brot 3 cm groß würfeln. Trauben und Äpfel waschen. Äpfel ohne Gehäuse in Schnitze schneiden. Mit Zitronensaft beträufeln.

2 Hartkäse reiben, Edelpilzkäse klein würfeln. Knoblauchzehe schälen, halbieren, einen irdenen Fonduetopf damit ausreiben. Cidre mit Muskat und Pfeffer darin aufkochen. Käse nach und nach einrühren.

3 Stärke mit 1 EL Wasser anrühren, unter Rühren dazugeben und weiterköcheln, bis sich der Käse gelöst hat. Auf einem Rechaud leise weiterköcheln lassen.

4 Kartoffeln, Brot, Trauben oder Apfelschnitze aufgespießt in das Fondue tunken. Mit Brot, Pellkartoffeln, sauren Gurken und Mixed Pickles servieren.

Raclette

ZUTATEN FÜR 6 PERSONEN:
1,5 kg kleine fest kochende Kartoffeln · Salz · 1 Bund Schnittlauch in Röllchen
150 g saure Sahne · je 1 Glas Tomatenpaprika, Cornichons und Silberzwiebeln
250 g Nordseekrabben
2 EL Vermouth
etwa 1,25 kg Raclette-Käse
100 g Frühstücksspeck in dünnen Scheiben

Zubereitung: 15 Min.
Pro Portion: 4600 kJ/1100 kcal
78 g E · 72 g F · 45 g KH

Spezialität aus der Schweiz

1 Kartoffeln waschen, in Salzwasser in 20 Min. als Pellkartoffeln garen. Abgießen, warm stellen.

2 Schnittlauch mit der sauren Sahne verrühren. Tomatenpaprika, Cornichons und Silberzwiebeln abtropfen lassen. Krabben mit Vermouth beträufeln. Alles in Schälchen geben.

3 Käse entrinden und auf einer Platte anrichten. Frühstücksspeck in einer beschichteten Pfanne ohne Fett bei mittlerer Hitze knusprig braten, auf die Kartoffeln legen. Käse portionsweise in den Raclette-Pfännchen schmelzen und über die Kartoffeln geben.

Tipp!
Wer ein Gerät mit einer Extra-Bratfläche hat, kann den Speck gleich dort braten – z.B. mit rohen Krabben und Nürnberger Würstchen.

Grillbrötchen

ZUTATEN FÜR 6 PERSONEN:
12 Partybrötchen · 1 Knoblauchzehe · 200 g Bundmöhren
250 g Schweinehackfleisch
3 Frühlingszwiebeln
Salz · Pfeffer · Ingwerpulver

Zubereitung: 25 Min.
Pro Portion: 1100 kJ/250 kcal
12 g E · 8 g F · 33 g KH

Gelingt leicht · Schnell

1 Brötchen halbieren. Knoblauch schälen, fein würfeln. Möhren putzen, mittelfein raspeln. Beides mit Fleisch und Zwiebelringen mischen. Mit Salz, Pfeffer und Ingwer würzen.

2 Jede Brötchenhälfte mit Hack bestreichen. Auf dem heißen Stein von der Fleischseite 5 Min., von der Brotseite 1 Min. braten.

Varianten:
Gartenbrötchen
200 g Mett mit 100 g fein gewürfeltem Apfel, 2 EL Sonnenblumenkernen und 1 EL fein gehackten Salbeiblättern verkneten. Mit Salz, Pfeffer und Paprika würzen, auf halbierte Partybrötchen streichen und braten.
Italienische Brotscheibchen
200 g Hackfleisch mit 1 EL Tomatenmark, 1 Bund gehacktem Basilikum, Salz, Pfeffer und Paprika mischen, 1 Kugel fein gewürfelten Mozzarella dazugeben. Auf Baguettescheiben 6 Min. garen und mit Olivenöl beträufeln.

Mariniertes Putenfilet mit Zucchini

ZUTATEN FÜR 6 PERSONEN:
750 g Putenbrustfilet
750 g kleine Zucchini
2 Knoblauchzehen · 6 EL Öl
3 EL Grapefruitsaft · Pfeffer
2 TL getrocknete italienische Kräuter · Salz

Zubereitung: 50 Min.
Pro Portion: 940 kJ/220 kcal
30 g E · 10 g F · 4 g KH

Raffiniert

1 Putenfleisch in Streifen, schneiden. Zucchini waschen, putzen, in 2 cm dicke Scheiben schneiden. Knoblauch schälen, durchpressen.

2 Öl, Grapefruitsaft, Pfeffer, Kräuter und Knoblauch verrühren. Fleisch und Zucchini darin 30 Min. marinieren lassen.

3 Fleisch 6 Min., Zucchini 4 Min. auf dem heißen Stein garen. Jeweils einmal wenden. Erst nach dem Garen salzen.

Variante:
Marinierte Scampi mit Lauchscheiben
24 rohe geschälte Scampi in 4 EL Limettensaft, 2 EL trockenem Vermouth, etwas Salz und Pfeffer 1 Std. marinieren. 2 kleine Stangen Lauch putzen, waschen, in 1 cm dicke Scheiben schneiden. Abgetropfte Scampi mit Lauchscheiben im Wechsel auf lange Spieße stecken. Auf dem heißen Stein von jeder Seite 2–3 Min. braten.

Taco-Variationen

ZUTATEN FÜR 6 TACO-SHELLS:
Für die Puten-Nuss-Füllung:
250 g Putenbrust · 1 Zwiebel
2 Knoblauchzehen · 2 EL Öl
2 kleine getrocknete Chilis
1 rote Paprikaschote in Würfeln
175 g ungesalzene Erdnüsse
250 ml Hühnerbrühe (Instant)
Salz · Pfeffer
Für die vegetarische Füllung:
1/2 Kopf Eisbergsalat · 250 g Eiertomaten · 1 Gemüsezwiebel
3 hart gekochte Eier · 100 g saure Sahne · Salz Pfeffer
4 EL Schnittlauchröllchen
Für die Fleischfüllung:
1 Zwiebel · 3 EL Öl
250 g Rinderhackfleisch
Salz · Pfeffer · Chilipulver
180 g Kidney-Bohnen (Dose)

Zubereitung: 1 Std. 20 Min.
Pro Portion: 730 kJ/170 kcal
10 g E · 12 g F · 7 g KH

Spezialität aus Mexiko

1 Für die Puten-Nuss-Füllung Fleisch streifig schneiden. Zwiebel und Knoblauch schälen, hacken.

2 Öl erhitzen, Chilis darin anbraten, aus der Pfanne nehmen. Zwiebel und Knoblauch darin bei mittlerer Hitze andünsten. Fleisch und Paprika dazugeben, 10 Min. braten. Nüsse mit der Brühe pürieren. Mit dem Fleisch aufkochen, salzen, pfeffern.

3 Für die vegetarische Füllung Salat in Streifen, Tomaten in Spalten, Zwiebel in Ringe schneiden. Eier hacken, mit saurer Sahne, Salz, Pfeffer und Schnittlauch verrühren.

4 Für die Fleischfüllung Zwiebel schälen, würfeln, im Öl bei mittlerer Hitze andünsten. Fleisch dazugeben, kräftig würzen, braten. Abgetropfte Bohnen dazugeben. Jeweils in erwärmten Taco-Shells servieren.

Orangenhuhn mit Mandel-Möhren

ZUTATEN FÜR 6 PERSONEN:
45 g getrocknete Shiitake-Pilze
Saft von 1 großen Orange · Salz
1 gehäufter TL Speisestärke
450 g Hühnerbrust in Streifen
750 g Möhren · 1 frisches Stück Ingwer · 3 Frühlingszwiebeln
4 EL Öl · 75 g Mandeln
150 g Sojasprossen
Sojasauce · Pfeffer

Zubereitung: 40 Min.
Pro Portion: 1100 kJ/270 kcal
21 g E · 12 g F · 24 g KH

Gelingt leicht

1 Pilze 20 Min. einweichen. 1 EL Orangensaft, Salz und Stärke in das Fleisch reiben. 15 Min. ziehen lassen.

2 Möhren schälen, stifteln. Ingwer schälen, fein hacken. Zwiebeln waschen, putzen, in Ringe schneiden.

3 Öl im Wok erhitzen, darin Fleisch kurz anbraten. Möhren, Zwiebeln, Mandeln, Ingwer und übrigen Orangensaft hinzufügen. Etwa 8–10 Min. unter Rühren braten, Pilze mit drei Viertel des Einweichwassers und Sprossen zugeben, aufkochen, mit Sojasauce und Pfeffer würzen. Mit Reis servieren.

Variante:
375 g Rindfleisch fein geschnitten in 3 EL Wasser, 1 1/2 EL Sojasauce, 1 gehäuften TL Speisestärke, 1 gestrichenen TL Backpulver und Salz 30 Min. ziehen lassen. Je 750 g Wirsing und Austernpilze fein schneiden. Fleisch in 6–7 EL Keim- und 1 EL Sesamöl anbraten, aus dem Wok nehmen, 50 g Cashewkerne mit Gemüse 7 Min. braten. Fleisch zugeben, mit Sojasauce und Pfeffer würzen, gehackte Petersilie unterziehen.

Meeresmischung

ZUTATEN FÜR 6 PERSONEN:
1 unbehandelte Orange · 1 Zitrone · 1 Döschen Safranpulver 1 EL Sesamöl · 2 EL Sojasauce 300 g gemischte Meeresfrüchte (z. B. frische Venusmuscheln, Kalamare, Miesmuscheln; küchenfertig vorbereitet oder tiefgekühlt) · 100 g Shrimps 500 g Lauch · 1 Bund Dill · je 2 rote und gelbe Paprikaschoten 3 EL Öl · Pfeffer

Zubereitung: 40 Min.
Pro Portion: 680 kJ/160 kcal
12 g E · 6 g F · 16 g KH

Kalorienarm

1 Orange heiß waschen, Schale abreiben, Orange und Zitrone auspressen. Safran mit 1 EL heißem Wasser auflösen, mit Saft, Sesamöl und Sojasauce verrühren. Meeresfrüchte und Shrimps darin 20 Min. marinieren.

2 Lauch putzen, waschen und in dünne Streifen schneiden. Dill waschen, Blättchen hacken. Paprika putzen, waschen, in dünne Streifen schneiden.

3 Im Wok das Öl bei mittlerer Hitze erwärmen. Meeresfrüchte und Shrimps aus der Marinade heben und im Öl anbraten. Lauch und Paprika dazugeben, pfeffern und 3 Min. unter Rühren braten. Restliche Marinade angießen und aufkochen lassen.

4 Vom Herd nehmen, Dill untermischen, abschmecken.

Fleisch-Spinat-Eierkuchen-Pfanne

ZUTATEN FÜR 6 PERSONEN:
500 g ausgelöstes Kotelettfleisch · 1 Eiweiß · 2 TL Speisestärke · Salz · 4 Eier · 4 EL Öl 2 Zwiebeln · 1 Knoblauchzehe 1 kg Blattspinat · je 3 EL Sesamöl und Sojasauce

Zubereitung: 50 Min.
Pro Portion: 1400 kJ/330 kcal
21 g E · 24 g F · 8 g KH

Raffiniert

1 Fleisch 1 cm groß würfeln, 2 EL Eiweiß und die Stärke einmassieren, salzen. 30 Min. in den Kühlschrank stellen.

2 Eier mit dem Rest Eiweiß verquirlen, salzen. 1 EL Öl in einer großen Pfanne erhitzen, 2 dünne Eierkuchen ausbacken, zusammenrollen, in dünne Streifen schneiden.

3 Zwiebeln und Knoblauch schälen, fein würfeln. Spinat waschen, Stiele abzupfen. 3 EL Öl erhitzen, Fleisch mit Zwiebeln und Knoblauch darin bei mittlerer Hitze anbraten. Spinat, Sesamöl und 2 EL Sojasauce dazugeben, solange unter Rühren braten, bis der Spinat zusammengefallen ist.

4 Eierkuchenstreifen untermischen, mit restlicher Sojasauce abschmecken und zu Reis servieren.

Varianten:
Fleisch durch Krabben ersetzen und zusätzlich 2 EL Sesamsamen hinzufügen.

Gefüllte Steaks

ZUTATEN FÜR 6 PERSONEN:
6 Schweinesteaks (je ca. 150 g)
2 EL Öl · 2 EL scharfer Senf
3 EL Ketchup · Salz · Pfeffer
150 g Feta · 1 TL Thymian

Zubereitung: 35 Min.
Marinierzeit: 6 Std.
Pro Portion: 1300 kJ/320 kcal
24 g E · 23 g F · 3 g KH

Würzig · Preiswert

1 Steaks mit Öl, Senf, Ketchup, Salz, Pfeffer bestreichen, 6 Std. kühlen.

2 Marinade abstreichen, ins Fleisch eine Tasche schneiden. Feta mit Thymian und Marinade verkneten, würzen. In die Taschen füllen, mit Holzspießen zustecken, 12–15 Min. grillen.

Surf & Turf

ZUTATEN FÜR 6 PERSONEN:
450 g Schweinefiletmedaillons
75 g Butter · Salz · Pfeffer
3 vollreife Eiertomaten
1 dicke Stange Lauch
12 gekochte geschälte Hummerkrabben (450 g) · 1 Schalotte
250 g Mozzarella
50 g Parmesan · 100 g geriebene Mandeln · 1 TL abgeriebene Limettenschale
50 g Kräuterfrischkäse

Zubereitung: 1 Std.
Pro Portion: 2600 kJ/610 kcal
43 g E · 45 g F · 9 g KH

Ganz einfach

1 Fleisch in 2–3 EL Butter kräftig anbraten. Salzen und pfeffern. Tomaten überbrühen, häuten, in Scheiben schneiden. Lauch putzen, waschen, 2 Min. in Salzwasser blanchieren. Abtropfen lassen, in lange Streifen schneiden.

2 Je 2 Krabben mit Lauchstreifen umwickeln, in eine Grillschale setzen, dazwischen Fleisch verteilen.

3 Schalotte schälen, mit Mozzarella fein würfeln. Jeweils die Hälfte mit Parmesan, 45 g Mandeln und restlicher Butter vermischen, salzen und pfeffern. Auf die Tomaten verteilen und auf das Fleisch setzen.

4 Frischkäse mit restlichen Zutaten mischen, würzen, auf den Krabben verteilen. Holzkohlegrill vorbereiten, Surf and Turf zugedeckt in 15 cm Abstand zur Glut 20 Min. garen.

Knusperflügel

ZUTATEN FÜR 6 PERSONEN:
12 Hähnchenflügel · 4 EL Öl
30 g flüssiger Honig · Pfeffer
Salz · 1 Msp. Paprika, edelsüß

Zubereitung: 30 Min.
Marinierzeit: 1 Std. 30 Min.
Pro Portion: 1100 kJ/270 kcal
18 g E · 20 g F · 4 g KH

Preiswert · Für Kinder

1 Flügel waschen. Öl und Honig zusammen bei schwacher Hitze köcheln lasssen. Gewürze einrühren. Flügel damit bestreichen, zugedeckt 1 Std. 30 Min. im Kühlschrank marinieren.

2 Flügel aus der Marinade heben, in 15 cm Abstand zur Glut unter ständigem Wenden 6–8 Min. grillen.

Garnelen-Spieße

ZUTATEN FÜR 8 SPIESSE:
1 Zucchino (300 g)
2 frische Knoblauchknollen
125 ml Rotwein · Salz
1 TL Rosmarinnadeln
Pfeffer · 1 Lorbeerblatt
16 rohe geschälte Garnelen
16 Kirschtomaten
3 EL Olivenöl

Zubereitung: 1 Std. 30 Min.
Pro Portion: 680 kJ/160 kcal
10 g E · 5 g F · 22 g KH

Raffiniert

1 Zucchino waschen, putzen, in fingerdicke Scheiben schneiden. Knoblauchzehen schälen, in Wein mit 1/2 TL Salz, Rosmarin, Pfeffer, Lorbeer 15 Min. garen. Zucchini und Garnelen in den warmen Sud legen, abkühlen lassen.

2 Garnelen, Zucchini, Knoblauchzehen und gewaschene Tomaten abwechselnd aufspießen, 2–3 EL Sud mit Öl darüber geben.

3 Holzkohlegrill vorbereiten, Spieße darauf unter Wenden 15 Min. grillen.

Döner-Spießchen

ZUTATEN FÜR 8 SPIESSE:
1 Aubergine (etwa 250 g)
300 g Rinderroulade · 3 Zweige Koriander · Salz · Pfeffer
Paprikapulver, rosenscharf
2 EL Olivenöl
300 g rheinische Bratwurst

Zubereitung: 1 Std.
Pro Portion: 1000 kJ/240 kcal
12 g E · 20 g F · 3 g KH

Ganz einfach

1 Aubergine waschen, putzen, in dünne Scheiben schneiden, mit Salz bestreuen, 5 Min. ziehen lassen, trockentupfen. 2 cm groß würfeln.

2 Rouladenfleisch in 2 cm große Stücke schneiden. Koriander waschen, fein hacken. Mit den Gewürzen und dem Öl verrühren. Fleisch damit bestreichen. Bratwurstbrät aus der Pelle drücken.

4 Im Wechsel Fleisch und Auberginen aufspießen. Mit Fleisch beginnen und aufhören. Brät zu Bällchen formen und dazwischen »modellieren«. 20–25 Min. grillen, dabei mehrmals wenden.

Orientalische Spieße

ZUTATEN FÜR 6 SPIESSE:
12 Aprikosen · 1 EL Zitronensaft
200 g Schalotten
450 g Lammfleisch
3 EL Öl · Salz · Pfeffer
1/2 TL Kreuzkümmel

Zubereitung: 45 Min.
Pro Portion: 830 kJ/200 kcal
17 g E · 9 g F · 13 g KH

Gelingt leicht

1 Aprikosen mit Zitronensaft beträufeln. Schalotten schälen, halbieren. Mit dem Fleisch abwechselnd aufspießen, mit Öl und Gewürzen einpinseln.

2 Auf dem Holzkohlegrill 15–20 Min. grillen, gelegentlich wenden.

Sommergrütze

ZUTATEN FÜR 10 PERSONEN:
500 g Brombeeren
6 Nektarinen · 50 g Akazienhonig · 3 EL Zitronensaft
2 EL Marillengeist · 750 ml Apfelsaft · 60 g Perlsago

Zubereitung: 1 Std.
Pro Portion: 570 kJ/140 kcal
1 g E · 1 g F · 34 g KH

Ganz einfach

1 Beeren verlesen, mit kaltem Wasser abbrausen und abtropfen lassen. Nektarinen waschen, trockenreiben und in schmalen Spalten vom Kern schneiden.

2 Nektarinenspalten und die Beeren in einer Schale mit Honig, Zitronensaft und Marillengeist beträufeln, zugedeckt 30 Min. Saft ziehen lassen.

3 Inzwischen Apfelsaft und Sago aufkochen und 5–10 Min. bei schwacher Hitze köcheln, bis der Sago durchsichtig wird, lauwarm abkühlen lassen.

4 Obst behutsam unter die abgekühlte Grütze mischen und kalt stellen.

Tipp!
Dazu: Waffelröllchen und halb steif geschlagene Sahne oder eine Kugel Vanilleeis oder Zitronensorbet. Je nach Saison sind andere Beeren, Pfirsich- oder Birnenspalten, Melone, Kiwi und Ananas geeignet. Zusätzlich Aprikosen-, Apfel- oder Rhabarberstückchen mit dem Sago mitkochen.

Gestürzte rote Götterspeise

ZUTATEN FÜR 8 PERSONEN:
1 kg gemischte Beeren (Erd-, Him-, Johannis-, Heidelbeeren)
125 g Zucker · 12 Blatt weiße Gelatine · 400 ml schwarzer Johannisbeernektar
ca. 125 ml Apfelsaft

Zubereitung: 1 Std. 15 Min.
Kühlzeit: 6 Std.
Pro Portion: 690 kJ/170 kcal
2 g E · 1 g F · 41 g KH

Auch für Kinder

1 Beeren verlesen, waschen, zuckern. 1 Std. ziehen lassen. Gelatine 10 Min. in kaltem Wasser einweichen.

2 Saft von den Beeren mit Johannisbeernektar und Apfelsaft auf 800 ml auffüllen. Gelatine tropfnass bei schwacher Hitze auflösen. Mit 3–4 EL Saftmischung verrühren und in den Saft rühren.

3 Eine dekorative Form kalt ausspülen, einen Fingerbreit Saft einfüllen. Im Gefrierschrank fest werden lassen. Beeren und restlichen Saft darauf geben. Fest werden lassen.

4 Vor dem Servieren Gelee am Rand vorsichtig lösen (evtl. Form kurz in heißes Wasser tauchen) und stürzen. Dazu Vanillesauce reichen.

Tipp!
Die Götterspeise geliert mit TK-Beeren im Nu. Zucker dann in den Saft rühren.

Kefirkranz mit Erdbeeren

ZUTATEN FÜR 8 PERSONEN, FÜR 1 KRANZFORM VON 1,5 l:
10 Blatt weiße Gelatine
je 250 g Kefir und saure Sahne
2 EL Zucker · 500 g Maracuja-Trinkjoghurt · 500 g Erdbeeren (ersatzweise andere Beeren)
Erdbeeren und Zitronenmelisse zum Garnieren

Zubereitung: 15 Min.
Kühlzeit: 6 Std. 30 Min.
Pro Portion: 650 kJ/160 kcal
4 g E · 10 g F · 13 g KH

Kalorienarm · Ganz einfach

1 Gelatine 10 Min. in kaltem Wasser einweichen. Tropfnass bei schwächster Hitze auflösen, vom Herd nehmen. Kefir und saure Sahne löffelweise unterziehen, bis die Gelatine kühl ist. Restlichen Kefir, saure Sahne, Zucker und Joghurt auf einmal unterrühren.

2 Form mit kaltem Wasser ausspülen, ein wenig Kefir-Joghurt-Masse einfüllen, im Kühlschrank erstarren lassen.

3 Erdbeeren waschen, sehr gut abtropfen lassen, putzen. Größere Beeren halbieren oder vierteln. In die Form schichten, mit dem restlichen Kefir-Joghurt aufgießen. Im Kühlschrank 6 Std. gelieren lassen.

4 Zum Servieren den Kefirkranz am Rand vorsichtig lösen und stürzen. Üppig mit Erdbeeren und Zitronenmelisseblättchen garnieren.

Rotweinbirnen auf Baiser-Insel

ZUTATEN FÜR 8 PERSONEN:
1 l trockener Rotwein
100 g Gelierzucker · 3 Zimtstangen · 8 kleine Butterbirnen
250 g feiner Zucker
8 Eiweiße · 2 TL Zitronensaft
Fett für die Form

Zubereitung: 1 Std.
Kühlzeit: 12 Std.
Pro Portion: 1600 kJ/380 kcal
5 g E · 1 g F · 73 g KH

Gut vorzubereiten

1 Wein mit Gelierzucker und Zimtstangen offen 10 Min. köcheln lassen. Birnen schälen, die Stiele stehen lassen, in 15 Min. im Rotwein gar ziehen lassen, dabei einmal wenden. Birnen aus dem Topf heben, Rotwein zum Sirup einkochen, über die Birnen gießen und 12 Std. kalt stellen. Ein- bis zweimal wenden.

2 Eine Form (etwa 2,5 l Inhalt) einfetten, mit 2 EL feinem Zucker ausstreuen. Ofen auf 180° (Umluft 160°) vorheizen. Eine zweite größere Form etwa 5 cm hoch mit heißem Wasser füllen, in den Ofen (Mitte) stellen.

3 Eiweiße mit Zitronensaft sehr steif schlagen. Dabei restlichen Zucker einrieseln lassen. Schnee in die vorbereitete Form füllen und ins heiße Wasserbad stellen. 20–25 Min. backen, bis die Masse fest ist. Herausnehmen, ruhen lassen. Vorsichtig stürzen, erkalten lassen. Mit Birnen und Sud servieren.

Weincreme mit Trauben

ZUTATEN FÜR 8 PERSONEN:
6 Eier · 100 g Zucker
500 ml Weißwein (z. B. Gewürztraminer) · 125 ml weißer Traubensaft · 4 Blatt weiße Gelatine
200 g Sahne · 1 Päckchen Vanillezucker · 300 g kernlose Trauben (ersatzweise frische Feigen, Datteln, Birnen)

Zubereitung: 1 Std.
Kühlzeit: 12 Std.
Pro Portion: 1600 kJ/380 kcal
5 g E · 10 g F · 26 g KH

Gut vorzubereiten

1 Eier und Zucker schaumig schlagen. Nach und nach Wein und Traubensaft dazugeben. Gelatine in kaltem Wasser 10 Min. einweichen. Ein eiskaltes Wasserbad vorbereiten.

2 Wein-Eier-Masse in einen Topf geben. Unter ständigem Rühren mit dem Schneebesen bis kurz vor den Siedepunkt erhitzen. Einmal aufwallen lassen, sofort ins kalte Wasserbad stellen, weiterschlagen, damit das Ei nicht gerinnt.

3 Gelatine tropfnass zur heißen Creme geben, weiterschlagen, bis sie abkühlt, kühl stellen.

4 Sahne mit Vanillezucker steif schlagen. Trauben waschen, abzupfen.

5 Beginnt die Creme am Rand zu gelieren, Sahne und Trauben unterziehen. Creme in eine Schüssel füllen, im Kühlschrank 12 Std. fest werden lassen.

Zitronencreme

ZUTATEN FÜR 8 PERSONEN:
4 Zitronen (davon 1 unbehandelt)
ca. 400 ml trockener Weißwein
2 EL Speisestärke
150 g Zucker · 300 g Sahne

Zubereitung: 20 Min.
Kühlzeit: 2 Std.
Pro Portion: 900 kJ/220 kcal
2 g E · 10 g F · 28 g KH

Schnell · Ganz einfach

1 Unbehandelte Zitrone heiß waschen, trockentupfen, Schale mit einem Zestenreißer in Streifen abziehen. Alle Zitronen auspressen. Saft mit Wein auf 500 ml auffüllen.

2 Stärke mit Zucker und etwas Zitronenwein anrühren. Restlichen Wein zum Kochen bringen, angerührte Stärke unterrühren, 1 Min. kochen, dann abkühlen lassen.

3 Ist die Creme auf Zimmertemperatur abgekühlt, Sahne steif schlagen, unterziehen. Creme mit den Zitronenzesten garnieren.

Tipp!
Besonders cremig bindet Pfeilwurzelmehl (Naturkostladen) statt Speisestärke.

Varianten:
Statt Zitronen 4 Limetten und Sekt oder Champagner statt Wein verwenden. Auch Blutorangen eignen sich gut für diese Creme.

Zwetschen-Charlotte

ZUTATEN FÜR 12 PERSONEN:
2,5 kg Zwetschen
400 ml Rotwein · 100 g Zucker
1 Zimtstange · 8 Blatt weiße Gelatine · 500 g süßer Ricotta (ersatzweise Sahnequark)
250 g Pflaumenmus
600 g Sahne · 200 g Amaretti (ital. Mandelkekse)
4 cl Zwetschenwasser
1 Päckchen Vanillezucker

Zubereitung: 1 Std. 30 Min.
Kühlzeit: 5 Std.
Pro Portion: 1900 kJ/450 kcal
8 g E · 22 g F · 53 g KH

Gut vorzubereiten

1 Zwetschen waschen, halbieren, entsteinen und in Wein, Zucker und Zimt bei schwacher Hitze 3 Min. dünsten, abkühlen. Gelatine 10 Min. einweichen. Ricotta und Pflaumenmus verrühren.

2 20 schöne Zwetschenhälften zum Garnieren beiseite legen. Die Hälfte der übrigen grob hacken, zur Creme geben. Vom Pflaumensud 100 ml abmessen, Kompott kalt stellen.

3 Gelatine tropfnass bei schwacher Hitze auflösen, mit dem Pflaumensud verrühren. Unter die Creme rühren, kalt stellen. 500 g Sahne steif schlagen, unterziehen, wenn die Creme zu gelieren beginnt.

4 Schüssel (etwa 2 l Inhalt) kalt ausspülen, mit Amaretti auslegen. Diese mit Zwetschenwasser tränken. Creme einfüllen, mindestens 5 Std. kalt stellen.

5 Charlotte stürzen. Übrige Sahne mit Vanillezucker steif schlagen. Kuppel mit Zwetschenhälften und Sahne garnieren. Kompott um die Charlotte herum verteilen.

Welfenspeise

ZUTATEN FÜR 8 PERSONEN:
1 Vanilleschote · 750 ml Milch
1 Prise Salz · 180 g Zucker
60 g Speisestärke · 4 Eier
2 EL Zitronensaft
300 ml trockener Weißwein
50 g Makronen

Zubereitung: 35 Min.
Kühlzeit: 3 Std.
Pro Portion: 1100 kJ/260 kcal
7 g E · 8 g F · 37 g KH

Etwas aufwändiger

1 Vanilleschote längs aufschneiden. 4–5 EL Milch mit Salz, 60 g Zucker und 50 g Stärke anrühren. Restliche Milch mit der Vanilleschote aufkochen. Milch-Stärke-Mischung unter Rühren zugießen. 1 Min. bei schwacher Hitze kochen lassen, vom Herd nehmen. Schote entfernen. Eier trennen. Eiweiße steif schlagen, unter die heiße Creme ziehen. Unter gelegentlichem Rühren erkalten lassen.

2 Eigelbe mit restlichem Zucker schaumig schlagen. Restliche Stärke, Zitronensaft und Wein mischen und langsam unter die Eigelbmasse rühren. Im heißen Wasserbad bis kurz unter den Siedepunkt aufschlagen.

3 Sauce über die Creme gießen, erkalten lassen, mit Makronen garnieren.

Tipp!
Statt Wein Traubensaft mit dem Saft von 1 Zitrone mischen.

Rot-Gelbe Marquises

ZUTATEN FÜR 8 PERSONEN:
250 g Aprikosen · 250 g Himbeeren · 5 Blatt weiße Gelatine
2 sehr frische Eier
4 sehr frische Eigelbe
200 g Zucker
600 ml warme Milch
2 EL Zitronensaft · 250 g Sahne

Zubereitung: 40 Min.
Kühlzeit: 6 Std.
Pro Portion: 1200 kJ/300 kcal
7 g E · 14 g F · 37 g KH

Gut vorzubereiten

1 Obst waschen bzw. verlesen, getrennt fein pürieren und durch ein Sieb streichen, je ein Fünftel beiseite stellen. Gelatine in kaltem Wasser einweichen. Eier trennen. Alle Eigelbe mit 150 g Zucker weiß-cremig schlagen, Milch dazugeben. Im heißen Wasserbad unter ständigem Rühren bis kurz unter den Siedepunkt erhitzen, nicht kochen. Vom Herd nehmen.

2 Gelatine tropfnass in der heißen Creme auflösen, Zitronensaft einrühren. Die Masse halbieren. Zur einen Hälfte Himbeer-, zur anderen Aprikosenpüree geben. 8 Förmchen (125 ml Inhalt) je halb und halb damit füllen. Gelieren lassen.

3 Kurz vorm Servieren die Marquises stürzen. Eiweiße mit restlichem Zucker steif schlagen. Sahne unterziehen, die Marquises damit überziehen. Mit Fruchtpüree garnieren.

Marzipan-Früchte-Chaudeau

ZUTATEN FÜR 8 PERSONEN:
1 kg frische Kirschen (ersatzweise 700 g Kirschen aus dem Glas) · 60 g Zucker · 750 g frische Pfirsiche (ersatzweise 1 große Dose Pfirsiche) · 1 Stück unbehandelte Zitronenschale
40 g Mandelblättchen · 6 Eier
200 g Marzipanrohmasse
1 gehäufter EL Puderzucker
2 EL Speisestärke · 750 ml Milch

Zubereitung: 45 Min.
Pro Portion: 1600 kJ/ 370 kcal
11 g E · 14 g F · 54 g KH

Raffiniert

1 Kirschen waschen, entsteinen. In wenig Wasser mit 2 EL Zucker 3 Min. bei mittlerer Hitze dünsten, abtropfen lassen, kalt stellen. Pfirsiche überbrühen, häuten. In Spalten schneiden, entsteinen. Mit wenig Wasser, restlichem Zucker und Zitronenschale 3 Min. bei mittlerer Hitze dünsten, abtropfen lassen. Mandelblättchen trocken rösten.

2 4 Eier trennen. Eiweiße sehr steif schlagen. Restliche ganze Eier mit den Eigelben, Marzipan, Puderzucker und Stärke in einem Topf cremig schlagen. Nach und nach die Milch hinzufügen. Unter ständigem Schlagen bis zum Siedepunkt bringen, kurz aufwallen lassen. Heiße Masse unter Schlagen in den Eischnee rühren. Obst mit Mandeln bestreuen, heißen Chaudeau dazu servieren.

Vanille-Bavaroises mit Kiwimark

ZUTATEN FÜR 8 PERSONEN, FÜR 8 FÖRMCHEN (200 ml):
6 Blatt weiße Gelatine
2 cl Weißwein · 6 sehr frische Eigelbe · 80 g Zucker
2 Päckchen Vanillezucker
500 g Sahne · 6 reife Kiwis
2 EL heller Honig

Zubereitung: 40 Min.
Kühlzeit: 6 Std.
Pro Portion: 1300 kJ/320 kcal
4 g E · 20 g F · 31 g KH

Gut vorzubereiten

1 Gelatine in kaltem Wasser 10 Min. einweichen. Tropfnass mit Weißwein auflösen. Eigelbe mit Zucker und Vanillezucker weiß-cremig schlagen. Sahne steif schlagen. Aufgelöste Gelatine mit etwas Sahne mischen, unter die Eiercreme rühren, restliche Sahne unterziehen.

2 Creme in die Förmchen füllen und 6 Std. im Kühlschrank gelieren lassen.

3 Kiwis schälen, grob zerkleinern, pürieren, evtl. durch ein Sieb streichen. Mit Honig abschmecken. Bavaroises stürzen und mit dem Kiwimark servieren.

Tipp!
Wollen Sie keine rohen Eigelbe verwenden, schlagen Sie Eigelbe und Zucker im heißen Wasserbad bis kurz unter den Siedepunkt. Gelatine darin auflösen, nach dem Erkalten Sahne und Weißwein unterziehen.

Erdbeer-Joghurt-Mousse

ZUTATEN FÜR 6 PERSONEN:
750 g Erdbeeren (wahlweise Himbeeren) · 3 EL Orangensaft 120 g Zucker · 450 g Vollmilchjoghurt · 9 Blatt weiße Gelatine 375 g Sahne

Zubereitung: 30 Min.
Kühlzeit: 3 Std.
Pro Portion: 1300 kJ/320 kcal
5 g E · 19 g F · 35 g KH

Gelingt leicht

1 Erdbeeren waschen, einige schöne zum Garnieren beiseite legen. Restliche Erdbeeren mit Orangensaft, Joghurt und Zucker schaumig pürieren.

2 Gelatine 10 Min. in kaltem Wasser einweichen, tropfnass bei schwacher Hitze auflösen. Löffelweise Erdbeermasse einrühren, bis die Gelatine abgekühlt ist, dann Rest der Erdbeermasse unterrühren. Kalt stellen, bis die Masse zu gelieren beginnt.

3 Sahne steif schlagen und mit dem Schneebesen gleichmäßig unterziehen. Mousse ganz fest werden lassen.

4 Mit zwei Löffeln Nocken abstechen und mit den restlichen Erdbeeren auf Tellern anrichten.

Variante:
Mit Löffelbiskuits Innenrand einer Form auskleiden, Creme hineinfüllen. Erstarren lassen, stürzen, mit Beeren und Sahne garnieren.

Mousse au chocolat mit Maracuja

ZUTATEN FÜR 12 PERSONEN, FÜR 1 KASTENFORM (2 l):
je 150 g Zartbitter- und Vollmilchschokolade · 6 Blatt weiße Gelatine · 300 g Crème double · 3 EL Zucker · 4 cl Amaretto · 200 g Sahne · 250 g Kapstachelbeeren (Physalis) · 2 EL Speisestärke · 250 ml Maracujanektar · 150 ml Maracujasirup · 1 Msp. abgeriebene unbehandelte Zitronenschale

Zubereitung: 40 Min.
Kühlzeit: 3 Std.
Pro Portion: 1200 kJ/ 280 kcal
2 g E · 18 g F · 27 g KH

Klassiker

1 Schokolade grob zerteilt im Wasserbad schmelzen. Gelatine 10 Min. einweichen, Crème double mit Zucker und Amaretto verrühren. Gelatine bei schwacher Hitze auflösen, unterrühren. Mit steif geschlagener Sahne unter die Schokolade ziehen.

2 Form kalt ausspülen, Mousse einfüllen, in 3 Std. fest werden lassen.

3 Kapstachelbeeren bis auf 12 aus den Hüllen lösen, in feine Spalten schneiden. Stärke mit etwas Maracujanektar anrühren. Restlichen Nektar erhitzen, Stärke einrühren, aufkochen lassen. Abgekühlt mit Sirup und Zitronenschale abschmecken, Fruchtspalten zugeben.

4 Mousse stürzen. In Scheiben mit Sauce und restlichen Beeren anrichten.

Tartuffo

ZUTATEN FÜR 10 PERSONEN, FÜR 10 FÖRMCHEN (125 ml):
400 g Zartbitterschokolade
1 kg Sahne
100 g Vollmilchschokolade
20 Amarenakirschen
10 cl Cherry-Brandy
Kakaopulver

Zubereitung: 20 Min.
Kühlzeit: 8 Std.
Gefrierzeit: 5 Std.
Pro Portion: 3200 kJ/760 kcal
9 g E · 41 g F · 99 g KH

Braucht etwas Zeit

1 Zartbitterschokolade grob zerkleinern. In der Sahne schmelzen lassen. Für 8 Std. kalt stellen.

2 Vollmilchschokolade fein reiben. Schokosahne steif schlagen, Schokoraspel unterheben.

3 Um die Förmchen eine Manschette aus doppelt gefaltetem Pergamentpapier legen, die einige Zentimeter über den Rand ragt, mit Klebeband fixieren. Förmchen gut vorkühlen.

4 Förmchen zu einem Drittel füllen, in den Gefrierschrank stellen. Nach 1 Std., wenn das Eis fester ist, Mitte aushöhlen, je 2 Amarenakirschen und 1 EL Brandy hineingeben. Restliche Schokosahne darauf verteilen, mindestens 4 Std. gefrieren lassen.

5 Zum Servieren die Papiermanschette entfernen und die Oberfläche großzügig mit Kakaopulver bestäuben.

Zweierlei Sorbets

ZUTATEN FÜR 8 PERSONEN:
1 frische Ananas · 50 ml weißer Rum · 150 g Puderzucker · 2 Eiweiße · 1 große Dose Aprikosen (480 g Abtropfgewicht) · 100 ml Maracujasirup · 75 g Kleehonig

Zubereitung: 25 Min.
Gefrierzeit: 3 Std.
Pro Portion: 770 kJ/180 kcal
1 g E · 0 g F · 43 g KH

Gelingt leicht

1 Ananas schälen, putzen, 350 g Fruchtfleisch im Mixer pürieren, Rum zugeben und Puderzucker darin auflösen. Restliche Ananas in kleine Stücke schneiden.

2 Eiweiße steif schlagen, mit Ananaspüree vermischen und in eine flache Auflaufform geben. Für etwa 3 Std. in den Gefrierschrank stellen. Mindestens einmal pro Stunde durchrühren.

3 In der Zwischenzeit 1 Aprikose in acht schöne Spalten schneiden, zur Seite legen. Restliche Aprikosen fein pürieren. Maracujasirup, Aprikosenpüree und Honig verrühren. In einer zweiten flachen Auflaufform 3 Std. einfrieren, einmal pro Stunde durchrühren.

4 Kurz vor dem Servieren die Sorbets getrennt voneinander in einer Küchenmaschine oder mit einem Pürierstab cremig rühren.

5 Mit einem Spritzbeutel in vorgekühlte Gläser spritzen, mit den zurückgelegten Ananasstückchen und Aprikosenspalten garnieren.

Schwarzwälder Kirscheisbombe

ZUTATEN FÜR 6 PERSONEN, FÜR 1 SCHÜSSEL (1 l):
100 g Kirschen (aus dem Glas)
2 cl Kirschwasser · 30 g Baisers
je 400 g Kirsch- und Vanilleeis
30 g backfertige Mohnmischung, gesüßt und gemahlen (ersatzweise Schokoraspeln)
geschlagene Sahne
Zitronenmelisse, einige Cocktail- oder Kaiserkirschen zum Garnieren

Zubereitung: 45 Min.
Marinierzeit: 1 Std.
Gefrierzeit: 4 Std.
Pro Portion: 1100 kJ/260 kcal
4 g E · 16 g F · 24 g KH

Gut vorzubereiten

1 Kirschen etwa 1 Std. mit dem Kirschwasser marinieren. Baisers zerdrücken.

2 Kirscheis in grobe Stücke schneiden, mit dem Handrührgerät kurz durchrühren, die Baiserbrösel unterziehen. Eine kuppelförmige Schüssel gleichmäßig dick damit ausstreichen, mindestens 1 Std. gefrieren lassen.

3 200 g Vanilleeis cremig rühren, marinierte Kirschen unterziehen, als zweite Schicht auf das Kirscheis auftragen, wieder 1 Std. gefrieren lassen.

4 Restliches Vanilleeis cremig rühren, Mohnmasse unterziehen und die Mitte damit füllen. (Reicht's nicht ganz, Form mit cremigem Kirscheis auffüllen und glatt streichen.)

5 Bis zum Servieren ins Tiefkühlgerät stellen. Vor dem Auftragen die Form kurz in warmes Wasser halten, stürzen. Mit Sahnetuffs, Zitronenmelisse und Kirschen garnieren.

Pfirsich-Quark-Schichtspeise

ZUTATEN FÜR 12 PERSONEN:
1,5 kg Pfirsiche
750 g Magerquark
250 ml Orangensaft
200 g Marzipanrohmasse
300 g Sahne · 3 EL Zucker
150 g Zwieback
50 g Mandelblättchen
350 g Himbeeren

Zubereitung: 25 Min.
Ruhezeit: 1 Std.
Pro Portion: 1600 kJ/370 kcal
13 g E · 18 g F · 46 g KH

Gut vorzubereiten

1 Pfirsiche kochend heiß überbrühen, häuten und in Spalten schneiden.

2 Quark mit Orangensaft, Marzipan, Sahne und Zucker cremig rühren.

3 Zwieback in einer Plastiktüte zerdrücken, Mandeln trocken rösten, abkühlen lassen, 1 EL beiseite legen, den Rest mit den Zwiebackbröseln mischen.

4 Im Wechsel Bröselmix, Himbeeren, Pfirsichspalten und Quark einschichten. Mit Quark abschließen, mit Pfirsichen, Mandelblättchen und Himbeeren garnieren.

Tipp!

Diese Schichtspeise schmeckt auch mit anderen Beeren und Melonen oder Nektarinen. Im Winter passt Kompott von Aprikosen oder Ananas.
Probieren Sie statt Zwieback Löffelbiskuits oder Amaretti.

Tiramisu

ZUTATEN FÜR 10 PERSONEN:
200 g Sahne
2 Päckchen Vanillezucker
100 g Zucker · 250 g Quark
250 g Mascarpone
200 g Löffelbiskuits
(ca. 35 Stück) · knapp 250 ml
kalter Espresso
125 ml Kaffeelikör
Kakaopulver zum Bestäuben

Zubereitung: 20 Min.
Kühlzeit: mind. 3 Std.
Pro Portion: 1600 kJ/370 kcal
6 g E · 22 g F · 33 g KH

Spezialität aus Italien · Ohne Ei

1 Sahne mit dem Vanillezucker steif schlagen. Zucker mit Quark und Mascarpone glatt rühren, die Sahne unterheben.

2 Eine große flache Schale mit einer Lage Löffelbiskuits (die Hälfte) auslegen. Kalten Espresso und Likör vermischen, mit der Hälfte der Mischung die Biskuits löffelweise tränken. Die Hälfte der Mascarponecreme auf den getränkten Biskuits verteilen und verstreichen.

3 Restliche Biskuits leicht in die Creme drücken, mit dem übrigen Espresso-Likör-Gemisch tränken. Restliche Creme in der Form verteilen, Oberfläche glatt streichen.

4 Abgedeckt im Kühlschrank am besten über Nacht, mindestens aber 3 Std. durchziehen lassen. Vor dem Servieren üppig mit Kakaopulver bestreuen.

Grapefruit-Sabayon

ZUTATEN FÜR 8 PERSONEN:
6 Grapefruits · 100 ml Rum
4 ganz frische Eigelbe · 150 g Zucker · evtl. Grapefruitsaft
250 g Sahne · 300 g Lebkuchen (wahlweise Kuchenreste)
etwas Zitronensaft
frische Minze zum Garnieren

Zubereitung: 40 Min.
Marinierzeit: 1 Std.
Pro Portion: 1700 kJ/420 kcal
6 g E · 17 g F · 56 g KH

Raffiniert

1 Grapefruits heiß waschen, bis ins Fruchtfleisch schälen, filetieren. Saft dabei auffangen. 8 Filets zum Garnieren beiseite legen, die übrigen je nach Größe dritteln oder vierteln. In Rum 1 Std. marinieren.

2 Für das Sabayon Eigelbe mit Zucker und 200 ml aufgefangenem Grapefruitsaft im heißen Wasserbad cremig aufschlagen. Sobald das Sabayon aufwallt, im kalten Wasserbad weiterschlagen. Ist das Sabayon abgekühlt, Sahne steif schlagen, unterziehen. Bis zum Anrichten kalt stellen.

3 Lebkuchen fein zerbröseln. Ränder der Dessert-Gläser (Martinigläser) erst in Zitronensaft, dann in Lebkuchenbrösel tauchen.

4 In die Gläser im Wechsel Lebkuchenbrösel, marinierte Früchte und Sabayon einschichten. Mit Grapefruitfilets und Minze garnieren.

Crème caramel à l'orange

ZUTATEN FÜR 8 PERSONEN, FÜR 8 FEUERFESTE FÖRMCHEN VON JE 150 ml INHALT:
4 Orangen · 220 g Zucker
2 EL Orangenlikör
1 TL abgeriebene unbehandelte Orangenschale
4 Eier · 500 ml Milch

Zubereitung: 1 Std. 20 Min.
Pro Portion: 910 kJ/220 kcal
6 g E · 4 g F · 42 g KH

Klassiker

1 Orangen heiß waschen, bis ins Fruchtfleisch schälen, Filets auslösen, den austretenden Saft dabei auffangen.

2 90 g Zucker mit Likör, 6 EL Wasser und aufgefangenem gesiebtem Saft in einer kleinen Pfanne erhitzen und unter Rühren karamellisieren lassen. Den Orangenkaramell sofort in die Förmchen verteilen, rundum ausschwenken.

3 Ofen auf 200° (Umluft 180°) vorheizen, tiefes Backblech mit heißem Wasser füllen. Den übrigen Zucker mit Orangenschale und Eiern schaumig schlagen, Milch unterrühren. Eier-Milch in die Förmchen gießen, im Ofen (Mitte) im heißen Wasserbad in 40 Min. stocken lassen.

4 Heiße Cremes sofort auf Dessertteller stürzen, mit einigen Orangenfilets garnieren. Restliche Orangenstücke um die Creme im Sirup verteilen, kalt stellen.

Schokosahne auf Ananas

ZUTATEN FÜR 10 PERSONEN:
100 g Vollmilchkuvertüre
500 g Schlagsahne · 5 cl Kirschwasser · 1 große Dose Ananas
100 g Zartbitter-Schokoraspel
Schokoladenblätter zur Deko

Zubereitung: 60 Min.
Pro Portion: 1200 kJ/28 kcal
2 g E · 19 g F · 27 g KH

Ganz einfach · Raffiniert

1 Kuvertüre grob hacken, in Sahne bei schwacher Hitze schmelzen, aufkochen, 1 EL Kirschwasser zugeben, kalt stellen. Ananas abtropfen lassen, mit dem übrigen Kirschwasser marinieren.

2 Schokosahne steif schlagen, Raspel unterziehen. Ananas auf die Teller geben, mit Schokosahne und Schokoblättchen garnieren.

Pistazienpudding

ZUTATEN FÜR 10 PERSONEN:
10 Blatt weiße Gelatine
75 g Pistazien · 600 ml erwärmte Milch · 300 g Marzipanrohmasse · 4 cl Amaretto · grüne Speisefarbe · 300 g Sahne

Zubereitung: 15 Min.
Kühlzeit: 6 Std.
Pro Portion: 1200 kJ/280 kcal
3 g E · 15 g F · 18 g KH

Ganz einfach · Raffiniert

1 Gelatine einweichen. 65 g Pistazien hacken. Gelatine in Milch auflösen, mit gehackten Pistazien, Marzipanstücken, Amaretto und Speisefarbe aufschlagen. 30 Min. kalt stellen.

2 Sahne steif schlagen, unterheben und in eine Gugelhupfform füllen, kalt stellen. Stürzen, mit übrigen Pistazien bestreuen.

Petits Fours

ZUTATEN FÜR 40 STÜCK, FÜR 1 SPRINGFORM (26 cm Ø):
4 Eier · 150 g Zucker
100 g Mehl · 50 g Speisestärke
1 gehäufter TL Backpulver
1/2 TL abgeriebene unbehandelte Zitronenschale
400 g Marzipanrohmasse
4 EL Amaretto
250 g Johannisbeerkonfitüre
250 g Aprikosenkonfitüre
350 g Puderzucker
5–7 EL Zitronensaft
Fett und Mehl für die Form
Lebensmittelfarbe
Zuckerdeko

Zubereitung: 3 Std.
Kühlzeit: 1 Std.
Pro Portion: 700 kJ/160 kcal
12 g E · 2 g F · 33 g KH

Braucht etwas Zeit

1 Form fetten, mehlen. Ofen auf 200° vorheizen.

2 Eier trennen. Eiweiß steif schlagen. Eigelbe, Zucker, 4 EL warmes Wasser schaumig schlagen. Mehl, Stärke, Backpulver und Zitronenschale unterrühren, Eiweiße unterheben. Teig in der Form glatt streichen, im Ofen (Mitte, Umluft 180°) 35 Min. backen. Stürzen, auf einem Gitter auskühlen lassen und quer in drei Böden teilen.

3 Marzipan mit Amaretto verkneten, in Kuchengröße ausrollen. Einen Boden damit belegen, den zweiten aufsetzen. Johannisbeerkonfitüre glatt rühren, zweiten Boden damit bestreichen. Letzten Boden aufsetzen, andrücken, in kleine Rauten, Würfel oder Rechtecke teilen. Rundum mit Aprikosenkonfitüre bestreichen, antrocknen lassen.

4 Puderzucker mit Zitronensaft verrühren, evtl. zum Teil einfärben. Petits Fours damit überziehen und dekorieren.

Variante: Schoko-Petits-Fours

Teig wie oben herstellen, 40 g Mehl durch 20 g Kakao und 30 g geriebene Haselnüsse ersetzen. Für die Vanillecreme 500 ml Milch, 1 Päckchen Vanillepuddingpulver und 4 Päckchen Vanillezucker kochen, abkühlen, 100 g Crème double zugeben, auf den unteren Boden streichen. Zweiten Boden auflegen, 250 g Aprikosenkonfitüre aufstreichen, letzten Boden auflegen, mit 250 g Aprikosenkonfitüre überziehen. Eine Mischung aus 20 g Kokosfett und je 200 g flüssiger Zartbitter- und weißer Kuvertüre auftragen. Dekorieren.

Tipp!

Dazu passen Mini-Frucht-Torteletts und Windbeutel. In den Tortelett-Teig (S. 125) 1 EL Zucker einarbeiten. Mit etwas Vanillecreme (Schoko-Petits-Fours) bestreichen, mit Obst belegen. Mit Tortenguss überziehen. 15 Windbeutel aus Brandteig (S. 124) backen. Mit Mousse au chocolat (S. 197), Zitronencreme (S. 193) oder Erdbeer-Joghurt-Mousse (S. 197) füllen.

Äpfel mit Häubchen

ZUTATEN FÜR 6 PERSONEN:
6 rechteckige Scheiben TK-Blätterteig (450 g)
6 kleine Boskop-Äpfel · 4 EL Zitronensaft · 6 frische Datteln
50 g Pecannüsse (wahlweise Walnüsse) · Backpapier für das Blech · 1 Eigelb zum Bestreichen · evtl. Puderzucker zum Bestäuben

Zubereitung: 30 Min.
Pro Portion: 2300 kJ/560 kcal
7 g E · 34 g F · 60 g KH

Schnell · Ganz einfach

1 Ofen auf 220° (Umluft 200°) vorheizen. Backblech mit Backpapier belegen. Blätterteig auftauen, Platten quer halbieren.

2 Äpfel waschen, Kerngehäuse ausstechen, mit 2 EL Zitronensaft beträufeln. Datteln entsteinen, würfeln, mit restlichem Zitronensaft beträufeln. Nüsse trocken rösten, hacken, mit den Datteln in die Äpfel füllen.

3 Aus den Teigplatten 12 Kreise ausstechen (etwas größerer Durchmesser als Äpfel). Äpfel auf 6 Kreise setzen, restliche Kreise mit etwas Eigelb bestreichen. Aus Teigresten 6 Ränder formen, um die Apfelkreise legen, mit Ei bestreichen. Übrige Kreise als Deckel aufsetzen. Aus Teigresten Verzierungen formen, aufsetzen, mit Ei bepinseln.

4 Im Ofen (Mitte) 15 Min. backen. Evtl. mit Puderzucker bestäubt servieren.

Obstcarrés

ZUTATEN FÜR 24 PERSONEN:
4 Eier · 200 g Zucker
3 Päckchen Vanillezucker
100 g Mehl · 90 g Stärke
1 TL Backpulver · 1 Prise Salz
750 ml Milch · 250 g Sahne
etwa 1,2 kg vorbereitete Früchte der Saison: Beeren, Melonenkugeln, Trauben, Pfirsich-, Nektarinen-, Mangospalten, Kiwi-, Orangenscheiben
Backpapier für das Blech
Puderzucker zum Bestäuben

Zubereitung: 55 Min.
Pro Portion: 610 kJ/150 kcal
13 g E · 5 g F · 23 g KH

Dekorativ

1 Ofen auf 200° (Umluft 180°) vorheizen. Blech mit Backpapier auslegen. Eier mit 4 EL heißem Wasser, 120 g Zucker und 1 Päckchen Vanillezucker schaumig schlagen. Mehl, 30 g Stärke, Backpulver, Salz vermischen, auf die Eimasse sieben, unterheben.

2 Teig auf das Blech geben, im Backofen (Mitte) 10–15 Min. backen. Stürzen, Papier abziehen.

3 1 Tasse Milch mit übriger Stärke und Vanillezucker verrühren. Restliche Milch aufkochen, unter Rühren Stärke zugeben, 2 Min. kochen. Vom Herd nehmen, übrigen Zucker und Sahne zugeben, auskühlen lassen. Kuchen damit bestreichen.

4 Kuchen in 24 Carrés teilen und dicht mit je einer Obstsorte belegen, mit Puderzucker bestäuben.

Käse-Schoko-Kuchen

ZUTATEN FÜR 16 PERSONEN, FÜR 1 SPRINGFORM (26 cm Ø):
225 g Mehl · 150 g Butter
200 g Zucker · 1 Msp. abgeriebene unbehandelte Zitronenschale · 1 Prise Salz · 3 Eier
750 g Sahnequark · 20 g Speisestärke · 1/2 TL Vanillearoma
20 g Kakaopulver · 2 EL Rum
Fett für die Form · Hülsenfrüchte zum Blindbacken

Zubereitung: 2 Std. 15 Min.
Pro Portion: 1200 kJ/290 kcal
8 g E · 16 g F · 28 g KH

Raffiniert

1 Mehl, Butter, 75 g Zucker, Zitronenschale und Salz verkneten, 1 Std. ruhen lassen.

2 Ofen auf 200° (Umluft 180°) vorheizen. Form fetten. Mit dem Teig auslegen, einen Rand hochziehen. Boden mehrfach einstechen. Mit Pergamentpapier und Hülsenfrüchten abdecken. Im Ofen (Mitte) 15 Min. vorbacken und ohne Papier und Hülsenfrüchte ausdampfen lassen.

3 Eier und 125 g Zucker cremig rühren. Quark und Stärke einrühren, die Masse teilen. Eine Hälfte mit Vanille würzen, die andere mit Kakao und Rum verrühren.

4 Erst Schoko-, dann Vanillequark auf dem Boden verteilen, marmorieren. Kuchen 10 Min. weiterbacken, dann bei 150° in 35 Min. fertig backen.

Frucht-Savarin

ZUTATEN FÜR 6 PERSONEN, FÜR 1 SAVARINFORM (22 cm Ø):
6 Eier · 130 g Zucker
130 g geriebene Haselnüsse
1 Zitrone · etwa 100 ml Orangensaft · 2 EL Akazienhonig
300 g gemischtes Obst (z. B. Erd-, Johannis-, Himbeeren, Kiwis, Orangen, Weintrauben)
300 g Eiscreme (z. B. Frucht-, Vanille- oder Schokoladeneis)
Fett und Mehl für die Form

Zubereitung: 1 Std. 20 Min.
Kühlzeit: 2 Std.
Pro Portion: 1300 kJ/300 kcal
7 g E · 8 g F · 53 g KH

Dekorativ

1 Ofen auf 180° (Umluft 160°) vorheizen. Form einfetten und mehlen.

2 Eier trennen. Eigelbe mit 100 g Zucker schaumig schlagen. Eiweiße mit restlichem Zucker steif schlagen. Nüsse und Eischnee unter die Eigelbmasse ziehen. Teig in die Form füllen, 55 Min. im Ofen (Mitte) backen.

3 Zitrone auspressen und mit Orangensaft auf 125 ml auffüllen. Mit Honig mischen, heißen Savarin damit tränken, erkalten lassen.

4 Obst waschen, putzen und große Früchte zerkleinern. Beeren und Eiscreme in Kugeln in der Mitte des Savarins anrichten, gleich servieren.

Tipp!
Sie können auch Rum oder Cointreau verwenden.

Vom Drink bis zum Empfang

Wer »auf ein Gläschen«, zum Umtrunk, Cocktail oder Empfang bittet, mag es unkompliziert und zwanglos. Bei diesen meist als Stehparties ausgerichteten Anlässen plaudern die Gäste bei einem guten Drink, auch nichtalkoholisch, und genießen Knabberzeug oder kleine pikante Häppchen und Kanapees. Dieses Fingerfood wird meist auf Tabletts präsentiert und mit der Hand gegessen, deshalb genügend Servietten anbieten. Bei Empfängen gibt es auch schon mal Tellergerichte, dann Geschirr und Besteck bereitstellen.

»Auf ein Gläschen«

... heißt es meist vor oder nach einer gemeinsam besuchten Veranstaltung. Oft ist es auch ein willkommener Anlass, Freunde und Bekannte in lockerem Rahmen mal wiederzusehen.

Auf ein Gläschen

- Einladung: mündlich oder telefonisch
- 4–10 Gäste
- Formloser Rahmen, genügend Sitzplätze
- Abends, auch vor oder nach einer Veranstaltung
- Wein, Bowle, Punsch
- Pikantes Gebäck, Knabberzeug, evtl. Teller und Gabeln

... was gibt's zu essen?
Bitten Sie zu einem Drink, reichen Sie einfach Knabberzeug, einen Teller appetitliches rohes Gemüse mit einem Dip oder Mixed Pickles. Bei einer Einladung zum Wein können Sie die folgenden Kleinigkeiten anbieten: Zwiebel- oder Flammkuchen (S. 120), Schinkenhörnchen (S. 124), Pikante Torteletts (S. 125), Country Pie (S. 118), Tunfisch-Zopf (S. 122). Schnell gemacht ist auch eine Käseplatte (S. 20).

Blitz-Tipp

Das macht kaum Arbeit: ein wirklich hervorragendes frisches Weißbrot in große Würfel schneiden, dazu Oliven und Käsewürfel stellen, mit Sticks zum Aufspießen.

Der kleine Umtrunk

In der Arbeitswelt ist der Umtrunk die Tagesvariante von »Auf ein Gläschen«. Aus- und Einstand, Geburtstag und kleine Jubiläen werden so im Betrieb mit den Kollegen gefeiert. Wichtig: Er sollte nie länger als 1–11/2 Stunden dauern oder aber in den Feierabend verlängert werden. So ersparen Sie sich Ärger.
Bringen Sie zum Umtrunk etwas Selbstgemachtes mit, z. B.:

- Matjes-Tatar (S. 57), Pilz- und Tomatenbutter (S. 105), Lebermousse mit Sherry-Gelee (S. 107) und dazu frisches Bauernbrot.
- Riesenterrine mit Pilzen (S. 111) und Baguette, dazu rohes Gemüse mit einem Dip.
- Pikantes Gebäck (siehe »Auf ein Gläschen«).

Cocktail: zwischen Tee und Dinner

Das war der Hit der 50er Jahre und liegt auch heute, ein wenig entstaubt, wieder voll im Trend, vor allem, wenn Sie viele (ab 12) Personen einladen wollen. Zum Cocktail bitten Sie am besten am späten Nachmittag oder frühen Abend auf 2–3 Stunden. Sie können diese Zeitspanne schon auf der Einladung angeben, z. B.: »... zum Cocktail von 18.00–20.00 Uhr« oder entsprechend später. Beginnen Sie jedoch möglichst nicht nach 19.30 Uhr. Ihre Gäste werden vermutlich nach und nach eintreffen, mit einem Boom etwa 1 Stunde nach dem »offiziellen Startschuss«.
Einladungen bis zu 25 Personen können Sie zu zweit meistern. Werden es mehr Gäste, ist es sinnvoll, wenn Sie Unterstützung haben, die sich um den Ausschank der Getränke kümmert. Erwarten Sie mehr als 25 Gäste und wollen Sie das Fingerfood vielseitiger gestalten, engagieren Sie Hilfen, die Sie entlasten (siehe S. 8).

Cocktail

- Einladung: schriftlich 2–4 Wochen vorher
- 12–? Gäste
- Viel Stehfläche, wenig bis keine Sitzplätze
- Beginn ab 18 Uhr bis spätestens 19.30 Uhr, Dauer 2–3 Stunden
- Einfache Cocktails, Sekt, Wein, Soft Drinks
- Knabberzeug und Häppchen auf Tabletts mit Serviettenstapeln serviert
- Kleidung sportlich bis elegant

... was gibt's zu trinken?
Ein Hauscocktail oder Longdrink genügt bei größeren Einladungen. Ideal sind z. B. Bellini (S. 35), Sekt-Orange (S. 34), Kir (S. 33) oder Campari Soda. Als Alternative bieten Sie noch Weißwein, Rosé oder einen Sekt, Crémant sowie Prosecco an. In Reserve haben Sie natürlich auch Bier, Tonic, Ginger Ale oder Bitter Lemon, viel Mineralwasser und Fruchtsäfte. Klassische Cocktails machen etwas mehr Arbeit, kosten Zeit und machen Ihre Gäste schnell fahruntüchtig. Bei einem kleinen Gästekreis evtl. einige Klassiker anbieten (s. unter Cocktailvorschläge S. 33–39).

... was gibt's zu essen?
Je bunter und üppiger die Cocktails und Longdrinks sind, desto bescheidener darf das Essen ausfallen. Die schlichte Version: Richten Sie auf einem Tablett salzige Nüsse, geräucherte Mandeln, appetitliches rohes Gemüse mit einem Dip an, Guacamole (S. 102), mit Taco-Chips, Salz- und Käsegebäck, Oliven und eingelegte Pilze. Cocktailservietten nicht vergessen.

Die üppige Version: Gut vorzubereiten, allerdings auch etwas zeitaufwändiger sind kalte Kanapees.
Schnell gezaubert haben Sie heiße Sachen vom Blech. Am besten vorbereiten und kurz vor dem Servieren bei 220° (Mitte, Umluft 200°) etwa 4 Min. aufbacken, in mundgerechte Häppchen schneiden und auf Tabletts anrichten.

- Sind die Getränke schlichter, werden die »Appetizer« wichtiger. Zwar sollen sich die Gäste nicht satt essen, aber 5–6 Kleinigkeiten pro Gast sollten Sie anbieten. Besonders beliebt ist eine Kombination aus kalten und warmen Leckereien.

Cocktails mit Motto
Wählen Sie z. B. aus den folgenden Vorschlägen aus:

- Cocktail Klassisch:
Sekt-Orange (S. 34), Kir Royal (S. 33), Sekt, Saft
Mini-Quiches (S. 125), Piroschki (S. 121), Kresse-Ei-Kanapees, Kanapees mit Räucherlachs und Leber-Kanapees (S. 42/43), Krabben-Kanapees, Roastbeef-Kanapees (S. 46/47) oder Räucherforelle auf Kiwi (S. 52).
- Cocktail Italienisch:
Bellini (S. 35), Campari Soda und Orange, Prosecco
Saftige Pizza (S. 119), in Mini-Karrees geschnitten, oder Pizza-Crostini, Grüne Puten-Crostini (beide S. 48), Schinken-Kanapees, Kanapees al pesto, al tonno, Feta-Kanapees, Kanapees mit Salami, Paprika-Scampi-Kanapees (alle S. 44/45), Marinierte Pilze in Parmaschinken (S. 50), Käsespießchen (z. B. S. 41), Oliven
- Cocktail Amerikanisch:
Martini Dry, Pick me up, Black Velvet, Screwdriver, Old Fashioned, Whiskey Sour (alle S. 34/35)
Umhüllte Ananas, Gefüllte Pilze (beide S. 49), Mini-Frikadellen (S. 51), Shrimps im Spinatmantel (S. 53), Cream-Cheese-Kanapees, Citrus-Chester-Kanapees, Krabben-Kanapees, Puten-Kanapees, Roastbeef-Kanapees (alle S. 46/47), Pikant gefüllte Windbeutel (S. 124), Macadamia-Nüsse
- Cocktail Exotisch:
Planter's Punch, Singapore Sling, Piña Colada, Gin Fizz, Blaues Wunder, Coco Mara (alle S. 38/39)
Umhüllte Ananas (S. 49), Frühlingsrollen (S. 121), Mini-Frikadellen (S. 51), Pikant-süße Crostini (S. 48), Ravioli mit Pute (S. 61), Taco-Chips mit Guacamole (S. 101), Gefüllte Datteln (S. 41), Krabben-Kanapees (S. 46).

Rund um die Uhr: der Empfang

Ein Empfang ist festlicher als eine Cocktailparty. Er findet z. B. zwischen offiziellem Akt und privatem Fest, bei Jubiläen und Einweihungen statt. Er ist an keine Tageszeit gebunden, dauert aber höchstens 2–3 Stunden.

... was gibt's zu trinken?
Bei sehr festlichen Anlässen wird Champagner serviert. Ansonsten reicht man Sekt, Crémant oder Prosecco. Dazu Sekt-Orange (S. 34), Mineralwasser und Saft. Einen größeren Gästeandrang auf die Getränke können Sie leicht bewältigen, wenn Sie vorher Gläsertabletts stapeln. Die Gläser können so schnell gefüllt werden. Rechnen Sie pro Gast etwa 2–3 Gläser, die also reichlich vorhanden oder rasch zu spülen sein sollten.

... was gibt's zu essen?
Wie die Getränke werden auch die Snacks herumgereicht. Unsere Auswahl für Cocktailparties macht sich auch auf Empfängen gut. Bei einer größeren Gästezahl sind zu viele kleine Teile jedoch zu arbeitsaufwändig, dann ist folgende Auswahl sinnvoller:

Empfang

- Einladung: schriftlich 2–4 Wochen vorher
- 25 – ? Gäste
- Viel Stehfläche, wenig bis keine Sitzplätze
- Im Zeitraum zwischen 11 und 22 Uhr, Dauer 2–3 Stunden
- Einfache Cocktails, Sekt, Wein, Soft Drinks
- Häppchen, kleine Snacks als Tellergerichte zu Essenszeiten (mittags, abends üppiger)

Stellfläche für Glas und Teller

Bedenken Sie: Ihre Gäste müssen, wenn Sie auch Tellergerichte servieren, Glas und Essen zwischendurch absetzen können. Das wird durch Bistrotische (vom Partyservice oder Getränkehändler) erleichtert – ein Kompromiss zwischen Empfang und Buffet. Verkleiden Sie die Tische, indem Sie zartes Vliestischtuch überwerfen und mit Bast oder Band um den Fuß zusammenschnüren. Alternativ mit herunterhängender Lackfolie bedecken. Auf jedem Tisch einen Aschenbecher, eine Einzelblüte im Glas oder ein Windlicht Platz sparend aufstellen.

- Kalt: Kanapees al pesto, Kanapees mit Salami (S. 44/45), Cream-Cheese-Kanapees, Krabben-Kanapees, Puten-Kanapees (S. 46/47), Räucherforelle auf Kiwi (S. 52), Guacamole (S. 102) mit rohem Dip-Gemüse, Lachs-Rucola-Creme und Lebermousse mit Sherry-Gelee (S. 109) auf Baguette
- Warm: Flammkuchen und Zwiebelkuchen (S. 120), Saftige Pizza (S. 119), in kleinen Karrees, Gefüllte Pilze, Umhüllte Ananas (S. 49)
- Blitzvariante: Streifentarte, Country Pie und Lauchquiche (S. 117/118), Rezepte verdoppeln und auf dem Blech backen.

Geben Sie den Empfang vormittags, können Sie auch Kaffee bzw. Tee anbieten, entweder kurz vor dem Servieren fertig eingeschenkt auf Tabletts mit Milch und Zucker oder auf einem kleinen Buffet in Thermoskannen abgefüllt, mit Milch, Zucker, Tassen und Löffeln aufgebaut. Dazu: etwas Süßes. Das kann ein Gebäckteller sein, Tabletts mit Petits Fours, Fruchttorteletts und süßen Windbeuteln (alle S. 203). Handfester sind Obstcarrés (S. 204) oder Butterkuchen vom Bäcker, in kleine feine Stücke geschnitten.
Bei einem Empfang zur Mittagszeit schmecken Suppen (Rezepte S. 82 bis 93), die Sie in kleinen Suppentassen mit Löffeln reichen, oder feine Eintöpfe, z. B. Geflügel-Frikassée (S. 155), Geschnetzeltes mit Spargel-Brokkoli (S. 158), oder Edles Fischragout (S. 163), jeweils mit Reis.

Brunch und Sektfrühstück

Haben Sie in der Woche viel zu wenig Zeit für Geselligkeit mit Freunden? Mit der Vormittagseinladung am Wochenende bringen Sie beides unter einen Hut, denn für Kinder ist Feiern mit anderen Familien ein Riesenspaß.

Brunch: eher locker

Der gelungene Kompromiss zwischen Breakfast und Lunch löst am Wochenende das Kochproblem. Klassische Frühstückselemente kombiniert mit kalter Küche ergeben eine Mahlzeit, die das Mittagessen überflüssig macht, den Gastgeber entlastet und jede Menge Zeit für Gespräche bietet. Doch auch ein einfacher Brunch braucht etwas Planung, deshalb die Einladung ein paar Tage vorher überlegen. So haben Sie genügend Zeit, alles Nötige zu besorgen und vorzubereiten. Dem Einladungstag selbst können Sie dann ganz gelassen entgegensehen.

Das Drumherum

Ländlich wird's mit grobem Leinen, karierten oder farbigen Decken, Läufern oder Sets. Bei einer Brotzeit machen sich Gefäße für bestimmte Getränke gut, z. B. Bierhumpen oder Weißbiergläser.

Bei einem kleinen Kreis stellen Sie Platten und Schüsseln zur Selbstbedienung auf den Tisch – notfalls noch auf kleine Beistelltische ausweichen. Bei einem größeren Kreis lohnt es sich, ein Buffet für Essen und Getränke aufzubauen. Besteck, Servietten, evtl. Brotteller und Tassen decken Sie schon am Tisch ein. Auch frische Brötchen, Butter, Salz und Pfeffer finden, für jeden erreichbar, auf der Tafel Platz. Die Teller stehen bei den Speisen auf dem Buffet.

Extratipp: Toll im Anschluss an den Brunch ist eine gemeinsame Unternehmung. Das kann ein Spaziergang oder eine Wanderung sein, der Besuch eines Museums oder einer Matinée.

Brunch

- Einladung: mündlich, evtl. auch noch am Vorabend
- 10–20 Gäste
- Gemeinsames, sitzendes Essen
- Beginn ab 11 Uhr bis spätestens 12 Uhr, Dauer 2–3 Stunden, evtl. länger
- Kaffee, Tee, Milchmixe, Säfte, Bier, Sekt
- Brotkorb, Konfitüre, Aufschnitt, Käse, Früchte, Fisch, Fleisch, Pasteten, Salate
- Kleidung sportlich-leger

Der harte Frühstückskern

Ein Teil des Brunch-Buffets besteht aus klassischen Frühstückselementen:

- Kaffee und Tee, evtl. zwei bis drei unterschiedliche Sorten (S. 214/ 215).
- Milch und verschiedene frisch gepresste Fruchtsäfte. Der Hit für Kinder: ein schnell gezauberter Milchmix, z. B. Bananen- oder Erdbeermilch.
- Ein bunter Brotkorb mit knusprigen Brötchen, evtl. aufgebacken, Toast, ergänzt mit Croissants und süßen Hefeteilchen. Als besondere Überraschung: eine selbst gebackene Brötchen-Sonne (S. 115).
- Honig, Marmeladen und Gelees in Schälchen füllen und mit Löffeln auf ein Tablett stellen.
- Käse, mindestens drei Sorten (S. 20, 29) auf einer Platte mit Trauben oder frischem rohem Gemüse wie Cocktailtomaten, Radieschen und Gurkenscheiben anrichten.
- Joghurt, Müslimischung und Obstsalat in jeweils einer Schale auf das Buffet stellen.

Das Lunchelement

Ergänzt wird dieser Frühstückspart durch gehaltvollere Lunchelemente: Fisch, Pasteten und Salate. Sie sollten gut vorzubereiten sein und werden in der Regel kalt serviert (Beispiele S. 209 unter »Noch mehr Rezepte«). Ausnahmen sind heiße Suppen und Essenzen, z. B. Pilzessenz (S. 88), Paprikacremesuppe (S. 83), Klare Ochsenschwanzsuppe (S. 89).

Brunch und »Verwandte«

Es gibt auch andere beliebte Anlässe, die eng mit dem Brunch verwandt sind. Großer Pluspunkt: Die Bewirtung ist leger und einfach.

- **Katerfrühstück** – baut nach einer langen Nacht wieder auf. Zu Brot und Laugengebäck gibt es sauer Eingelegtes von Rollmops über Marinierte Orangenscholle (S. 57) bis Mixed Pickles. Auch pikante Salate wie Fruchtiger Heringssalat (S. 72), Ungarischer Krautsalat (S. 80), Griechischer Salat (S. 81) oder Scharfer Rote-Bohnen-Salat (S. 78) finden ihre Abnehmer. Zwiebelsuppe (S. 120) und Mulligatawny-Suppe (S. 91) wecken die Lebensgeister. Jede Menge frische Früchte, Mineralwasser, Kaffee und Tee beleben ebenfalls. Und für die Unverbesserlichen gibt es eine Bloody Mary (S. 33).
- Das **Weißwurstessen** – die bayerische Spezialität, die auch außerhalb des Freistaats die Herzen höher schlagen lässt. Weißwürste, die traditionell bis 12 Uhr mittags gegessen sein müssen, gibt es mittlerweile bundesweit. Im heißen Wasser schwimmend mit Salzbrezeln, Radi (Rettich), Schnittlauchbrot und süßem Senf zur Selbstbedienung auftischen. Dazu: Bier – am besten Weißbier.
- **Rustikale Brotzeit** – dabei Weißwürste durch Kasseler im Brotteig (S. 35) ersetzen und zusätzlich Kartoffelsalat (S. 77), scharfen Senf, Sahnemeerrettich, eine Käseplatte und Obatzten (Mix aus Camembert, Frischkäse, Kräutern, Zwiebeln und Paprika, S. 21) anbieten.
- Das **Matjesessen** – hat sicher im Norden mehr Anhänger. Zur Matjessaison (Ende Mai bis Anfang Juli) werden die fetten jungen Heringe zart gesalzen und gereift angeboten. Dazu servieren Sie gehackte Schalotten, Cornichons, Sahnemeerrettich, gehobelten Rettich mit einer Spur Öl, Salz und Pfeffer angemacht, und neben

frischen Brötchen dunkles Vollkornbrot. Dazu passen noch Fruchtiger Heringssalat (S. 72), Matjes-Tatar (S. 57), und Sill-Schnecken (S. 52) sowie Gefüllte Eier (S. 55) oder Schnittlauchquark. Evtl. noch eine Käseplatte mit deftig-kräftigen Sorten (Harzer, Tilsiter, Weißlacker). Dazu: starker Kaffee und klarer Schnaps.

Sektfrühstück: fein

Es ist der feine Bruder des Brunch und wurde füher »Gabelfrühstück« genannt. Natürlich wird Sekt o. ä. serviert, evtl. auch Kaffee. Bei wenig Platz können Sie dieses Frühstück zum Stehempfang umfunktionieren und Häppchen (S. 27) servieren. Haben Sie Unterstützung, können Sie Getränke einschenken und Platten anbieten lassen.
Sind genügend Sitzplätze vorhanden, wird das Angebot aufwändiger (Rezepte s. rechts). Speisen und Getränke als Buffet aufbauen, den Tisch festlich decken und reich mit Blumen dekorieren.

Noch mehr Rezepte für Brunch und Sektfrühstück
(Für jeweils 10–12 Personen)

- Ganz einfach (mit Zukauf):

1. Harte Eier mit Frankfurter grüner Sauce (S. 103), Gazpacho (S. 85), Gemüseplatte mit Guacamole (S. 102), Schinkenplatte, Gestürzte rote Götterspeise (S. 191).
2. Gebackener Leberkäse, Radieschen, Gurken, Tomaten, Kartoffelsalat (S. 77), Rote Grütze.
3. Matjes-Tatar (S. 57), Kasseler mit Senfsauce mit grünem Pfeffer (S. 102), Flammkuchen (TK), Käseplatte, Fruchtjoghurts.

- Preiswert/Ganz einfach:

1. Sill-Schnecken (S. 52), Kaiserfleisch-Spinat-Torte (S. 64), Möhren-Rucola-Salat mit Kürbiskernen (S. 75), Gartensalat mit Zitronenschaum (S. 70), Sommergrütze (S. 191).
2. Matjes-Tatar (S. 57), Kasseler im Brotteig (S. 135) mit Senfsauce mit grünem Pfeffer (S. 102), Frisée mit Roten Beten (S. 77), Kartoffelsalat (S. 77), Kefirkranz mit Erdbeeren (S. 192).
3. Blitz-Kürbissuppe (S. 84), Riesenterrine mit Pilzen (S. 111) mit Cumberlandsauce (S. 103), Pilz- und Geröstete Nuss-Chili-Butter (S. 105), Obstkorb, Käseplatte.

- Edel/Raffiniert:

1. Geeiste Kraftbrühe (S. 86), Heilbutt-Lachs-Röllchen mit Spargel (S. 52), Gefüllte Tomaten (S. 67), Biskuit-Lachs-Rolle (S. 123) mit Nussiger grüner Sauce (S. 102), Erdbeer-Joghurt-Mousse (S. 197).
2. Hummer-Cocktail (S. 56), Melonensalat pikant (S. 76), Waldorfsalat (S. 69), Geflügelaspik süß-sauer (S. 113), Obstcarrés (S. 204).
3. Pilzessenz (S. 88) mit Pesto-Öhrchen (Rezept rechts), Gefüllte Avocados (S. 55), Putenterrine (S. 111), Gebeizter Lachs (S. 146), Savarin mit Früchten (S. 205).
4. Lachscreme (S. 109), Tomatenscheiben mit Ziegenkäse (S. 62), Artischockenherzen mit Wildkräutern (S. 71), Vitello tonnato (S. 67), Pfirsich-Quark-Schichtspeise (S. 200).

Sektfrühstück

- Einladung: schriftlich 2–3 Wochen vorher
- 4–? Gäste (hängt von Sitzplätzen ab)
- Sitzendes Essen, evtl. mit Buffet oder Tablettbedienung
- Beginn ab 11 Uhr bis spätestens 12, Dauer 2–3 Stunden
- Sekt, einfache Cocktails, Soft Drinks, evtl. Kaffee
- Brotkorb, kalter Braten, Fischspezialitäten, Käse, Salate, Pasteten, Kanapees
- Kleidung elegant bis sportlich

- Edel (mit Zukauf):

1. Lachsterrine, Pilz- oder Kräuterbutter mit Artischockenherzen (S. 105), Limettenbrühe (S. 89), Geräucherte Pute, Waldorfsalat (S. 69), TK-Eistorte, Käseplatte.
2. Heilbuttröllchen mit grünem Spargel (S. 52), Roastbeef mit Cumberlandsauce (S. 103), eingelegte Artischockenherzen, Tomaten-Mozzarella-Salat, Croissants, Schokosahne (S. 202) mit Obstsalat.

- Mediterran:

Saftige Pizza (S. 119), Marinierte Pilze (S. 50), Grünes Gemüse (S. 75), Tomatenscheiben mit Ziegenkäse (S. 62), Tiramisu (S. 200), Obstkorb.

- Vegetarisch:

1. Auberginenschichtpastete (S. 112), Nudelsalat mit Pilzen (S. 69), Gartensalat mit Zitronenschaum (S. 70), Tomaten, mit Tzatziki gefüllt, Vanille-Bavaroises mit Kiwimark (S. 196).
2. Gemüseterrine (S. 112), Palmito-Pilz-Cocktail (S. 70), Tomaten- und Kräuterbutter (S. 105) mit Baguette, Streifentarte (S. 117), Schwarzwälder Kirscheisbombe (S. 199).

Pesto-Öhrchen
300 g TK-Blätterteig auftauen, leicht ausrollen. 70 g Pesto (aus dem Glas) und 30 g Parmesan mischen, den Blätterteig damit bestreichen. Teigplatte aufrollen, in 1 cm breite Scheiben schneiden. Auf Backpapier bei 200° (Mitte, Umluft 180°) 20 Min. backen.

Vorschläge für Frühlings- und Sommerbuffet-Kombinationen

Wir bieten Ihnen auf dieser und der folgenden Doppelseite einige Anregungen, Buffets für unterschiedliche Anlässe und Personenzahlen zusammenzustellen. Wenn nicht anders angegeben, sind die Buffets für 12–14 Personen berechnet. Wir haben unsere Vorschläge saisonal nach Frühling/Sommer und Herbst/Winter unterteilt.
Reicht das Rezept für die angegebene Personenzahl nicht aus, bereiten Sie die anderthalbfache (1 1/2 x), die doppelte (2 x) oder dreifache (3 x) Menge usw. zu. Die Angaben finden Sie in Klammern hinter den Seitenzahlen. Die Rezepte selber sind in der Reihenfolge der Kapitel aufgelistet. Nur die Saucen stehen bei dem Gericht, zu dem sie serviert werden.

Rustikale Buffets:

Leicht:
- Maibowle 36 (2 x)
- Kresse-Ei-Kanapees 42 (2 x)
- Cream-Cheese-Kanapees 46 (2 x)
- Vitello tonnato 67 (2 x)
- Gartensalat mit Zitronenschaum 70
- Meeresfrüchte-Tabouleh 73
- Möhren-Rucola-Salat mit Kürbiskernen 75 (1 1/2 x)
- Guacamole 102 (2 x)
- Grüne Fischterrine 107
- Fächerzucchini 179 (2 x)
- Kefirkranz mit Erdbeeren 192
- Obstcarrés 204

Herzhaft:
- Sangria 36 (2 x)
- Pizza-Crostini 48
- Mini-Frikadellen 51 (2 x)
- Auberginenröllchen 63 (2 x)
- Kartoffelsalat 77
- Nudel-Ei-Salat 80
- Griechischer Salat 81 (2 x)
- Gazpacho 85 (2 x)
- Mini-Quiches 125
- Kasseler im Brotteig 135
- Grillgemüse 178
- Sommergrütze 191
- Tiramisu 200

Festliche Buffets:

Klassisch:
- Rosenbowle 36
- Shrimps im Spinatmantel 53
- Gefüllte Avocados 55 (2 x)
- Carpaccio vom Putenschinken 66 (1 1/2 x)
- Nudelsalat mit Pilzen 69
- Möhren-Rucola-Salat mit Kürbiskernen 75
- Putenterrine 111
- Lauchquiche 117 (2 x)
- Gebeizter Lachs 146 (2 x)
- Frankfurter grüne Sauce 103 (2 x)
- Kefirkranz mit Erdbeeren 192
- Mousse au chocolat mit Maracujasauce 197

Exotisch:
- Champagnercocktail 34
- Krabben-Kanapees 46
- Umhüllte Ananas 49
- Überbackene Miesmuscheln 53
- Meeresfrüchte-Tabouleh 73
- Grünes Gemüse 75
- Glasnudelsalat 78 (2 x)
- Exotischer Rollbraten 135 (2 x)
- Kokosreis 170 oder Bunter Reis 171
- Mousse au chocolat mit Maracujasauce 197
- Pistazienpudding 202 (2 x)

Schnelle und einfache Buffets:

Klassisch:
- Erdbeerbowle 36 (2 x)
- Schnitzelchen-Kanapees 43
- Heilbutt-Lachs-Röllchen mit Spargel 52
- Melonensalat pikant 76
- Geflügelsalat 79 (1 1/2 x)
- Lachscreme 109 (2 x)
- Lauchquiche 117 (2 x)
- Roastbeef m. Möhrenkruste 133 (2 x)
- Thousand-Island-Dressing 104 (2 x)
- Kefirkranz mit Erdbeeren 192
- Pfirsich-Quark-Schichtspeise 200

Mediterran:
- Kanapees al tonno 45
- Tomatenscheiben mit Ziegenkäse 62 (1 1/2 x)
- Palmito-Pilz-Cocktail 70
- Griechischer Salat 81 (2 x)
- Gefüllte Hähnchenschnitzel 140 (2 x) oder Geflügel-Gyros 157
- Ratatouille 176
- Tiramisu 200 (2 x)

Buffet halb selbst gemacht, halb zugekauft:

Raffiniert:
- Gefüllte Datteln 41
- Salami-Kanapees 45
- Räucherforelle auf Kiwi 52
- Kartoffelsalat (fertig)
- Grünes Gemüse 75
- Fischpastete (fertig)
- Roastbeef (vom Metzger)
- Mousse au chocolat mit Maracujasauce (Fertigmousse zum Anrühren verwenden, Maracujasauce nach Rezept (197) herstellen)
- Rote Grütze (Fertigprodukt)

Klassisch:
- Fischterrine (fertig)
- Guacamole 102 (2 x)
- Tomatenscheiben mit Ziegenkäse 62
- Salatbar (210) mit Vinaigrette und
- Thousand-Island-Dressing 104
- Prager Schinken (fertig)
- Eisbombe (fertig)

Preiswerte Buffets:

Nordisch:
- Räucherlachs-Kanapees 42
- Sill-Schnecken 52
- Gefüllte Eier 55 (1/2 x)
- Fleischsalat süß-sauer 76 (2 x)
- Vichysoisse 85
- Brötchen-Sonne 115 (2 x)
- Hühnerbrüstchen mit Senfkruste 140 (2 x)
- Käse-Schoko-Kuchen 205 (2 x)
- Obstkorb

Südländisch:
- Kanapees »Italia« 41
- Mini-Frikadellen 51
- Scharfer Rote-Bohnen-Salat 78 (2 x)
- Griechischer Salat 81 (2 x)

- Brötchen-Sonne 115 (2 x)
- Geflügel-Gyros 157
- Tiramisu 200
- Pfirsich-Quark-Schichtspeise 200

Vegetarische Buffets:

Einfach:
- Maibowle 36 (2 x)
- Kresse-Ei-Kanapees 42
- Citrus-Chester-Kanapees 46
- Nudelsalat mit Pilzen 69 (2 x)
- Grünes Gemüse 75
- Möhren-Rucola-Salat mit Kürbiskernen 75 (2 x)
- Gemüseterrine 112
- Joghurt-Knoblauch-Creme 104 (2 x)
- Blätterteigtaschen 115 (2 x)
- Moussaka 161
- Kefirkranz mit Erdbeeren 192 (2 x)
- Mousse au chocolat mit Maracujasauce 197

Raffiniert:
- Kalte Ente 33
- Kanapees »Italia« 41
- Gefüllte Pilze 49
- Scharfer Rote-Bohnen-Salat 78 (2 x)
- Linsensalat 81 (1 1/2 x)
- Frühlingsrollen 121
- Tomatensugo 101 (1 1/2 x)
- Pikant gefüllte Windbeutel 124 (2 x)
- Gefüllte Artischocken 151 (2 x)
- Ratatouille 176
- Marzipan-Chaudeau mit Früchten 196 (1 1/2 x)
- Tiramisu 200

Mit Fisch:
- Räucherlachs-Kanapees 42 (2 x)
- Kanapees al pesto 44 (2 x)
- Carpaccio vom Putenschinken 66 (2 x)
- Fruchtiger Heringssalat 72 (2 x)
- Nudel-Ei-Salat 80 (3x)
- Ungarischer Krautsalat 80 (3x)
- Grüne Fischterrine 107 (2 x)
- Geschnetzeltes mit Spargel-Brokkoli 158 (3x)
- Sommergrütze 191 (2 x)
- Obstcarrés 204 (2 x)

Buffets für viele, für 25/40 Personen:

- Gefüllte Datteln 41 (1x für 25/2 x für 40)
- Pizza-Crostini 48 (1x für 25/2 x für 40)
- Marinierte Pilze in Parmaschinken 50 (2 x für 25/3 x für 40)
- Frisée mit Roten Beten 77 (2 x für 25/4 x für 40)
- Nudel-Ei-Salat 80 (3 x für 25/ 4 x für 40)
- Griechischer Salat 81 (2 x für 25/ 4 x für 40)
- Chili con carne 156 (2 x für 25/ 4 x für 40)
- Sommergrütze 191 (2 x für 25/ 3 x für 40)
- Pfirsich-Quark-Schichtspeise 200 (2 x für 25/3 x für 40)

Buffet für wenige, für 6–8 Personen:

- Grüne Puten-Crostini 48 (1/2 x)
- Überbackene Miesmuscheln 53 (1/2 x)
- Palmito-Pilz-Cocktail 70
- Möhren-Rucola-Salat mit Kürbiskernen 75
- Schweinefilet in Lauchhülle 134
- Nudel-Gemüse-Röllchen 168
- Mousse au Chocolat mit Maracujasauce 197 (1/2 x)
- Savarin mit Früchten 205

Buffets für Familienfeste

Exklusiv:
- Hummer-Cocktail 56 (2 x)
- Palmito-Pilz-Cocktail 70 (2 x)
- Lebermousse mit Sherry-Gelee 107
- Guacamole 102 (2 x)
- Filet Wellington 132 (2 x)
- Morchelrahmsauce 101 (2 x)
- Bunter Reis 171 (2 x)
- Sommergemüseplatte 173 (2 x)
- Marzipan-Chaudeau mit Früchten 196 (2 x)
- Mousse au chocolat mit Maracujasauce 197

Traditionell (14–16 Personen): (kalt/warm):
- Erdbeerbowle 36 (2 x)
- Gefüllte Eier 55 (2 x)
- Waldorfsalat 69
- Gartensalat mit Zitronenschaum 70 (1 1/2 x)
- Kraftbrühe 86 und Eierstich 87
- Gefüllte Kalbsbrust 131
- Kasseler im Brotteig 135
- 2,5 kg Petersilienkartoffeln
- Lauch-Pilz-Kräuterrahm 179
- Gestürzte rote Götterspeise 191
- Welfenspeise 195

Klassisch (18–20 Personen):
- Gefüllte Eier 55 (2 x)
- Artischockenherzen mit Wildkräutern 71
- Kraftbrühe 86 und Eierstich 87 (2 x)
- Blätterteigfisch 109
- Salatbar mit Vinaigrette (siehe Kasten)
- Gefüllte Lammkeule 128 (2 x)
- Bunter Reis 171 (2 x)
- Ratatouille 176 (2 x)
- Rot-gelbe Marquises 195 (2 x)
- Schokosahne auf Ananas 202 (2 x)

Salatbar – fix und fertig

Wer wenig Zeit hat, kann eine Salatbar zur Selbstbedienung aufbauen. Weiterer Vorteil: Reste sind länger haltbar als angemachte Salate.
Richten Sie mindestens 3–4 unterschiedliche Gemüse- und Salatsorten mundgerecht her: Kopfsalat zupfen, Tomaten in Spalten schneiden, Gurken in Streifen, Möhren oder Rettich raspeln, Weißkraut hobeln. Pro Person etwa 70 g Rohkost rechnen. Dazu mindestens 2 Dressings stellen: ein cremiges (S. 104) und eine Vinaigrette. Für die Vinaigrette (8 Personen) 4 EL Essig mit 2 EL Senf, 1/2 TL Salz, Pfeffer, 1 EL gehackte Kräuter und 8 EL Öl im Schüttelbecher mischen. Evtl. mit 4–6 EL Gemüsebrühe verlängern.

Vorschläge für Herbst- und Winterbuffet-Kombinationen

Hier geht es weiter mit den Vorschlägen für Buffets in der kalten Jahreszeit. Die frischen Zutaten entsprechen größtenteils der Saison.
Ab und zu gibt es auch heiße Gerichte. Wie Sie sie warm halten, lesen Sie auf den Seiten 18/19. Wenn nicht anders angegeben, beziehen sich die Mengenangaben auf 12–14 Personen.

Rustikale Buffets:

Erntedank:
- Traubenpunsch 37 (2 x)
- Käsespießchen 41
- Marinierte Pilze in Parmaschinken 50
- Räucherforelle auf Kiwi 52
- Waldorfsalat 69 (1 1/2 x)
- Kartoffelsalat 77 (2 x)
- Blitz-Kürbissuppe 84
- Piroschki 121 (2 x)
- Kasseler im Brotteig 135
- Äpfel mit Häubchen 204 (2 x)
- Käse-Schoko-Kuchen 205

Raffiniert:
- Feuerzangenbowle 37
- Pikant-süße Crostini 48
- Fruchtiger Heringssalat 72
- Frisée mit Roten Beten 77 (2 x)
- Brokkolicremesuppe 84 (3 x)
- Riesenterrine mit Pilzen 111
- Schinkenhörnchen 124 (1 1/2 x)
- Tafelspitz mit Apfelmeerrettich 130 (2 x)
- Grapefruit-Sabayon auf Früchten 201 (1 1/2 x)
- Äpfel mit Häubchen 204 (2 x)

Festliche Buffets:

Herzhaft:
- Lebermousse-Kanapees 43
- Roastbeef-Kanapees 47
- Gefüllte Avocados 55 (2 x)
- Pikanter Trauben-Wildreis-Salat 74 (2 x)
- Entenbrustsalat 74 (2 x)
- Pilzessenz 88 (2 x)
- Country Pie 118
- Rehrücken 139 (2 x)
- Cumberlandsauce 103 (1 1/2 x)
- Gefüllte Kartoffeln 165 (2 x)
- Weincreme mit Trauben 193
- Grapefruit-Sabayon auf Früchten 201

Mit Fisch:
- Schinken-Kanapees 44
- Grüne Puten-Crostini 48
- Vitello tonnato 67 (2 x)
- Chicoréesalat mit Räucherlachs 73
- Nudel-Ei-Salat 80
- Gefüllte Mangoldrolle 150
- Bouillabaisse 163
- Zwetschen-Charlotte 194
- Mousse au chocolat mit Maracujasauce 197

Schnelle und einfache Buffets:

Raffiniert:
- Feta-Kanapees 44
- Gefüllte Pilze 49
- Marinierte Orangen-Scholle 57 (1 1/2 x)
- Chicoréesalat mit Räucherlachs 73
- Frisée mit Roten Beten 77 (1 1/2 x)
- Herbstliche Pastetchen 118 (2 x)
- Geflügelfrikassée 155
- Bunter Reis 171 (2 x)
- Zwetschen-Charlotte 194
- Crème caramel à l'orange 201

Klassisch:
- Carpaccio vom Putenschinken 66
- Artischockenherzen mit Wildkräutern 71 (2 x, statt Wildkräutern Rucola oder Kresse)
- Wintersalat 79 (2 x)
- Rohes Knabbergemüse (geputzt 600 g) mit Senfsauce mit grünem Pfeffer 102
- Geflügel-Gyros 157
- Tiramisu 200
- Schokosahne auf Ananas 202

Preiswerte Buffets:

Herzhaft:
- Feta-Kanapees 44
- Gefüllte Eier 55 (2 x)
- Kaiserfleisch-Spinat-Torte 64
- Ungarischer Krautsalat 80
- Blitz-Kürbissuppe 84
- Shepherd's Pie 161
- Gestürzte rote Götterspeise 191

Klassisch:
- Kalte Ente 33
- Cream-Cheese-Kanapees 46
- Pikant-süße Crostini 48
- Matjes-Tatar 57 (2 x)
- Waldorfsalat 69 (2 x)
- Country Pie 118
- Borschtsch 156 (2 x)
- Äpfel mit Häubchen 204 (2 x)

Vegetarische Buffets:

Rustikal:
- Käsespießchen 41
- Kanapees al pesto 44
- Kartoffelsalat 77
- Linsensalat 81
- Paprikacremesuppe 83
- Blätterteigtaschen 115 (2 x)
- Shepherd's Pie 161 (1 1/2 x)
- Herbstgemüseplatte (ohne Speck) 174
- Weincreme mit Trauben 193
- Zwetschen-Charlotte 194

Einfach:
- Vichysoisse (mit Gemüse- statt Hühnerbrühe; heiß) 85
- Pikant gefüllte Windbeutel 124 (2 x)
- Lauch-Käse-Braten 153 (2 x)
- Grapefruit-Sabayon auf Früchten 201
- Äpfel mit Häubchen 204 (2 x)

Leicht:
- Feta-Kanapees 44
- Citrus-Chester-Kanapees 46
- Nudelsalat mit Pilzen 69
- Pikanter Trauben-Wildreis-Salat 74
- Frisée mit Roten Beten 77
- 2 kg gekochte Pasta, dazu: Nuss-Chili-Butter 105 und Tomatensugo 101
- Tiramisu 200 (2 x)
- Obstkorb

Buffet für viele, für 25/40 Personen:

- Käsespießchen 41 (1 1/2 für 25/ 2 x für 40)
- Gefüllte Eier 55 (3 x für 25/ 5 x für 40)
- Frisée mit Roten Beten 77 (3 x für 25/5 x für 40)
- Ungarischer Krautsalat 80 (2 x für 25/4 x für 40)
- Dreierlei-Blechpie 116 (2 x für 25/ 4 x für 40)
- Indisches Biryani 155 (1 x für 25/ 2 x für 40)
- Fladenbrot
- Lammcurry 158 (1 x für 25/ 2 x für 40)
- Basmatireis 170
- Zwetschen-Charlotte 194 (2 x)
- Käse-Schoko-Kuchen 205 (2 x)

Buffets für wenige, für 6–8 Personen:

Klassisch:
- Gefüllte Avocados 55
- Palmito-Pilz-Cocktail 70
- Möhren-Rucola-Salat mit Kürbiskernen 75
- Filet Wellington 132
- Cumberlandsauce 103
- Wintergemüseplatte 175
- Grapefruit-Sabayon auf Früchten 201

Exklusiv:
- Shrimps im Spinatmantel 53
- Hummer-Cocktail 56
- Frisée mit Roten Beten 77
- Limettenbrühe mit Artischockenherzen 89
- Gefüllter Hecht 149
- Kartoffelgratin 165
- Grapefruit-Sabayon auf Früchten 201

Buffets halb selbst gemacht, halb zugekauft:

Klassisch:
- Käsespießchen 41 (oder vom Käsefachgeschäft)
- Räucherlachs-Kanapees 42
- Carpaccio vom Putenschinken 66
- Waldorfsalat (fertig)
- Meeresfrüchte-Tabouleh 73 (1 1/2 x)
- Brokkolicremesuppe 84
- Gefüllte Kalbsbrust (fertig gekauft)
- Wintergemüseplatte 175
- Brötchen-Sonne (Bäcker)
- Tiramisu 200 (oder vom Italiener)
- Petits Fours (Konditorei)

Einfach:
- Chicoréesalat mit Räucherlachs 73
- Blitz-Kürbissuppe 84
- Waldorfsalat (fertig)
- Rehrücken (fertig)
- Cumberlandsauce 103
- Mousse au chocolat (fertig)
- Äpfel mit Häubchen 204

Exotisch kalt/warm:
- Umhüllte Ananas 49 (2 x)
- Frühlingsrollen 121 (TK)
- Glasnudelsalat 78 (2 x)
- Exotischer Rollbraten 135
- Kokosreis 170 (2 x)
- Huhn mit Sojasprossen (fertig vom Chinesen, 6 Portionen)
- Kroepoek (fertig, 8 Portionen)
- Schokosahne mit exotischem Früchtesalat (Lychees, Ananas, Mango, Papaya, Orangen, ca. 1 kg)

Für 20 Personen:
- Frisée mit Roten Beten 77 (2 x)
- Linsensalat 81 (2 x)
- Klare Ochsenschwanzsuppe 89 (2 x)
- Räucherlachs (fertig) mit Guacamole 102 (2 x)
- Geräucherte Putenbrust (fertig) mit Senfsauce mit grünem Pfeffer 102 (2 x)
- Exotischer Obstsalat (aus Orangen, Ananas, Kiwi, Banane, Karambole, Mango, klein geschnitten, mit Zucker und Obstbrand abgeschmeckt), dazu: Eiscreme.

Buffets für Familienfeste:

Klassisch:
- Gefüllte Avocados 55 (2 x)
- Gefüllte Tomaten 67 (2 x)
- Klare Ochsenschwanzsuppe 89
- Dreierlei-Blechpie 116 (1 1/2 x)
- Crème caramel à l'orange 201 (2 x)
- Schokosahne auf Ananas 202 (3 x)

Exklusiv:
- Muschelragout unter der Haube 65 (2 x)
- Pikanter Trauben-Wildreis-Salat 74 (1 1/2 x)
- Entenbrustsalat 74 (1 1/2 x)
- Wintersalat 79 (1 1/2 x)
- Roastbeef mit Möhrenkruste 133 (2 x)
- Gefüllte Kartoffeln 165 (2 x)
- Mousse au chocolat mit Maracujasauce 197 (2 x)
- Savarin mit Früchten 205

Traditionell (14–16 Personen):
- Ragout fin in Blätterteigpastetchen 65 (2 x), Pastetchen neben Rechaud mit Ragout zum Selberfüllen
- Salatbar (s. Kasten S. 211)
- Grüne Fischterrine 107
- Frankfurter grüne Sauce 103 (1 1/2 x)
- Rindersaftschinken 130 (2 x)
- Kartoffelgratin 165 (2 x)
- Möhren und Erbsen (TK)
- Rotweinbirnen auf Baiser-Insel 192 (1 1/2 x)
- Petits Fours 203

Preiswert (18–20 Personen):
- Kartoffelsamtsuppe mit Lachs 92 (1 1/2 x)
- Salatbar 211
- Gefüllte Eier 55 (1 1/2 x)
- Matjes-Tatar 57 (2 x)
- Riesenterrine mit Pilzen 111
- Geflügelfrikassée 155 (2 x)
- Lauch-Pilz-Kräuterrahm 179 (1 1/2 x)
- Zitronencreme 193 (2 x)
- Käse-Schoko-Kuchen 205 (3 x)

Kaffee und Tee

Ein Kaffeeklatsch ist immer noch eine zutiefst weibliche Domäne. Doch seit Espresso, Latte Macchiato oder Cappuccino dank eines Kaffee-Vollautomaten auch zu Hause im Vormarsch sind, hat sich die Einladung zum Kaffee emanzipiert. Zum Tee sind traditionell die Herren mit von der Partie.

Kaffeeklatsch

Der Name sagt es schon: Hier wird Kaffee (aber auch Tee) getrunken – und viel geredet und genascht!

Getränke
Getrunken wird natürlich Kaffee – evtl. sollten Sie eine koffeinfreie Variante vorrätig haben – mit Milch, Sahne, Zucker. Auf Anfrage gibt es auch Tee. Sie dürfen den Kaffee aus einer dekorativen Thermoskanne schenken oder Sie setzen die Kanne in Reichweite auf einen Rechaud. Das ist besonders im Winter gemütlich. Wer eine Espressomaschine hat, wird tassenweise ausschenken.

Die Kaffeetafel
Es wird ausschließlich Süßes serviert: Hier haben Torten, Teilchen und fruchtige Kuchen noch ihren großen Auftritt. Zumindest zwei unterschiedliche Kuchen sollten Sie anbieten – z. B. einen flachen fruchtigen Kuchen aus der Springform oder vom Blech, am besten Obstkuchen von Tarte bis Streusel. Dazu kommt die Torte oder Rolle – in jedem Fall ein etwas aufwändigeres Gebäck. Meist wird noch ein trockener Kastenkuchen oder kleinere Teilchen wie Windbeutel, Tortelетts oder Blätterteiggebäck aufgetischt. Im Zeitalter der schlanken Linie liegt Gebäck mit viel Frucht und Joghurt im Trend. Sind Sie nicht so viele Personen, können Sie einfach kleinere Kuchen backen. Für Formen von 20 cm Ø halbieren Sie das Rezept für 26 cm Ø einfach. Oder Sie backen zwei kleine Kuchen und frieren einen ein.
Die Kaffeetafel dürfen Sie am Esstisch mit Dessertteller, Kuchengabel, Kaffeetasse, Löffel und Serviette für jeden Platz decken. Statt Dessertteller oder englische Kuchenteller können Sie auch Frühstücksteller nehmen.

Kaffeeklatsch

- Einladung: mündlich, auch noch am Tag selber
- 1– ca. 10 Gäste
- Gemeinsames, sitzendes Essen
- Beginn ab 15 Uhr bis spätestens 16.00 Uhr, Dauer 1 1/2 bis 2 Std.
- Kaffee, Tee, im Sommer geeist
- 2–3 unterschiedliche süße Gebäcksorten: 1 Torte, 1 flacher Kuchen, 1 trockener Kuchen oder pro Gast 1 kleines Teilchen
- Kleidung sportlich-leger

Was serviere ich zum Kaffeklatsch:
<u>In der warmen Jahreszeit:</u>
1. Obstcarrés, 204
Kefirkranz mit Erdbeeren, 192
Mini-Windbeutel, 203
2. Beerentarte (s. Obsttarte, rechts)
Savarin mit Früchten, 205
Tartuffo, 198
3. Götterspeise-Torte (Boden aus Biskuit von Petits Fours, 203, in der Springform, darauf Beeren und Saft von der Gestürzten roten Götterspeise, 191, gießen.)
Käse-Schoko-Kuchen, 205
Mini-Frucht-Torteletts, 203
4. Gekaufte Eistorte,
Äpfel mit Häubchen, 204
Tortenboden fruchtig belegen
<u>In der kalten Jahreszeit:</u>
1. Käse-Schoko-Kuchen, 205
Äpfel mit Häubchen, 204
Nusskastenkuchen (gekauft)
2. Schokotorte (dunkler gefüllter Boden der Petits Fours, 203, mit dunkler Kuvertüre überziehen)
Orangen-Tarte (s. Obsttarte, rechts)
Petits Fours, 203
3. Zitronen-Rolle (heller Teig von Petits Fours, 203, auf großem Blech backen und heiß aufrollen, dann mit Zitronencreme, 193, halb füllen, halb bestreichen, mit Sahne verzieren)
Käse-Schoko-Kuchen, 205
Obstcarrés, 204

Klassiker: Obsttarte
Backen Sie einen Tortenboden nach dem Rezept Käse-Schoko-Kuchen, (S. 205). Zum Belegen den Boden nach dem Vorbacken noch einmal ohne Hülsenfrüchte 15 Min. in der Mitte des heißen Ofens weiterbacken, auskühlen lassen. Den Boden dünn mit Aprikosenkonfitüre, Mascarpone oder Vanillepudding bestreichen, mit Beeren, Pfirsichen, Nektarinen, Orangenscheiben oder Kompottfrüchten dekorativ belegen. Saft mit 50 ml Weißwein auffüllen, mit Tortengusspulver nach Vorschrift aufkochen und die Früchte damit überziehen.

Spontan auf einen Espresso, eine Latte ...
Wer einen Kaffee-Vollautomaten oder eine Espressomaschine hat, der kann die lockere Atmosphäre einer italienischen Bar entstehen lassen. Mehr als 6 Gäste sollten sie aber nicht einladen – sonst sind Sie nur mit der Zubereitung beschäftigt und lässig ist es dann auch nicht mehr. Reichen Sie dazu bittere Schokoladentäfelchen, Konfekt oder kleine Kekse wie Cantuccini.

Tea-Time: Five o'clock

Die Einladung zum Tee ist immer etwas feiner und stark von angelsächsischer Tradition beeinflusst. Sie unterscheidet sich nicht nur im Getränk vom Kaffeeklatsch, sondern auch in Zeitpunkt, Stil und Angebot.

So wird's echt englisch
Der Tee wird nie am Esstisch, sondern im Wohnzimmer an niedrigen »Teetischen« gereicht. Die Gäste sitzen auf Sesseln oder dem Sofa – also niedrig. Damit jeder in Reichweite Teller und Tasse hat, brauchen Sie bei mehr als 3–4 Gästen Beistell- oder Tablett-Tische, auch ein nicht zu hoher Teewagen ist geeignet. Auf den Teetischchen liegen nur große weiße Stoffservietten über Eck auf. Die Tischchen sonst noch nicht eindecken. Die Gastgeberin hat neben sich ein eigenes Tischchen mit Tee, heißem Wasser, Zucker, Milch und Zitrone – entweder als Saft im kleinen Kännchen oder als Achtel. Tassen und Untertassen stehen gestapelt bei ihr. Sie schenkt von ihrem Platz den Gästen den Tee ein und reicht ihn an. Auf einem anderen Tischchen stehen die Kleinigkeiten, die zum Tee gereicht werden, mit den Tellern, die man nach Wunsch füllt.

Was serviere ich zum Five-o'clock-Tea:
Ein trockener Kuchen in kleinen Scheiben, eine Schale mit Gebäck und ein Tablett mit pikanten Köstlichkeiten, die möglichst ohne Gabel zu bewältigen sind, z. B. folgende Kanapees:
Lebermousse-Kanapees, 43
Kresse-Ei-Kanapees, 42
Räucherlachs-Kanapees, 42
Salami-Kanapees, 45
Cream-Cheese-Kanapees, 46,
Citrus-Chester-Kanapees, 46,
Puten-Kanapees, 47
Echt englisch: einfache Sandwiches. Dazu Toastscheiben diagonal durchschneiden, entrinden, mit Butter oder Mayonnaise bestreichen und mit Gurke, Lachs, Schinken oder Ei belegen. Dazwischen ein Salatblatt legen.
Schlicht und elegant: Toast mit zwei unterschiedlichen Buttermischungen, 105, die Kräuterbutter ohne Knoblauch.
Herzhafte Verführer: pikantes Gebäck wie Streifentarte, 117, und Flammkuchen, 120, in Stückchen
Schinkenhörnchen, 124
Pikant gefüllte Windbeutel, 124
Mini-Quiches, Pikante Torteletts, beide 125
Süße Verführer: Ergänzen Sie Selbstgemachtes, z. B. Petits Fours, Mini-Windbeutel,
Frucht-Torteletts, alle S. 203, mit Spezialitäten vom Konditor, z. B. englischer Kuchen, Butter- oder Streuselkuchen vom Blech, Shortbread und Muffins oder auch Florentiner, Baisers und Buttergebäck!

Optimal Tee kochen
Für einen kräftigen Tee:
- 1 TL pro Tasse und 1 TL für die Kanne rechnen
- die Kanne vorwärmen
- Tee in einem Stoffsäckchen in die Kanne hängen, mit stark kochendem Wasser aufgießen
- 3–4 Min. ziehen lassen, Teesäckchen herausnehmen
- Tee warm stellen.

Tee à la carte
Tees sind je nach Herkunft sehr verschieden. Möchten Sie zwei bis drei unterschiedliche Sorten zur Auswahl anbieten, sollten sie in Geschmack und Aroma sehr variieren. Im Winter können Sie zusätzlich Punsch servieren – mit oder ohne Alkohol. Auch Rum und Kandis gehören dann mit an die Teetafel, für einen kräftigen Grog. Im Sommer ist ein Eistee oder eine Teebowle (S. 37) die kühle Alternative.

Tea-Time & High Tea

- Einladung: mündlich, auch noch am selben Tag
- 1–10 Gäste
- Sitzend in Gruppen
- Beginn ab 15.30 Uhr bis spätestens 17 Uhr, Dauer 1 1/2 bis 2 Stunden
- Tee, im Sommer geeist, auch Kaffee
- Häppchen: Trockene Kuchen, Kleingebäck, Sandwiches, pikantes Gebäck
- Kleidung sportlich-elegant

High Tea: Es darf spät werden
Der späte Tee ersetzt schon das Abendbrot und beginnt nie vor 17 Uhr. Es wird entweder das gleiche wie beim Nachmittagstee serviert, oder der pikante Schwerpunkt deutlich erweitert. So kann bei einem High Tea eine Schinkenplatte zum Toast das Angebot ergänzen. Unterschied zum Tee: Ab 18 Uhr werden auch alkoholische Getränke angeboten. Das kann Sherry oder Portwein, aber auch ein eleganter Rotwein sein.

Zum Tee – ein Buffet!
Möchten Sie viele Bekannte – vielleicht mit Kindern – zu einer gemütlichen Teestunde einladen, bauen Sie ein Buffet auf. Ergänzen Sie das süße Angebot und die Toasts mit Partybrötchen, Lebermousse mit Sherry-Gelee (S. 107), einer Schinken- und Käseplatte. Besonders toll wirkt dabei ein Samowar: Dazu wird ein sehr starker Tee gebrüht und mit kochend heißem Wasser aufgefüllt. Das reicht ohne »Nachkochen« dann auch für eine große Runde.

Parties für Einsteiger – drinnen und draußen

Die erste Fete

Sie haben noch nie eine Party gegeben? Möchten gern mal spontan mit Freunden feiern ohne große Planung und Aufwand?
Gute Gastgeber werden nicht geboren, denn erst Übung macht den Meister. Einstiegsideen von Bottle-Party bis zum Grillen finden Sie auf diesen beiden Seiten. Beziehen Sie Ihre Gäste in die Vorbereitung ein: Das macht Spaß und wird schon ein Teil des Festes.

Wenn es an allem fehlt
In puncto Einrichtung sind Anfänger selten komplett. Kein Grund, auf Feste zu verzichten:

- Wieder verwendbares Plastik- oder gewachstes Papiergeschirr und -besteck sind billig.
- Notfalls bringt jeder Teller und Besteck mit.
- Einmal-Tischdecken aus Zellstoff oder Papier als Meterware oder schlichtes Packpapier sind preiswert und ergeben eine einheitliche Abdeckung.
- Wer Senfgläser sammelt, hat genug Gläser im Haus. Fragen Sie im Freundeskreis.
- Schaffen Sie sich mit einfachen Mitteln Sitzgelegenheiten: Matratzen, Getränkekästen mit Brettern verbunden und z. B. mit Schaumstoff abgepolstert, Klappstühle und Balkonmöbel sind praktisch. Aus Apfelsinenkisten werden kleine Beistelltische.
- Das Buffet kann in der Küche stattfinden: Den Eintopf gibt's direkt aus dem Topf, Braten vom Brett und Salate aus der Rührschüssel und evtl. geliehenen Schüsseln.

Bottle-Party: Jeder bringt was mit
Heute bezieht sich das weniger auf die Getränke als vielmehr aufs Essen: Das spart Zeit und führt zu aufregenden Kombinationen. Sie können die Mischung dem Zufall überlassen und Ihren Gästen freistellen, was sie mitbringen möchten. Grundregel: Jeder trägt soviel bei, wie er selber essen will. Die meisten Gäste bringen Salate, Vorspeisen, Gebäck oder Desserts mit. Sie als Gastgeber sind für die Getränke, Brot und Butter verantwortlich. Vielleicht steuern Sie noch einen Braten oder Eintopf bei. Wer von Ihren Gästen keine Zeit zum Kochen hat, leistet einen Beitrag zur Käseplatte oder bringt Obst oder Gebäck mit. Aber Sie können auch die kulinarischen Aufgaben fest verteilen. Für ganz Bequeme kopieren Sie die Rezepte ab.

<u>Einfaches zum Mitbringen:</u>
Gefüllte Eier, 55
Ungarischer Krautsalat, 80
Griechischer Salat, 81
Kartoffelsalat, 77
Scharfer Rote-Bohnen-Salat, 78
Gefüllte Tomaten, 67
Matjes-Tatar, 57
Blätterteigtaschen, 115
Zwiebelkuchen, 120
Tunfischzopf, 122
Buttermischungen, 105
<u>Das können Sie als Gastgeber beisteuern:</u>
Kasseler im Brotteig, 135
Kräuterbraten, 137
Riesenterrine mit Pilzen, 111
Krustenbraten, 136
Chili con carne, 156
Geflügel-Gyros, 157
Moussaka, 161
Tomaten-Meeresfrüchte-Topf, 162
Blitz-Kürbissuppe, 84

5 Grundregeln für Einsteiger

1. Berechnen Sie die Mengen für Ihre Gäste nach Tabelle (S. 11) – nicht nach Gefühl!
2. Beschränken Sie das Angebot: Lieber nur drei Superrezepte, dafür aber genügend für alle davon.
3. Suchen Sie nur Rezepte und Deko aus, die gut vorzubereiten sind.
4. Machen Sie nur das, was Sie gut können – Neues vorher im kleinen Kreis ausprobieren.
5. Machen Sie einen Zeitplan und kalkulieren Sie zusätzlich 10 Prozent für Unvorhergesehenes ein.

Tipp: Rustikaler Rechaud

Konstruieren Sie einen schlichten Riesenrechaud: Backofenrost an zwei Seiten auf gleichhohe Leisten oder Backsteine legen. Darunter im Bereich der Schüssel oder Schale Teelichter oder Stumpenkerzen platzieren.

Surprise-Party
Sie ist eine Überraschung für den Gefeierten, wird kurzfristig angesetzt und muss ganz geheim vorbereitet werden. Das heißt: Die Bewirtung so einfach wie möglich gestalten, aber witzig. Sie müssen nicht umräumen und Tage vorkochen. Lassen Sie die Getränke beim Händler vorkühlen und mit Gläsern erst kurz vorher liefern. Beim Essen darf es ganz einfach vor sich gehen: Kultgerichte wie Kartoffelsalat, 77, mit Würstchen, Chili con Carne oder Borschtsch, 156, Paella, 157, Bouillabaisse, 163, Zwiebelkuchen, 120, oder Saftige Pizza, 119, sind der Hit! Danach Kuchen, z. B. vom Tiefkühl-Heimdienst, oder gleich ein großes Blech vom Bäcker.

Appetithäppchen

Vor Fondues mit Brühe, Fond oder Wein und Gerichten aus dem Wok: Oliven, Käsegebäck, Nüsse, Käse- und Brotwürfel und Rohkost reichen. Oder eines der folgenden schnell gemachten Häppchen:

- Käsespießchen, 41
- Gefüllte Datteln, 41
- Verschiedene Crostini, 48

Vor Fondue Burguignon, Käsefondue oder Raclette ist leichtere Kost angesagt:

- Kresse-Ei-Kanapees, 42
- Pizza-Crostini, 48, Gefüllte Pilze, 49
- Tomatenscheiben auf Ziegenkäse, 62
- Rohkostplatte (bunte Mischung z. B. aus Tomaten, Möhren, Bleichsellerie, Eisbergsalat)

Kochen bei Tisch
In kleiner Runde am Tisch zu garen, ist sehr beliebt: Die Vorarbeit hält sich in Grenzen und auch »Beginners« können unbeschwert mit Gästen feiern. Ganz egal, ob Fondue, Raclette, Wok oder heißer Stein: Immer sitzen alle um einen Topf. Sie sollten also zu sechst, höchstens zu acht sein. Oder zwei Geräte und mehr aufstellen. Wichtig: Jeder Gast muss bequem die Garquelle erreichen können. Eine runde Tischplatte ist deshalb am besten. Wichtig: Tischgerät sicher aufstellen. Wählen Sie Tischdecken, die einiges aushalten. Besonders praktisch: Wachstisch- oder Lackdecken. Zu allen Gerichten, die bei Tisch zubereitet werden, gibt es klein geschnittene Zutaten. Vielleicht laden Sie einige Gäste schon vorher zum Helfen ein? Wer bei Tisch kocht, muss ein bisschen Geduld mitbringen, denn bis die erste Portion fertig ist, vergeht einige Zeit. Reichen Sie Ihren Gästen deshalb, bevor Sie zu Tisch gehen, zum Aperitif kleine Appetithäppchen (Anregungen s. Kasten).
Nach dem Essen am besten die »strapazierte« Tafel aufheben und zum Espresso bitten.

Grill-Party
Natürlich können Sie auch bei Tisch grillen. Aber so richtig zünftig ist eine Grill-Party an der frischen Luft. Haben Sie selber keinen Garten oder Balkon, gehen Sie auf einen öffentlichen Grillplatz: Wichtig ist Grillkohle, denn Kiefernzapfen und Holz rauchen zu stark. Und denken Sie an Alu-Grillschalen: Sie schützen das Grillgut vor dem Verbrennen. Und was noch? Ausreichend Getränke mitnehmen, denn Grillen macht durstig. Das vorbereitete Grillgut (Rezepte S. 188–189) können Sie durch Gemüse und Kartoffeln in der Folie ergänzen: Dazu Möhren, Kohlrabi, Rote Beten oder Kartoffeln abbürsten und waschen, mit Öl, Salz und Kräutern der Provence einreiben. In Alufolie wickeln, blanke Seite zum Grillgut. Denken Sie an ausreichend Brot, Fladenbrot oder Brötchen. Oder Sie nehmen gut gekühlten Hefeteig (Brötchensonne, S. 115) in der Kühlbox mit. Entweder Sie grillen kleine Fladen auf geölter Alufolie, oder Sie drehen den Teig zu Rollen und winden ihn um geglättete Holzstöcke und grillen ihn als Stockbrot.
Zum Grillen gehören Salate. Grillen Sie zu Hause, richten Sie eine Salatbar (S. 211) ein. Oder Sie bereiten 2–3 vegetarische Salate zu, die nicht zusammenfallen.

Grill-Salate und Saucen

- Nudelsalat mit Pilzen, 69
- Melonensalat pikant, 76
- Grüner Gemüsemix, 75
- Möhren-Rucola-Salat mit Kürbiskernen, 75
- Griechischer Salat, 81
- Ungarischer Krautsalat, 80
- Tomatensugo, 101
- alle Saucen von 102–104
- Buttermischungen, 105

Diese Gerichte sind gut zu transportieren

- Mini-Frikadellen, 51
- Gefüllte Eier, 55
- Gefüllte Tomaten, 67
- Rohkost mit Frankf. grüner Sauce, 103
- Buttermischungen, 105
- Lachscreme, 109
- Putenterrine, 111
- Ochsenschwanzaspik, 113
- Blätterteigtaschen, 115
- Lauchquiche, 117
- Saftige Pizza, 119
- Frühlingsrollen, 121
- Piroschki, 121
- Tunfischzopf, 122
- Schinkenhörnchen, 124
- Mini-Quiches, 125
- Tafelspitz mit Apfelmeerrettich, 130
- Kasseler im Brotteig, 135
- Kräuterbraten, 137
- Putenbrust in Salzkruste, 143
- Tiramisu, 200
- Pfirsich-Quark-Schichtspeise, 200
- Obstcarrés, 204
- Käse-Schoko-Kuchen, 205

Picknick
Die Krönung der unkomplizierten Gastlichkeit gibt auch Gastgebern ohne Platz in der Wohnung eine Chance, einmal eine größere Runde einzuladen. Wichtig: ein idyllisches Plätzchen, am besten mit kühlem Wasser in der Nähe – für die Getränke. Sie brauchen keinen teuren Picknickkorb: Ein weißes Laken als Tischtuch, Brettchen, Servietten, Besteck, ein Glas für jeden und ein scharfes Klappmesser reichen. Je nachdem sind noch zusätzliche Messer oder Löffel nötig.

Familienfeste

Feste sind heute oft noch die einzige Gelegenheit, zu der sich die ganze Familie trifft. Denn die Mitglieder leben oft weit entfernt voneinander, Ehepaare stammen nicht mehr aus einer Region. Gerade deshalb übernehmen diese Feste eine wichtige Funktion: Sie schaffen Zusammengehörigkeit auch über Distanzen. Und sie bieten die seltene Gelegenheit für alle Generationen, zusammen zu feiern. Das macht sie so schön – und schwierig.

Ein paar Tips vorweg

Trotz aller Unterschiede: Familienfeste haben einige Gemeinsamkeiten:

- Die Gäste reisen oft von weit her an. Legen Sie eine Anfahrtskizze für alle Orte an, an denen gefeiert wird. Und eine Liste von Hotels, Pensionen, Zimmern und Ferienwohnungen in der Umgebung. Dann brauchen Sie sich nicht mehr um die Unterbringung zu kümmern. Eventuell gibt es auch Übernachtungsmöglichkeiten im Freundeskreis – die Koordination sollten Sie dann übernehmen.
- Wenn viele Gäste am Vorabend eintreffen, machen Sie sich Gedanken über die Bewirtung. Haben Sie Platz und Zeit, richten Sie für die Ankömmlinge eine herzhafte Brotzeit mit Käse, Aufschnitt und Brot her. Oder kochen Sie einen Eintopf. Machen Sie aber allen klar, wann Ende der Veranstaltung ist.
- Einfacher: Sie machen in einer Wirtschaft in der Nähe ein Treffen aus und reservieren einen Tisch. Dann kann jeder bleiben, solange er will, bezahlt seine Zeche natürlich selber, und der Gastgeber hat Zeit für die letzten Vorbereitungen.
- Findet das Fest abends statt, können Sie nachmittags Kaffee, Tee, kalte, nicht alkoholische Getränke und Gebäck zur Stärkung bereithalten.
- Reden sind Freud und Leid von Familienfeiern. Aber für viele gehören sie einfach zum Feiern dazu. Deshalb ist es wichtig, beim Festessen zu sitzen: Nur so entsteht die nötige Ruhe. Ganz abgesehen davon, dass der älteren Generation ein Stehempfang einfach zuviel würde. Sprechen Sie vorher ab, wer wann reden will und setzen Sie die Termine zwischen den einzelnen Gängen fest. Gibt's ein Buffet, sollten Sie deshalb auch dort für eine klare Einteilung nach Gängen sorgen. Begrenzen Sie die Rededauer auf 5 Minuten – sonst wird der Abend zu lang!
- Zur Tischordnung lesen Sie die Seiten 14/15. Kinder zusammen setzen: Zwischen den Erwachsenen verstreut, langweilen Sie sich oft und stören. Sind mehrere Kinder da, einen Extra-Kindertisch einrichten: So haben die Jüngsten auch ihren Spaß. Entweder Sie bereiten eines unserer kinderfreundlichen Menüs (S. 222 und S. 224, Menüs für Familien mit Kindern) oder Buffets zu (S. 210, Herzhaftes Buffet) oder es gibt für die Kinder ein kleines Extra-Essen. Ein Spielzeugauto, Geduld- oder Kartenspiel oder Malset auf jedem Platz sorgt für Frieden. Wer zu Hause feiert, kann vielleicht einen Babysitter engagieren oder eine Unternehmung planen. Im Notfall hilft ein Kindervideo!
- Oft möchten weibliche Verwandte bei den Vorbereitungen helfen. Vielleicht kann die eine traumhafte Käsestangen backen? Und die andere ist für ihre Dobostorte berühmt? Überlegen Sie, ob sich das, was die Verwandte anbietet, ins Menü einbauen lässt oder fürs Kaffeetrinken am Vortag oder danach hilfreich sein könnte. Je mehr Sie delegieren, desto entspannter sind Sie an Ihrem Ehrentag!

Taufe: klein & fein

Sie ist in der Regel das erste Familienfest, das junge Leute selber ausrichten. Der Gästekreis ist auf die Großeltern und Paten, evtl. auch die Geschwister der Eltern begrenzt. In der Regel wird vormittags im Rahmen des Gemeindegottesdienstes getauft, danach schließt sich mittags das Taufessen an.

Wenn Sie zu Hause feiern, hat das Baby seine gewohnte Umgebung und kann schlafen, wenn es müde ist. Die Einladung zur Taufe erfolgt schriftlich ca. 4–6 Wochen vorher. Einen Empfang gibt es in der Regel nicht. Hübsch, ein Foto des Täuflings auf die Tischkarten zu kleben, oder kleine Menükarten zu gestalten und darauf das Babyfoto mit den Namen des Verwandten schreiben, z. B. Papi,

Oma, Patentante Rosemarie, etc. Das ist persönlich, und der Gast kann gleich eine kleine Erinnerung an das Fest mitnehmen. Die Dekoration der Tafel ist traditionell weiß, mit farblichen Akzenten, im Zweifelsfall hellblau oder rosa. Tüll oder Seidenpapier können hübsche Deko-Elemente sein. Hauptsache, die Tafel wirkt frisch und zart.
Das Menü sollte gut vorzubereiten sein. Stillt die junge Mutter, muss es gleichzeitig sehr gut verträglich sein: Das Baby isst mit!

Milde Menüvorschläge:

- Menü 1

Pilzessenz, 88
Lachs aus dem Bratschlauch, 146
(mit Reis-Wildreismischung)
Erdbeer-Joghurt-Mousse, 197

- Menü 2

Blitz-Kürbissuppe, 84
Hühnerbrüstchen mit Senfkruste, 140
mit Reis
Tartuffo, 198

- Menü 3

Gefüllte Avocados, 55
Putenbrust in Salzkruste, 143
Pfirsich-Quark-Schichtspeise, 200

Konfirmation und Kommunion
Beide Feste werden eher im engeren Familienkreis gefeiert: Doch jetzt bekommen die Gefeierten schon mit, dass sie im Mittelpunkt stehen, und sollten an der Planung und Vorbereitung beteiligt werden. Häufig findet das Festessen nach der Kirche mittags statt. Reisen die Gäste von weit her an, kann das Festessen auch am Vorabend stattfinden. Vielleicht können Sie Ihrem Kind erlauben, noch einige Freunde miteinzuladen – es sei denn, der Kreis der Cousins und Cousinen ist groß genug. Denn als einziges Kind bzw. Jugendlicher auf dem eigenen Fest – das kann bei aller Ehre langweilig werden. Für Einladung, Tisch und Tafel gilt ähnliches wie bei der Taufe. Nur sollte diesmal der/die Gefeierte die Tischkarten selber beschriften. Auch das Menü sollte sich Ihr Kind aussuchen dürfen – selbst, wenn es Ihnen etwas zu schlicht ist. Schlagen Sie unter »Menüvorschläge: Menüs für Familien mit Kindern« (S. 222) nach. Wenn Sie noch einen Zwischengang wünschen, reichen Sie vor dem ersten Gang einen Salat mit Vinaigrette. Vorteil: Sie können den Salat bereits eindecken, bevor Sie die Gäste zu Tisch bitten.

Deko für die Hochzeit

- Sehr beliebt: Tüll. Bei weißem Tüll als Unterlage das pure Holz oder pastellfarbene Tücher, bei farbigem Tüll hellen Untergrund wählen – das kann auch durchsichtige Luftpolsterfolie sein. Dazwischen selbstgedrehte Blüten aus Krepp oder Seidenpapier stecken.
- Rosenblätter oder -knospen sind ein Traum: Sprühen Sie sie mit Haarlack ein, dann bleiben sie knackig. Noch feucht Glimmer dazwischen streuen, das gibt hübsche Glanzeffekte.
- Hüllen Sie den Tisch üppig mit preiswertem Nesselstoff ein. Entweder auf den Boden schleppen lassen oder an den Ecken dekorativ verknoten. Blumen in mit Nessel kaschierten Etageren, Schalen oder Vasen arrangieren.

Das Fest der Feste
ist natürlich die Hochzeit! Meist wird doppelt gefeiert: zunächst der rustikale Polterabend mit Freunden zum Abschied vom JunggesellInnendasein. Und dann das Festessen mit der Familie. Anregungen und Tips zum Polterabend können Sie sich unter »Feste feiern mit Freunden« (S. 12/13) holen. Sicher: Eine Hochzeit kann auch klein und intim sein – aber im Ablauf wird sie einer »großen« Hochzeit entsprechen. Nach der Kirche bzw. dem Standesamt ist ein kleiner Empfang üblich. Dort werden alle, die nicht zum Festessen kommen (und alle kann man eben nicht einladen) bewirtet: Polterabendfreunde, Nachbarn, Arbeitskollegen – und alle, die bei der Feier in der Kirche mitgewirkt haben. Am einfachsten ist es, wenn Sie den Empfang im Gemeindehaus ausrichten können.Tipps für den Empfang finden Sie auf den Seiten 206/207.

Das Hochzeitsessen sprengt oft den häuslichen Rahmen – vor allem, wenn getanzt werden soll (und was ist eine Hochzeit ohne Tanz?).
Anregungen für die Suche nach Räumen finden Sie auf Seite 9. Eine Alternative für Gartenbesitzer ist ein Festzelt – Adressen finden Sie im Branchentelefonbuch (Stichwort »Partyzelte«) oder erhalten Sie über den Partyservice.
Feiern Sie im kleinen Kreis, können Sie Ihre Gäste auch zu Hause bewirten. Wird es sehr festlich, lesen Sie auf den Seiten 14/15 nach. Lieben Sie es unkonventionell, finden Sie Anregungen auf den Seiten 12/13.
Das Essen beginnt mit einem Aperitif im Stehen, wobei alle Gäste die Möglichkeit haben, sich kennen zu lernen. Eine Tischordnung ist bei der Hochzeit wichtig (S. 14/15): Das Brautpaar sitzt immer zusammen, der Bräutigam links von der Braut, zur Rechten der Braut ihr Vater und die Mutter des Bräutigams. Zur Linken des Bräutigams sitzt die Brautmutter, links daneben folgt der Vater des Bräutigams. In der Folge geht es mit Großeltern, Paten, Onkeln und Tanten weiter – immer nach Familien gut gemischt.
Die erste Rede hält der Vater der Braut, dann ist die »Gegenseite« dran. Vorschläge für das Festmenü finden Sie unter »Menüs für 12–14 Personen« (S. 222) oder »Menüs für 6–8 Personen« (S. 220), für die Hochzeit im kleinen Kreis. Gibt es ein Buffet, schlagen Sie unter »Festliche Buffets« (S. 212) nach.
Beginnen Sie mit dem Essen nicht zu spät: Um 19 Uhr sollte der Aperitif gereicht werden, spätestens um 19.30 Uhr der Beginn des Essens angesetzt sein. Denn sonst fehlt die Zeit für den Tanz. Vor allem, wenn nach dem Essen noch kleine Aufführungen oder Sketche geplant sind.
Deko-Ideen finden Sie im Kasten (oder lesen Sie bitte auf den Seiten 8, 9, 12 nach). Und arbeiten Sie mit der Checkliste – das erspart Ihnen viel Mühe!

Menüvorschläge

Menüs für 6–8 Personen:

Schnelle einfache Menüs (3 Gänge):

Menü 1
Lauch-Spaghettini 60
Gefüllte Putenbrust 143, dazu Salat und Baguette reichen
Mousse au chocolat mit Maracuja-sauce 197

Menü 2
Carpaccio vom Putenschinken 66
Edelfischpäckchen mit Frischkäse-sauce 147, mit Kartoffeln und Salat
Erdbeer-Joghurt-Mousse 197

Für Fischfans:
Königskrabben auf Lauchschaum 58
Lachs aus dem Bratschlauch 146, mit Basmatireis 170
Pfirsich-Quark-Schichtspeise 200

Vegetarisch:
Tomatenscheiben mit Ziegenkäse 62
Lauch-Käse-Braten 153, dazu Salat
Tomatensugo 101
Zitronencreme 193

Deftiges 2-Gänge- Menü:
Krustenbraten 136
Kartoffelsalat 77
Ungarischer Krautsalat 80
Vanille-Bavaroises mit Kiwimark 198

Jahreszeiten-Menüs:

Frühling:

Menü 1
Pilzessenz 88
Putenbrust in Salzkruste 143
Frühlingsgemüseplatte 172
Welfenspeise 195

Menü 2
Marinierte Orangen-Scholle 57
Lammfilet mit Port 127
Blattspinat 178
Petersilienkartoffeln
Zitronencreme 193 (evtl. auf frischen Erdbeeren)

Sommer:

Menü 1
Kiwi-Muschel-Feldsalat-Cocktail 71, (statt Feldsalat Spinat)
Steaks mit Gemüsejulienne 129, dazu Baguette oder Ofenkartoffeln
Zweierlei Sorbets 198

Menü 2
Lachscreme 109, dazu Baguette reichen
Saucen-Koteletts mit Tomaten und Pilzen oder Kräuter-Zucchini 133
Kartoffelgratin 165
Sommergrütze 191, mit Vanilleeis reichen

Herbst:

Menü 1
Blitz-Kürbissuppe 84
Filettöpfchen 134, dazu Spätzle oder Klöße und Gemüse oder Salat
Zwetschen-Charlotte 194

Menü 2
Tomatenscheiben mit Ziegenkäse 62
Flambiertes Edelpilzragout 150
Semmelknödel 169 (Variante)
Weincreme mit Trauben 193

Winter:

Menü 1
Klare Ochsenschwanzsuppe 89, mit Suppeneinlage 87
Fasan auf Sektkraut 139
Pommes Duchesse 167 (evtl. als Fertigprodukt)
Pistazienpudding 202

Menü 2
Kaiserfleisch-Spinat-Torte 64 (mit 450 g TK-Spinat)
Orangenhuhn mit Mandel-Möhren 186, mit Reis
Rotweinbirnen auf Baiser-Insel 192

Preiswerte Menüs:

Menü 1
Vichysoisse (kalt) 85
Hühnerbrüstchen mit Senfkruste 140, mit Baguette und Salat
Käse-Schoko-Kuchen 205

Menü 2
Lauch-Spaghettini 60
Pilzhähnchen 141
Kräuter-Gnocchi 167
Sommergrütze 191

Menü 3
Überbackene Miesmuscheln 53
Griechischer Salat 81
Moussaka 161 (1/2 Rezept)
Zitronencreme 193

Menü 4
Lauchquiche 117
Scharfer Tomaten-Meeresfrüchte-Topf 162
Schokosahne auf Ananas 202

Menü 5
Gefüllte Eier 55
Putenbrust in Salzkruste 143, mit Folienkartoffeln
Blattspinat (nach Saison)178
Erdbeer-Joghurt-Mousse (nach Saison) 197

Aufwändigere Menüs:

Fein:
Shrimps im Spinatmantel 53
Gefüllte Artischocken 151
Pfirsich-Quark-Schichtspeise 200

Für Fischfans:
Überbackene Seezungennester 59
Lachsforelle in Pergament 147
Welfenspeise 195

Vegetarisch:
Gemüseterrine 112, mit Joghurt-Knoblauch-Creme 104

Flambiertes Edelpilzragout 150, mit Semmelknödel 169
Marzipan-Chaudeau m. Früchten 196

Deftig:
Riesenterrine mit Pilzen (1/2 Rezept) 111
Rindersaftschinken 130
Gestürzte rote Götterspeise 191, mit Vanillesauce

Frühling:
Menü 1 (vegetarisch):
Grünes Gemüse 75
Gefüllter Blumenkohl 152
Frankfurter grüne Sauce 103
Gefüllte Kartoffeln 165
Savarin mit Früchten 205

Menü 2
Muschelragout unter der Haube 65
Gefüllte Hähnchenschnitzel 140
Kräuter-Gnocchi 167
Kefirkranz mit Erdbeeren 192

Sommer:
Waldorfsalat 69
Tomatensugo 101
Schweinefilet in Lauchhülle 134, mit Reis
Himbeer-Aprikosen-Marquises 195

Herbst:
Kartoffelsamtsuppe mit Lachs 92
Filet Wellington 132, mit Cumberlandsauce 103, dazu Feldsalat
Rotweinbirnen auf Baiser-Insel 192

Winter:
Käse-Nuss-Soufflés 63
Gefüllter Hecht 149, mit Petersilienkartoffeln
Grapefruit-Sabayon auf Früchten 201

Internationale Menüs:

Mediterran:
Menü 1
Auberginenröllchen 63
Lammkoteletts 127 (bei 8 Personen: 2 Koteletts zusätzlich; dazu Pasta reichen, oder Salat und Ciabatta-Brot)
Tiramisu 200

Menü 2 (vegetarisch)
Gartensalat mit Zitronenschaum 70
Gefüllte Artischocken 151, (bei 8 Personen 4 Artischocken, je 20 g Brösel und Pecorino, 1 Sardellenfilet zusätzlich)
Pilzrisotto 170
Tartuffo 198

Nordisch:
Menü 1
Matjes-Tatar 57, mit Weißbrotdreiecken
Gebeizter Lachs 146, mit Kartoffeln
Käse-Schoko-Kuchen 205 (oder Käseplatte)

Menü 2
Aquavit (als Aperitif)
Martinsgans 145, mit Rotkohl und Klößen
Gestürzte rote Götterspeise 191, mit flüssiger Sahne

Exotisch:
Mulligatawny-Suppe 91 (Winter) oder: Umhüllte Ananas 49 (Sommer)
Gefüllte Putenbrust 143
Wok-Gemüse 177
Kokosreis 170
Pistazienpudding 202

Süß-saures Menü:
Möhrenpuffer mit Korianderrahm 62
Süß-saure Putenkeule 144
Kokosreis 170
Marzipan-Chaudeau mit Früchten 196

Mexikanisch:
Gefüllte Avocados 55 (für 8 Personen: zusätzlich 1 Avocado, 50 g Surimi-Stäbchen, 50 g Cocktailtomaten)
Taco-Variationen 185 (für 8 Personen: jeweils 2 Tacos, 50 g Putenbrust, 25 g Erdnüsse, 50 g Eiertomaten, 1 Ei und 50 g Rinderhack zusätzlich)
Schokosahne auf Ananas 202

Farben-Menüs:

Feurig-Rotes Menü:
Tomatenscheiben mit Ziegenkäse 62, mit Baguette
Chili con Carne 156, mit Reis
Gestürzte rote Götterspeise 191

Zart-Rosa-Menü 1
Garnelen-Crab unter der Haube 93
Lachs aus dem Bratschlauch 146, mit Reis
Kefirkranz mit Erdbeeren 192

Zart-Rosa-Menü 2
Paprikacremesuppe 83
Rostbeef mit Möhrenkruste 133, mit Baguette und Salat
Erdbeer-Joghurt-Mousse 197

Grünes Menü:
Grüne Fischterrine 107, mit Joghurt-Knoblauch-Creme 104
Gefüllte Mangoldrolle 150
Pistazienpudding 202

Helles Menü:
Chicoréesalat mit Räucherlachs 73
Fleischklößchen-Ingwer-Curry 66, mit Pittabrot
Zitronencreme 193

Leichte Menüs (für Linienbewusste):

Menü 1
Grünes Gemüse 75
Tafelspitz mit Apfelmeerrettich 130, mit Salzkartoffeln
Sommergrütze 191

Menü 2
Pilzessenz 88
Melonensalat pikant 76
Knusperfisch mit Zucchini 148, mit Salzkartoffeln
Kefirkranz mit Erdbeeren 192

Menü 3
Geflügelaspik 113
Lachsforelle in Pergament 147, mit Wildreis-Reismischung
Rotweinbirnen auf Baiser-Insel 192

Menü 4
Crudité (rohes Knabbergemüse) mit Guacamole 102
Limettenbrühe mit Artischockenherzen 89
Putenbrust in Salzkruste 143
Lauch-Spaghettini 60
Zweierlei Sorbets 198

Menüs für Zwei:

Menü 1
Königskrabben auf Lauchschaum 58 (1/3 Rezept)
Exotischer Rollbraten 135 (1/3 Rezept, Fleisch als Schnitzel anbraten, Fülle als Gemüse zubereiten)
Kokosreis 170 (für 2 Personen: 100 g Reis, 20 g Kokosflocken, je 100 ml Milch und Wasser)
Welfenspeise 195 (1/3 Rezept)

Menü 2
Spargelrisotto 60 (1/3 Rezept, dabei 100 ml Prosecco und 150 ml Spargelsud zum Garen verwenden.)
Steaks mit Gemüsejulienne 129 (1/3 Rezept), dazu Petersilienkartoffeln servieren
Tartuffo 198 (1/4 Rezept)

Menü 3
Wintersalat 79 (Fenchel und Flageolets weglassen)
Putenbrust in Salzkruste 143 (1/4 Rezept); dazu Folienkartoffeln servieren
Kresseschaum 95 (1/4 Rezept)
Gestürzte rote Götterspeise 191 (1/4 Rezept)

Menü für 10 Personen:

Menü 1
Chicoréesalat mit Räucherlachs 73
Rindfleisch mit Wirsing 186, mit Reis
Erdbeer-Joghurt-Mousse 197 (2 x)

Menü 2
Gartensalat mit Zitronenschaum 70
Moussaka 160
Pistazienpudding 202

Menü 3
Kir 33
Gemüsekraftbrühe 88, mit Kräuter-Eierstich 87
Geschnetzeltes mit Spargel-Brokkoli 158, mit Spätzle oder Baguette
Tiramisu 200

Menü 4
Pick me up 34
Kanapees »Italia« 41
Gemüse-Fondue 182 (1 1/2 x)
Obstcarrés 204

Menüs für Familien mit Kindern für 6–8 Personen:

Menü 1
Tomatensugo mit Spaghetti 101
Putenbrust in Salzkruste 143
Knusperkartoffeln 166
Pfirsich-Quark-Schichtspeise 200

Menü 2
Kraftbrühe mit Flädleschnecken 86/87
Gefüllte Kalbsbrust 131
Leipziger Allerlei 176
Gestürzte rote Götterspeise 191

Menü 3
Ravioli mit Rucola 61
Filettöpfchen 134 mit Nudeln
Vanille-Bavaroises mit Kiwimark 196

Menü 4
Klare Ochsenschwanzsuppe 89
Rindersaftschinken 130
Pommes Duchesse 167
Gemüseplatten 172–175
Zitronencreme 193

Menüs für Anfänger für 6–8 Personen:

Menü 1
Paprikacremesuppe 83
Hühnerbrüstchen mit Senfkruste 140, dazu Reis nach Packungsanweisung zubereiten und servieren
Frisches Obst

Menü 2
Gefüllte Eier 55
Filettöpfchen 134, dazu Nudeln nach Packungsanweisung zubereiten
Käse-Schoko-Kuchen 205

Menüs für 12–14 Personen:

Frühling
Lauch-Spaghettini 60 (2 x)
Spargelgratin mit Lachs 160 (1 1/2 x)
Frisée mit Roten Beten 77
Erdbeer-Joghurt-Mousse 197

Sommer
Riesenterrine mit Pilzen 111
Geflügel-Gyros 157, mit Tzatziki (für 12–14 Personen: 500 g Joghurt (3,5%), 250 g Quark, 3 Salatgurken, 4–6 Knoblauchzehen, je 1 Bund Dill, Petersilie, Schnittlauch, Salz, Pfeffer) und 4 Fladenbrote reichen
Griechischer Salat 81 (2 x)
Sommergrütze 191 (Vanilleeis dazu reichen)

Herbst
Geflügelsalat 79 (2 x)
Scharfer Tomaten-Meeresfrüchte-Topf 162, mit frischem Baguette
Zwetschen-Charlotte 194

Winter
Gemüsekraftbrühe mit Kräuter-Eierstich 87/88
Wildschweinbraten 138
Knusperkartoffeln 166
(für 12–14 Personen: 3 kg Kartoffeln, 100 g Schmalz, 200 g Pinienkerne)
Äpfel mit Häubchen 204 (2 x, für 14 Personen: je 2 Äpfel und Blätterteigplatten mehr)

Vegetarisch
Tomatenscheiben mit Ziegenkäse 62 (1 1/2 x), mit Baguette
Gefüllte Mangoldrolle 150 (2 x)
Pfirsichquark-Schichtspeise 200

Für Fischfans
Kiwi-Muschel-Feldsalat-Cocktail 71 (2 x)
Edles Fischragout 163, mit Nudeln, Reis oder Petersilienkartoffeln
Weincreme mit Trauben 193

Rustikal
Scharfer Rote-Bohnen-Salat 78 (2 x)
Moussaka 161, evtl. dazu grünen Salat anbieten
Schwarzwälder Kirscheisbombe 199

Einfach
Carpaccio vom Putenschinken 66 (1 1/2 x), evtl. Salat dazu reichen
Chili con carne 156, mit Reis oder Fladenbrot
Käse-Schoko-Kuchen 205

Festlich
Königskrabben auf Lauchschaum 58 (2 x, für 14 Personen: 8 Königskrabben zusätzlich)
Geschnetzeltes mit Spargel-Brokkoli 158, dazu Blätterteigpastetchen vom Bäcker
Erdbeer-Joghurt-Mousse 197 (2 x)

Preiswerte Menüs:

Menü 1
Zwiebelsuppe mit Ente 90 (2 x)
Gefüllte Mangoldrolle 150 (2 x)
Schokosahne auf Ananas 202 (1 1/2 x)

Menü 2
Brokkolicremesuppe 84 (3 x)
Gefüllte Hähnchenschnitzel 140 (2 x; für 14 Personen: zusätzlich noch 2 Hühnerbrustfilets)
Kartoffelgratin 165 (1 1/2 x)
Gestürzte rote Götterspeise 191 (1 1/2 x), mit Vanillesauce

Menü 3
Vichysoisse 85 (1 1/2 x)
Geflügel-Gyros 157, mit Tzatziki und Fladenbrot
Zitronencreme 193 (2 x)

Menü 4
Möhren-Rucola-Salat mit Kürbiskernen 75
Shepherd's Pie 161
Gestürzte rote Götterspeise 191

Raffinierte Menüs:

Frühling
Lauch-Spaghettini 60 (2 x)
Spargelgratin mit Lachs 160 (1 1/2 x)
Obstcarrés 204

Sommer
Salatteller (Scharfer Rote-Bohnen-Salat 78, Möhren-Rucola-Salat mit Kürbiskernen 75, Blattsalat)
Paella 157 (1 1/2 x)
Zweierlei Sorbets 198 (2 x)

Herbst
Käse-Nuss-Soufflés 63 (für 12 Personen: 1 1/2 x, für 14 Personen: 2 x)
Verhüllte Entenbrust 141 (2 x), dazu Salat reichen
Rotweinbirnen auf Baiser-Insel 192 (für 12 Personen: 1 1/2 x, für 14 Personen: 2 x)

Winter
Lebermousse mit Sherry-Gelee 107 (1 1/2 x)
Rehkeule 138 (2 x), mit Spätzle und Rotkohl
Grapefruit-Sabayon auf Früchten 201 (1 1/2 x)

Für Fischfans
Königskrabben auf Lachsschaum 58 (2 x)
Bouillabaisse 163
Tartuffo 198 (1 1/2 x)

Vegetarisch
Biskuitrolle mit Käse-Tomaten-Füllung 152
Guacamole 102 (1 1/2 x)
Gefüllte Mangoldrolle 150 (2 x), zusätzlich dazu Blattsalat reichen
Mousse au chocolat mit Maracujasauce 197

4–5-Gänge-Menüs, für 8–10 Personen:

Frühling
Spargelcremesuppe mit Spinatpesto 91
Gartensalat mit Zitronenschaum 70
Gefüllte Lammkeule 128
Kartoffelgratin 165
Schwarzwälder Kirscheisbombe 199

Sommer
Lachscreme 109 (evtl. mit Salat, Eichblatt oder Frisée servieren)
Pilzhähnchen 141
Knusperkartoffeln 166
(oder Reis zum Hähnchen servieren)
Zweierlei Sorbets 198
Käseplatte mit Früchten garniert
Kaffee oder Digestif

Herbst
Pikanter Trauben-Wildreis-Salat 74
Lebermousse mit Sherry-Gelee 107
Rehkeule 138
Spinat-Serviettenknödel 169
Zwetschen-Charlotte 194

Winter
Ragout fin in Blätterteigpastetchen 65
Wintersalat 79
Karpfen auf Gemüsebett 148, dazu Petersilienkartoffeln reichen
Weincreme mit Trauben 193
Kaffee oder Espresso

Kinderfeste

Essen gehört zum Kinderfest
Was wäre ein Kindergeburtstag ohne den Lieblingskuchen? Ohne eine bunt gedeckte Tafel, ohne Gäste, ohne Spiele, ohne etwas Besonderes zum Naschen und Genießen? Kinder wissen es zu schätzen, wenn extra für sie gekocht und gebacken wird. Bei der Gestaltung des Kinderfestes darf es schon einmal etwas Neues sein.

Ab wann gibt's eine Kinderparty?
Beim ersten Kind kann man die ersten Geburtstage kaum erwarten und möchte am liebsten alles perfekt organisieren. Dabei übersieht man oft die Möglichkeiten des Kindes und ist seinem Alter weit voraus. Denn erst nach dem ersten Kindergartenjahr, also zum vierten Geburtstag, sind die Kinder gruppenfähig und können tatsächlich mit den vertrauten Freunden feiern und spielen. Laden Sie am besten zum vierten Geburtstag die Kindergarten-Clique ein. Verursachen Sie keine Turbulenzen durch eine wilde Mischung aus Cousinen, Kindern von Freunden oder Spielkameraden aus der Turngruppe: Die Zeit ist zu kurz, als dass die Kinder sich untereinander kennen lernen könnten. Und feiern Sie möglichst am Tag selber – das macht die meiste Freude und kommt dem Sinn des Festes am nächsten.

Die Einladung
Gerade bei Kinderfesten ist eine schriftliche Einladung wichtig: Die Kinder selber können ihre Termine noch nicht alleine gestalten, geschweige denn einhalten. Aber die Einladungskarten auszuhändigen, macht sie sehr stolz. 1 Woche vor dem Fest sollte die Einladung fertig sein – zu lange vorher wird sie vielleicht vergessen, zu spät bedeutet für manches Kind, dass es keine Zeit hat. Selbst gemachte Einladungskarten erhöhen die Vorfreude. Kleine Kollagen, Einladungen im Umriss von Fisch, Mond, Maus, eine Flaschenpost oder ein Knallbonbon sind schnell gezaubert. Bei den Älteren können Sie die Einladung in Form eines Rätsels formulieren, Ihr Kind ein Bild malen lassen und kopieren oder zum Puzzle zerschneiden.

Gute Vorbereitung schont die Nerven
Am schönsten ist es, wenn Vater und Mutter sich um die Gäste kümmern können. Ist das nicht möglich, kann vielleicht die Patentante, Großmutter oder eine Freundin helfen. Wer einen Babysitter hat, kann ihn um Hilfe beim Fest bitten.
Besprechen Sie mit Ihrem Kind zunächst, wer alles eingeladen wird.
Als Faustregel gilt: so viele Gäste wie Lebensjahre. Ein Fünfjähriger sollte also höchstens fünf Freunde einladen.
Natürlich müssen Sie sich nicht sklavisch an diese Regel halten. Aber wenn zu viele Kinder herumspringen, hat das Geburtstagskind selber oft nicht mehr viel von seinem Fest. Gerade die Kleineren haben kaum Geduld, z. B. beim Topfschlagen, lange zu warten.

Spiele für Kids
Im Buchhandel gibt es eine Vielzahl von Spielebüchern, die für Anregung sorgen. Vielleicht kann die Kindergärtnerin Ihnen Tipps für altersgemäße Spiele geben. Denn zuviel Neues überfordert die Kinder. Gruppenspiele wie Sackhüpfen, Reise nach Jerusalem oder Fangen sind vor allem bei einer größeren Gästezahl ideal. Oder Sie bilden zwei Mannschaften und machen Staffelläufe mit Nüssen, Steinen oder Murmeln. Beim kleinen Kreis sind Spiele geeignet, bei denen jeder mal drankommt (z. B. Topfschlagen, Rate- und Pfänderspiele). Gut vorzubereiten und mit einem Hauch von Abenteuer umgeben ist eine Schatzsuche. Und Geländespiele à la Räuber und Gendarm sind für Schulkinder immer noch der Hit!

Wie lange feiern?
Starten Sie nicht zu früh: Sie kommen sonst mit Mittagessen und den Vorbereitungen nicht zurecht.
- Kindergartenkinder sind mit 2 1/2 Stunden zufrieden, länger halten sie kaum durch. Eine Einladung zwischen 15.30 Uhr und 18 Uhr ist also in diesem Alter ideal.
- Grundschulkinder möchten länger spielen: Legen Sie den Beginn auf 15 Uhr und lassen die Kinder zwischen 18 und 18.30 Uhr abholen.
- Ist Ihr Geburtstagskind älter als 10, dann kann es schon später werden: zwischen 19 und 20 Uhr ist in der Regel Zapfenstreich.
- Mit 13, 14 oder 15 kommt der Zeitpunkt, wo gefetet wird: Die Geburtstagsparties werden auf das Wochenende gelegt.

Das mögen Kinder

Trauben-Punsch 37
Exotenbowle 37
Teebowle 37
Coco-Mara 39
Pink Flamingo 39
Blaues Wunder 39
Pizza-Crostini 48
Mini-Frikadellen 51
Putenröllchen 51
Puten-Kanapees 47
Kraftbrühe m. Einlage 86/87
Knabbergemüse mit Frankfurter grüner Sauce 103
Mini-Brötchen-Sonne 115 (1/2 Rezept und kleine Kugeln drehen)
Saftige Pizza in Mini 119
Flammkuchen in Mini 120 (kleine Teigtaler von 5 cm Ø formen und belegen)
Schinkenhörnchen 124
Mini-Quiches 125
Gefüllte Kartoffeln 165
Raclette 183
Knusperflügel 188
Döner-Spießchen 189
Erdbeer-Joghurt-Mousse 197
Zitronencreme 193
Kefirkranz mit Beeren 192
Zweierlei Sorbets 198
Pfirsich-Quark-Schichtspeise 200
Schokosahne auf Ananas 202
Petits Fours 203
Äpfel mit Häubchen 204
Obstcarrées 204
Savarin mit Früchten 205
Käse-Schoko-Kuchen 205

Die Geburtstagstafel

Den Kleinen fällt das lange Sitzen schwer. Sie möchten vor allem spielen. Decken Sie einen Kindertisch, aber stellen Sie Essen und Getränke so auf, dass jeder zwischendurch etwas essen und trinken kann. Gestalten Sie alles klecker- und bruchfest. Einmal-Tischdecken und Lackfolien sind ideal.
Aber Vorsicht mit Einweggeschirr: Das ist so leicht, dass es schnell kippt. Bevorzugen Sie für diese Altersgruppe »Kanapees und Häppchen«, die nicht matschen und kleckern!
Mit zunehmendem Alter gewinnt die Tafel wieder an Beliebtheit: Schulkinder haben mehr Sitzfleisch und einander eine Menge zu erzählen.

Die Augen essen mit

Etwas Besonderes muss auch besonders aussehen. Gerade Kinder lieben es, wenn Essen eine verspielte Note hat. Schön, wenn sie manche Häppchen aus der Hand essen können. Schlichte Zutaten, gereicht wie für die Tee-Einladung (S. 215), sind für Kinder ideal. Alles, was klein ist, haben sie gern. Witzige Kombinationen und Dekorationen machen ihnen Appetit:

- Pikante Deko-Ideen finden Sie auf den Seiten 24/25.
- Die Geburtstagstorte mit Zucker- oder Schokoguss überziehen (S. 203), darauf Schokodekor, Zuckerlinsen, Gummibärchen und andere bunte Süßigkeiten setzen.
- Aus Marzipan lassen sich Schweine, Schnecken oder Igel formen. Oder Sie rollen das eingefärbte Marzipan zwischen zwei Frischhaltefolien aus und stechen Herzchen, Sterne oder Tiermotive aus.
- Ein Zuckerrand am Glas (S. 23) macht Kindern Spaß.
- Gute Idee: Früchte in Eiswürfel einfrieren.

Feiern macht durstig

Kinder, die feiern, haben besonders viel Durst. Denn sie schwitzen tüchtig und ihr Körper gibt mehr Flüssigkeit ab als der eines Erwachsenen. Halten Sie deshalb pro Kind etwa einen halben Liter Durstlöscher bereit.

- Bowlen sind dekorativ und spielerisch. Rechnen Sie pro 200 g geputzte Früchte etwa 1 l Flüssigkeit. Lassen Sie die zerkleinerten Früchte mit etwas Zucker oder Honig (etwa 10 g pro 100 g Frucht) ziehen, gießen mit Mineralwasser auf und geben etwas Fruchtsaft zum Süßen dazu, am besten eignen sich dazu Apfel- oder Traubensaft. Wenn die Bowle länger steht, mit Eiswürfeln (evtl. aus gefrorenem Fruchtsaft) oder kleinen witzigen Kühlelementen kühlen (Rezepte S. 37).
- Früchtetees sind erfrischend und preiswert. Süßen Sie mit klarem Fruchtsaft.
- Säfte gespritzt im Verhältnis 1:2 ausschenken.

Deko-Ideen

- Luftballons, Papierschlangen und Lampions sind ein Muss!
- Fransen und Sets aus buntem Glanzpapier schneiden.
- Persönliche Sets aus Pappe oder Nessel mit Stofffilzer oder Kartoffeldruck verzieren, als Geschenk mitgeben.
- Geraffte Leintücher im Eingang zum Spielzimmer wirken geheimnisvoll.
- Naturmaterialien wie Muscheln vom Sommerurlaub oder herbstliche Blätter, Kastanien und Eicheln, aber auch Äpfel und Nüsse, Zierkürbisse oder selbst gepflückte Wiesenblumen machen Kindern Spaß, wenn sie sie selbst gesammelt haben. Sie müssen dann aber rechtzeitig mit der Vorbereitung beginnen.

Der Geburtstagskuchen

80 g Butter oder Margarine mit 50 g Zucker, 1 Päckchen Vanillezucker und 3 Eigelben cremig schlagen. 200 g Mehl, 1 TL Backpulver und 100 ml Mineralwasser unterrühren.
3 Eiweiße zu Schnee schlagen, unterziehen. In eine gefettete Form (von etwa 1 l Inhalt) geben. Bei 180° (Mitte, Umluft 160°) im vorgeheizten Backofen 30 Min. backen. Auskühlen lassen und verzieren.
Varianten:
Für Schoko-Marmorkuchen zusätzlich unter eine Teighälfte 20 g Kakaopulver und 3 EL Schokoladenraspel ziehen, marmorieren.
Für Zitronenkuchen 1 TL abgeriebene Zitronenschale zugeben.
Saftig: 1 geschälten Apfel in Spalten geschnitten mitbacken.

Deko-Ideen		Menü (für 6–8 Personen)
	Mexikofest: Gelb-orange Einladungs-, Menü- und Tischkarten mit dunkelbraunen grafischen Mustern Terracotta-Deko mit kleinen (Deko-)Kakteen, (Deko-)Sonnenblumen oder Zierkürbissen Stoffe mit mexikanischen Dessins als Tischdecken, gelbe Teelichter.	Tomatenscheiben mit Ziegenkäse 62 Taco-Variationen 185 Schokosahne auf Ananas 202
	Italienische Fete: Grün-weiß-rote Dekoration mit Bändern und Servietten. Papiertischtuch mit aufgezeichnetem Stiefel – in klein als Einladungskarte, passendes Set (siehe auch S. 12), Lorbeergirlande auf dem Tisch, evtl. rote Geranien in Terracotta-Töpfchen.	Pizza-Crostini 48 Nudelbuffet 159 Tiramisu 200
	1001 Nacht: Nacht- oder taubenblaue Einladung mit Mond & Sternen (siehe S. 11), Deko ebenfalls glitzerig, mit gerafften blauen Satinschals oder blauem Tüll, Glasperlen, Glitzersternchen, Christbaumketten o.ä., Kerzen in Messingleuchtern oder anderen glänzenden Leuchtern, siehe auch Tischdeko (S. 12).	Tomaten mit Joghurt-Knoblauch-Creme 1 Mulligatawny-Suppe 91 Süß-saure Putenkeule 144 mit Indischem Biryani 155 Schokosahne auf Ananas 202
	Spanienfest: Gelb-rote Einladungs-, Menü- und Tischkarten, gelbe und rote Servietten, Poster mit einem Flamencotänzer (Posterladen), gelb-rote Blumensträuße, z. B. mit roten Nelken und Sonnenblumen in simplen Blumentöpfen aus Ton (fürs Menü im Mini-Format), gepunktete Tischdecke oder gelb-rote Tischbänder.	Marinierte Pilze in Parmaschinken 50 Gazpacho 85 Knusperfisch mit Zucchini 148 Bunter Reis 171 Zweierlei Sorbets 198
	Hollywood-Cocktail: Schrille Farben: pink- oder türkisfarbene Einladung (siehe S. 11), mit dem Bild eines Stars. Alte Filmplakate (Posterladen) aufhängen. Auf der Tafel Porträts von Filmstars (aus Zeitschriften ausschneiden) unter Klarsichtfolie fixieren – evtl. jedem Platz einen Star zuordnen.	Kanapees 46/47 Hummer-Cocktail 56 Surf & Turf 188 Gefüllte Kartoffeln 165 Gestürzte rote Götterspeise 191
	Provencefest: Lavendelfarbene Einladung mit Lavendelduft und getrockneten Lavendelzweigen/-blüten (S. 11) oder Thymianzweigen. Tischdeko mit Gestecken aus Kräutern der Provence: Lavendel, Thymian, Oregano, Bohnenkraut oder Rosmarin. Kleine Kräutersträußchen in die Servietten stecken, Sets oder Meterware aus Stoffen mit provençalischen Mustern eindecken.	Gefüllte Artischocken 151 Lamm à la Provence 129 Grillgemüse 178 Nussige grüne Sauce 102 Knusperkartoffeln 166 Marzipan-Chaudeau mit Früchten 196
	Nudelfete: Einladungs-, Menü- und Tischkarten mit witzigen Nudeln bekleben oder zeichnen, z. B. Schmetterlinge aus Farfalle. Auch auf der Tafel Muster mit dekorativen bunten Nudeln legen. Spaghetti zum Strauß binden oder Gesteck mit Nudeln auf Draht zwischen Buchsbaumzweigen fertigen.	Lauch-Spaghettini 60 Ravioli mit Rucola 61 Spaghetti mit Tomatensugo 108 Obstsalat mit Spaghetti-Eis (Eis durch Kartoffelpresse drücken)
	Rouge e noir: Rot-schwarze Einladung, evtl. mit Spielkartensymbolen oder auf einem rot-schwarzen Fächer. Ähnliche Menü- und Tischkarten. Buffet halb rot, halb schwarz decken. Am Tisch schwarze Teller auf rotem Lack decken, mit einer schwarzen Schale in der Mitte, evtl. Roulette-Spiel als Dekoration aufbauen, rote und schwarze Kerzen, rote und schwarze Rosen.	Paprikacremesuppe 83 mit Pizza-Crostini 48, mit schwarzen Sesamsamen Schwarze Nudeln mit Tomatensugo 101 Lachsforelle in Pergament 147 Gestürzte rote Götterspeise 191 mit Mohnsauce (fertige Mohnmischung mit Rotwein zur Sauce verlängern)
	Asienabend: Einladung auf Reispapier, evtl. als Schriftrolle mit Schriftzeichen dekoriert, oder simplen Papierfächern (evtl. selbst gefaltet). Buffet mit Rupfen abgedeckt und mit Palmblättern dekoriert. Tisch mit Strohmatten decken oder mit Sets aus dem Asienladen, Orchideenblüten und Kerzen in Schwimmschalen.	Singapore Sling 38, Frühlingsrollen 121 Shrimps im Spinatmantel 53 Fleischklößchen-Ingwer-Curry 66 mit Basmatireis 170 Zweierlei Sorbets 198

Buffet (für 8–10 Personen)	Extra-Tipps
uacamole 102 mit Tacochips, Scharfer Rote-Bohnen-Salat 78, Tomatenscheiben mit iegenkäse 62 (statt Basilikum 3–4 Frühlingszwiebeln in Ringen), Chili con Carne 156, aco-Variationen 185, Schokosahne auf Ananas 202, Mousse au chocolat mit Maracuja- uce 197	Aperitif: Pisco sour (Variante 35) oder Tequila mit Salz & Zitrone serviert, Bier Musik, Mexikanische Musik
izza-Crostini 48, Marinierte Pilze in Parmaschinken 50, omatenscheiben mit Mozzarella statt Ziegenkäse 62, Auberginenröllchen 63, rünes Gemüse 75, Vitello tonnato 67	Aperitif: Bellini 35, zum Menü italienischer Rosé. Musik: Zum Buffet vielleicht zwischen Pop und Rock italienische Arien.
lasnudelsalat 78, Nudel-Ei-Salat 80, Meeresfrüchte-Tabouleh 73, ulligatawny-Suppe 91, Möhrenpuffer mit Korianderrahm 62, Lammcurry 158, ndisches Biryani 155, Pistazienpudding 202, Schokosahne auf Ananas 202, xotischer Früchtekorb	Aperitif: Ingwer-Apéro 39 oder Singapore Sling 38. Zum Essen Bier oder Grauburgunder oder Rosenbowle, Jasmin-Tee danach. Engagieren Sie eine Bauchtänzerin!
efüllte Eier 55 (mit Oliven dekoriert), Gefüllte Tomaten 67, eeresfrüchte-Tabouleh 73, Melonensalat pikant 76, Kiwi-Muschel-Feldsalat-Cocktail 71, azpacho 85, Paella 157, Crème cramel à l'orange 201, Melonenspalten auf Eiswürfeln, anchego und Ziegenkäse	Aperitif: Sangria, dabei können Sie bleiben oder zu Rotwein übergehen. Zum Mokka Turrone reichen. Flamencomusik und evtl. Darbietung.
arinierte Orangen-Scholle 57, Fruchtiger Heringssalat 72, ikanter Trauben-Wildreis-Salat 74, Biskuit-Lachsrolle 123, Kalte Platte mit Babypute 191, efüllte Datteln und Waldorfsalat 69, Gestürzte rote Götterspeise 144, chwarzwälder Kirscheisbombe 199	Aperitif: American Cocktails 34/35, dann kalifornischen Weißwein, Tonic, Bitter Lemon. Hintergrundmusik: Soundtracks berühmter Filme, evtl. Erinnerungspolaroids von jedem Gast mit witzigen Hüten oder toll geschminkt!
treifentarte 117, Bouillabaisse163, Mayonnaise mit Knoblauch (Aioli) 103, uberginenschichtpastete 112, Nudelsalat mit Pilzen 69, Grünes Gemüse 75, efüllte Lammkeule 128, Nussige grüne Sauce 102, Rotweinbirnen auf Baiser-Insel 192, itronencreme 193	Aperitif: Rosenbowle 36 oder Thymianwein (einige Zweige Thymian in 1 l trockenen Weißwein hängen) ausschenken. Danach Rosé aus der Provence servieren.
rtischockenherzen mit Wildkräutern 71, Griechischer Salat 81, Putenterrine 111, ussige grüne Sauce 102, Nudelbuffet 159 zusätzlich mit Edlem Fischragout 163, rdbeer-Joghurt-Mousse 197, Pfirsich-Quark-Schichtspeise 200	Aperitif: Prosecco, später italienischer Weißwein. Jeder kriegt eine Pastakette.
loody Mary 33, Gefüllte Tomaten 67, Melonensalat pikant 76 , Fleischsalat süß-sauer 76, charfer Rote-Bohnen-Salat 78, Streifentarte (ohne Quarkstreifen) 117, orschtsch 156, Pilz- und Tomatenbutter 105, Mousse au chocolat (mit Sauce aus ürierten Beeren) 197, Rotweinbirnen auf Baiser-Insel 192 (mit Raspelschokolade)	Aperitif: Bloody Mary 33, Campari Soda, später Rotwein. Die Gäste kommen in rot oder schwarz gekleidet.
rühlingsrollen 121, Fischstrudel 123 mit Cumberlandsauce 103, arnelen-Crab (ohne Haube) 93, Wok-Gemüse 177, Meeresmischung 187, rangenhuhn mit Mandel-Möhren 186, Reis, Weincreme mit Lychees statt Trauben 193, ousse au chocolat mit Maracujasauce 197	Kolonial-Mix zur Selbstbedienung: Singapore Sling, Planter's Punch, Gin Fizz, Piña Colada, alle 38. Wie wär's mit gerafftem Moskitonetz über Sofa oder Buffet?

Fest-Rezept-Wegweiser

Rezepte	Seite	Menü für 6	Menü für 10	Buffet für 10	Buffet für 20	Frühling	Sommer	Herbst	Winter	Gut vorzubereiten	Schnell	Preiswert	Einfach zu machen	Vegetarisch	Exotisch	Bodenständig	Edel
Käsespießchen	41	½ x	1 x	1 x	2 x	●	●	●	●	●	●			●			
Gefüllte Datteln	41	½ x	1 x	1 x	1 ½ x			●	●	●	●		●	●	●		●
Kanapees »Italia«	41	½ x	1 x	1 x	1 ½ x	●	●	●	●	●	●		●	●			●
Kresse-Ei-Kanapees	42	½ x	1 x	1 x	1 ½ x	●	●	●	●	●				●			
Räucherlachs-Kanapees	42	½ x	1 x	1 x	1 ½ x	●	●	●	●	●	●		●				●
Käse-Apfel-Taler	42	½ x	1 x	1 x	1 ½ x	●	●	●	●			●		●		●	
Lebermousse-Kanapees	43	½ x	1 x	1 x	1 ½ x	●	●	●	●	●							●
Schnitzelchen-Kanapees	43	½ x	1 x	1 x	1 ½ x	●	●	●	●	●	●						
Schinken-Kanapees	44	½ x	1 x	1 x	1 ½ x	●	●	●	●	●	●		●				●
Kanapees al Pesto	44	½ x	1 x	1 x	1 ½ x	●	●	●	●	●	●		●	●			
Feta-Kanapees	44	½ x	1 x	1 x	1 ½ x	●	●	●	●	●	●		●	●			
Kanapees al tonno	45	½ x	1 x	1 x	1 ½ x	●	●	●	●	●	●		●				
Salami-Kanapees	45	½ x	1 x	1 x	1 ½ x	●	●	●	●	●	●		●			●	
Paprika-Scampi-Kanapees	45	½ x	1 x	1 x	1 ½ x	●	●	●	●	●			●				●
Cream-Cheese-Kanapees	46	½ x	1 x	1 x	1 ½ x	●	●	●	●	●	●		●	●			
Citrus-Chester-Kanapees	46	½ x	1 x	1 x	1 ½ x	●	●	●	●	●	●		●	●			
Krabben-Kanapees	46	½ x	1 x	1 x	1 ½ x	●	●	●	●	●			●				●
Puten-Kanapees	47	½ x	1 x	1 x	1 ½ x	●	●	●	●	●	●		●				●
Roastbeef-Kanapees	47	½ x	1 x	1 x	1 ½ x	●	●	●	●	●	●		●			●	
Grüne Puten-Crostini	48	½ x	1 x	1 x	1 ½ x	●	●			●			●				●
Pizza-Crostini	48	½ x	1 x	1 x	1 ½ x	●	●	●	●	●	●	●	●	●			
Pikant-süße Crostini	48	½ x	1 x	1 x	1 ½ x	●	●	●	●	●		●					●
Gefüllte Pilze	49	½ x	1 x	1 x	1 ½ x	●	●	●	●	●	●	●	●	●			
Umhüllte Ananas	49	½ x	1 x	1 x	1 ½ x	●	●	●	●	●					●		●
Marinierte Pilze in Parmaschinken	50	½ x	1 x	1 x	1 ½ x	●	●	●	●	●	●		●				●
Mini-Frikadellen	51	½ x	1 x	1 x	1 ½ x	●	●	●	●	●						●	
Putenröllchen	51	½ x	1 x	1 x	1 ½ x	●		●		●							●
Heilbutt-Lachs-Röllchen mit Spargel	52	½ x	1 x	1 x	1 ½ x	●			●	●							●
Sill-Schnecken	52	½ x	1 x	1 x	1 ½ x	●	●	●	●	●	●		●				
Räucherforelle auf Kiwi	52	½ x	1 x	1 x	1 ½ x	●	●	●	●	●	●		●				●
Shrimps im Spinatmantel	53	½ x	1 x	1 x	1 ½ x	●		●	●	●			●		●		●
Überbackene Miesmuscheln	53	½ x	1 x	1 x	1 ½ x	●	●	●	●	●							●
Gefüllte Eier	55	¾ x	1 ¼ x	1 ¼ x	2 ½ x	●	●	●	●	●	●	●	●			●	●
Gefüllte Avocados	55	1 x	1 ½ x	1 ½ x	3 x	●		●	●						●		●
Hummer-Cocktail	56	1 x	1 ½ x	1 ½ x	2 ½ x		●	●		●	●		●				●
Gedämpfter Lachs	56	1 x	1 ½ x	1 ½ x	2 ½ x	●	●	●	●	●			●				●
Marinierte Orangen-Scholle	57	1 x	1 x	1 x	1 x	●	●	●	●	●			●				●
Matjes -Tatar	57	1 x	1 ½ x	1 ½ x	1 ½ x	●	●	●	●	●		●					
Königskrabben auf Lauchschaum	58	1 x	1 ½ x	1 x	2 x	●		●	●	●	●		●				●
Überbackene Seezungennester	59	1 x	1 ½ x	1 ½ x	2 ½ x	●	●	●		●			●				●
Hechtklößchen in Kräutersauce	59	1 x	1 ½ x	1 ½ x	2 ½ x	●	●	●	●	●							
Spargelrisotto	60	1 x	1 ½ x	1 ½ x	2 x	●							●	●			●
Lauch-Spaghettini	60	1 x	1 ½ x	1 ½ x	2 ½ x	●	●	●	●	●	●	●	●	●			
Ravioli mit Rucola	61	1 x	1 ½ x	1 ½ x	2 ½ x	●	●	●	●	●							
Tomatenscheiben mit Ziegenkäse	62	½ x	1 x	1 x	2 x	●	●	●		●	●		●	●			
Möhrenpuffer mit Korianderrahm	62	½ x	1 x	1 x	2 x	●	●	●	●	●		●	●	●		●	
Käse-Nuss-Soufflés	63	½ x	1 ½ x	1 ½ x	2 x	●	●	●	●	●		●	●	●			

Mit Hilfe dieser Tabelle können Sie auf einen Blick erkennen, in welche Kategorien sich die einzelnen Rezepte einordnen lassen. Und wie oft Sie die Grundmenge der Zutaten vervielfachen müssen, um z. B. ein Buffet für 20 Personen zu bestücken. **Grundvoraussetzung für die Mengenberechnung:** Ein Menü hat 3 Gänge, ein Buffet besteht aus 6 verschiedenen Speisen.

Rezepte

Rezepte	Seite	Menü für 6	Menü für 10	Buffet für 10	Buffet für 20	Frühling	Sommer	Herbst	Winter	Gut vorzubereiten	Schnell	Preiswert	Einfach zu machen	Vegetarisch	Exotisch	Bodenständig	Edel
Auberginenröllchen	63	1 x	1 ½ x	1 ½ x	2 x	●	●	●		●		●		●			●
Kaiserfleisch-Spinat-Torte	64	½ x	1 ½ x	1 ½ x	2 x	●		●		●							●
Muschelragout unter der Haube	65	1 x	1 ½ x	1 ½ x	2 x	●	●	●	●	●							●
Ragout fin in Blätterteigpastetchen	65	¾ x	1 ½ x	1 ½ x	2 x	●	●	●	●	●		●	●			●	
Carpaccio vom Putenschinken	66	½ x	1 ½ x	1 ½ x	3 x	●					●		●				
Fleischklößchen-Ingwer-Curry	66	½ x	1 ½ x	1 ½ x	2 x	●	●	●	●	●	●				●	●	●
Vitello tonnato	67	1 x	1 ½ x	1 ½ x	2 ½ x	●	●	●	●	●							●
Gefüllte Tomaten	67	½ x	1 x	1 x	2 x	●	●	●	●	●			●		●		●
Waldorfsalat	69	1 x	1 ½ x	1 ½ x	2 ½ x	●		●	●								
Nudelsalat mit Pilzen	69	1 x	1 ½ x	1 ½ x	2 ½ x	●	●	●	●		●	●				●	
Palmito-Pilz-Cocktail	70	1 x	1 ½ x	1 ½ x	2 x	●	●	●	●		●				●		●
Gartensalat mit Zitronenschaum	70	1 x	1 x	1 x	2 x	●	●				●	●	●	●	●		●
Artischocken mit Wildkräutern	71	1 x	1 x	1 x	1 ½ x	●	●				●		●	●			●
Kiwi-Muschel-Feldsalat-Cocktail	71	1 x	1 x	1 x	1 ½ x	●	●	●			●		●		●		●
Fruchtiger Heringssalat	72	½ x	1 x	1 x	2 x	●			●		●				●		●
Chicoréesalat mit Räucherlachs	73	¾ x	1 x	1 x	2 x	●		●	●		●		●				●
Meeresfrüchte-Tabouleh	73	1 x	1 ½ x	1 ½ x	2 ½ x	●	●	●	●		●						●
Pikanter Trauben-Wildreis-Salat	74	1 x	1 ½ x	1 ½ x	2 ½ x		●	●						●			●
Entenbrustsalat	74	1 x	1 ½ x	1 ½ x	2 ½ x	●		●									●
Möhren-Rucola-Salat	75	1 x	1 ½ x	1 ½ x	2 ½ x		●	●	●	●	●	●	●	●			●
Grünes Gemüse	75	½ x	1 x	1 x	2 x		●	●				●					
Melonensalat pikant	76	1 x	1 ½ x	1 ½ x	2 ½ x		●	●			●	●	●	●	●		
Fleischsalat süß-sauer	76	1 x	1 x	1 x	2 ½ x		●	●	●	●	●	●	●			●	
Frisée mit Roten Beten	77	1 x	1 ½ x	1 ½ x	2 ½ x		●	●				●				●	
Kartoffelsalat	77	1 x	1 ½ x	1 ½ x	2 ½ x	●	●	●	●	●		●		●		●	
Glasnudelsalat	78	¾ x	1 x	1 x	2 ½ x	●	●	●		●	●			●	●		
Scharfer Rote-Bohnen-Salat	78	1 x	1 ½ x	1 ½ x	2 ½ x		●	●			●	●			●		
Geflügelsalat	79	1 x	1 ½ x	1 ½ x	2 ½ x		●	●		●	●		●				●
Wintersalat	79	¾ x	1 ½ x	1 ½ x	2 x			●	●				●			●	
Nudel-Ei-Salat	80	½ x	1 x	1 x	2 x	●	●	●	●	●						●	
Ungarischer Krautsalat	80	½ x	1 x	1 x	2 x	●	●	●	●	●		●	●			●	
Griechischer Salat	81	1 x	1 ½ x	1 ½ x	2 ½ x		●	●					●	●		●	
Linsensalat	81	½ x	1 x	1 x	2 x	●			●		●			●			●
Rucolaschaum	83	½ x	1 x	1 x	2 x	●	●				●	●		●			●
Paprikacreme	83	½ x	1 x	1 x	2 x		●	●	●		●	●		●			
Brokkolicremesuppe	84	1 x	1 ½ x	1 ½ x	2 ½ x		●	●	●			●	●	●			
Blitz-Kürbissuppe	84	½ x	1 x	1 x	2 x			●	●		●	●	●	●			
Gazpacho	85	1 x	2 x	2 x	3 x		●	●		●	●	●		●			●
Vichysoisse	85	½ x	1 x	1 x	2 x		●	●	●			●				●	
Kraftbrühe	86	½ x	1 x	1 x	2 x	●	●	●	●							●	
Drei Suppeneinlagen	87	½ x	1 x	1 x	2 x	●	●	●	●	●		●				●	
Pilz-Essenz	88	1 x	1 ½ x	1 ½ x	2 ½ x	●	●	●	●					●			●
Gemüsekraftbrühe	88	½ x	1 x	1 x	2 x	●	●	●	●	●		●		●		●	
Klare Ochsenschwanzsuppe	89	½ x	1 x	1 x	2 x			●	●	●						●	
Limettenbrühe mit Artischocken	89	½ x	1 x	1 x	2 x	●	●				●			●	●		●
Doppelte Blitz-Hühnerbrühe	90	1 x	1 ½ x	1 ½ x	2 ½ x	●	●	●	●		●	●	●			●	
Zwiebelsuppe	90	1 x	1 ½ x	1 ½ x	2 ½ x			●	●			●				●	
Mulligatawny-Suppe	91	1 x	1 ½ x	1 ½ x	2 ½ x	●	●	●	●				●		●		●
Spargelcremesuppe mit Spinatpesto	91	½ x	1 x	1 x	2 x	●	●				●		●	●			●
Kartoffelsamtsuppe mit Lachs	92	½ x	1 x	1 x	2 x			●	●		●		●				●
Rote Fischsuppe	92	½ x	1 x	1 x	2 x	●	●	●	●							●	

Fest-Rezept-Wegweiser

Rezepte	Seite	Menü für 6	Menü für 10	Buffet für 10	Buffet für 20	Frühling	Sommer	Herbst	Winter	Gut vorzubereiten	Schnell	Preiswert	Einfach zu machen	Vegetarisch	Exotisch	Bodenständig	Edel
Garnelen-Crab unter der Haube	93	1 x	1 ½ x	1 ½ x	2 ½ x	●	●	●	●								●
Kresseschaum	95	½ x	1 x			●	●	●	●		●	●		●			
Pilzsauce	95	¾ x	1 ½ x			●	●	●	●		●		●				
Heller (Kalbs-)Fond	96	1 x	1 x			●	●	●	●	●						●	
Samtsauce	96	1 x	1 x			●	●	●	●	●			●	●			
Dunkler Fond	97	¾ x	1 x			●	●	●	●	●						●	
Cognacsauce	97	1 x	1 x			●	●	●	●	●							●
Tomatencremesauce	98	1 x	1 x			●	●	●		●	●	●	●	●			
Béchamelsauce	98	1 x	1 x			●	●	●	●	●			●				
Sauce hollandaise	99	1 x	1 x			●	●	●	●		●	●		●			
Sektschaumsauce	99	1 x	1 x			●	●	●	●		●	●	●	●			●
Garnelensauce	100	1 x	1 x			●	●	●	●				●				●
Fischfond	100	1 x	1 x			●	●	●	●	●							
Tomatensugo	101	1 x	1 x			●	●	●	●	●		●		●			
Morchelrahm	101	1 x	1 x			●	●	●	●	●	●			●			●
Guacamole	102	1 x	1 x	1 x	2 x	●	●	●	●	●	●		●	●	●		
Nussige grüne Sauce	102	1 x	1 x	1 x	2 x	●	●	●	●	●	●	●	●	●			
Senfsauce mit grünem Pfeffer	102	1 x	1 x	1 x	2 x	●	●	●	●	●	●	●	●	●			
Frankfurter grüne Sauce	103	1 x	1 x	1 x	2 x	●	●	●	●	●	●	●	●	●			
Mayonnaise	103	1 x	1 x	1 x	2 x	●	●	●	●	●	●	●		●		●	
Cumberlandsauce	103	1 x	1 x	1 x	2 x	●	●	●	●	●	●	●	●	●			●
Joghurt-Knoblauch-Creme	104	1 x	1 x	1 x	2 x	●	●	●	●	●	●		●	●			
Thousand-Island-Dressing	104	1 x	1 x	1 x	2 x	●	●	●	●	●	●	●	●	●			
Tomatenbutter	105	½ x	1 x	1 x	2 x	●	●	●	●	●	●	●	●				
Nuss-Chili-Butter	105	½ x	1 x	1 x	2 x	●	●	●	●	●	●	●	●	●			
Pilzbutter	105	½ x	1 x	1 x	2 x	●	●	●	●	●	●		●	●			
Kräuterbutter	105	½ x	1 x	1 x	2 x	●	●	●	●	●	●	●	●	●		●	
Lebermousse	107	¾ x	1 ½ x	1 ½ x	2 ½ x	●		●	●	●		●	●				●
Grüne Fischterrine	107	½ x	1 x	1 x	2 x	●	●	●	●	●			●				
Lachsforellentimbale	108	1 x	1 ½ x	1 ½ x	2 ½ x	●	●	●	●	●			●				
Fischpastetchen	108	1 x	1 ½ x	1 ½ x	2 ½ x	●	●	●	●		●		●				●
Lachscreme	109	1 x	1 ½ x	1 ½ x	2 ½ x	●	●	●	●	●			●				●
Blätterteigfisch	109	¾ x	1 ½ x	1 ½ x	2 ½ x	●	●	●	●	●			●				
Wildterrine	110	1 x	1 ½ x	1 ½ x	2 ½ x	●	●	●	●	●							●
Riesenterrine	111	½ x	1 x	1 x	2 x	●	●	●	●	●		●	●				
Putenterrine	111	1 ½ x	2 ½ x	2 ½ x	3 ½ x	●	●	●	●	●		●					
Gemüseterrine	112	1 x	1 x	2 x	2 x	●	●	●	●	●		●		●			
Auberginenschichtpastete	112	¾ x	1 ½ x	1 ½ x	2 ½ x		●			●		●	●	●			
Geflügelaspik	113	1 x	1 x	2 x	2 x	●	●	●	●								●
Ochsenschwanzaspik	113	1 x	1 ½ x	1 ½ x	3 x	●	●	●	●	●							
Blätterteigtaschen	115	1 x	1 ½ x	1 ½ x	2 ½ x	●	●	●	●	●			●	●			
Brötchen-Sonne	115	½ x	1 x	1 x	2 x	●	●	●	●	●		●		●			
Dreierlei-Blechpie	116	1 x	2 x	2 x	4 x	●	●	●	●	●							
Streifentarte	117	½ x	1 x	1 x	2 x	●	●	●	●	●			●	●			
Lauchquiche	117	1 x	1 ½ x	1 ½ x	2 ½ x	●	●	●	●	●		●				●	
Country Pie	118	1 x	1 ½ x	1 ½ x	2 ½ x	●	●	●	●	●		●				●	
Herbstliche Pastetchen	118	1 x	1 ½ x	1 ½ x	2 ½ x			●	●	●			●				
Saftige Pizza	119	1 x	1 ½ x	1 ½ x	2 ½ x	●	●	●	●	●			●			●	
Zwiebelkuchen	120	1 x	1 ½ x	1 ½ x	2 ½ x			●	●	●		●	●			●	
Flammkuchen	120	1 x	1 ½ x	1 ½ x	2 ½ x	●	●	●	●	●		●	●			●	
Piroschki	121	½ x	1 x	1 x	2 x			●	●	●						●	

Rezepte

	Seite	Menü für 6	Menü für 10	Buffet für 10	Buffet für 20	Frühling	Sommer	Herbst	Winter	Gut vorzubereiten	Schnell	Preiswert	Einfach zu machen	Vegetarisch	Exotisch	Bodenständig	Edel
Frühlingsrollen	121	½ x	1 x	1 x	2 x	●	●	●	●	●				●	●		
Tunfischzopf	122	½ x	1 x	1 x	2 x	●	●	●	●	●						●	
Fischstrudel	123	½ x	1 x	1 x	1 x	●		●		●		●			●		
Biskuit-Lachs-Rolle	123	1 x	1 ½ x	1 ½ x	2 ½ x	●		●		●							●
Pikant gefüllte Windbeutel	124	1 x	1 ½ x	1 ½ x	2 ½ x	●	●	●	●	●				●			
Schinkenhörnchen	124	½ x	1 x	1 x	2 x	●	●	●	●	●			●			●	
Mini-Quiches	125	½ x	1 x	1 x	2 x	●	●	●	●	●							●
Pikante Torteletts	125	½ x	1 x	1 x	2 x	●	●	●	●	●		●	●	●			
Lammkoteletts	127	1 x	1 ½ x	1 ½ x	2 ½ x	●	●	●	●	●	●		●				●
Lammfilet mit Port	127	1 x	1 ½ x	1 ½ x	2 ½ x	●	●	●	●	●							●
Gefüllte Lammkeule	128	1 x	1 ½ x	1 ½ x	2 ½ x		●	●		●							●
Lamm à la Provence	129	1 x	1 ½ x	1 ½ x	2 ½ x	●	●	●	●	●			●				●
Steaks mit Gemüsejulienne	129	1 x	1 ½ x	1 ½ x	2 ½ x	●	●	●	●		●		●				
Rindersaftschinken	130	½ x	1 x	1 x	2 x			●		●			●				
Tafelspitz mit Apfelmeerrettich	130	1 x	1 ½ x	1 ½ x	2 ½ x	●	●	●	●	●			●				●
Milder Sauerbraten	131	1 x	1 ½ x	1 ½ x	2 ½ x	●	●	●	●	●			●			●	
Gefüllte Kalbsbrust	131	1 x	1 ½ x	1 ½ x	2 ½ x	●	●	●	●	●			●			●	●
Filet Wellington	132	1 x	1 ½ x	1 ½ x	2 ½ x	●	●	●	●								●
Roastbeef mit Möhrenkruste	133	1 x	1 ½ x	1 ½ x	2 ½ x	●	●	●	●	●						●	
Saucen-Koteletts	133	¾ x	1 ¼ x	1 ¼ x	2 ½ x	●	●	●	●		●	●	●				●
Schweinefilet in Lauchhülle	134	1 x	1 ½ x	1 ½ x	2 ½ x	●	●	●	●	●							●
Filettöpfchen	134	1 x	1 ½ x	1 ½ x	2 ½ x			●	●		●		●			●	●
Kasseler im Brotteig	135	½ x	1 x	1 x	2 x	●	●	●	●	●		●					
Exotischer Rollbraten	135	1 x	1 ½ x	1 ½ x	2 ½ x	●	●	●	●	●		●			●		
Krustenbraten	136	1 x	1 ½ x	1 ½ x	2 ½ x	●	●	●	●			●	●				
Kräuterbraten	137	½ x	1 x	1 x	2 x	●	●	●	●	●		●					●
Wildmedaillons	137	1 x	1 ½ x	1 ½ x	2 ½ x	●	●	●	●		●					●	●
Wildschweinkeule	138	½ x	1 x	1 x	1 ½ x			●	●				●			●	●
Rehkeule	138	1 x	1 ½ x	1 ½ x	2 ½ x	●	●	●	●				●				●
Rehrücken	139	1 x	1 ½ x	1 ½ x	2 ½ x	●	●	●	●	●							●
Fasan auf Sektkraut	139	1 x	1 ½ x	1 ½ x	2 ½ x	●		●	●								
Gefüllte Hähnchenschnitzel	140	1 x	1 ½ x	1 ½ x	2 ½ x	●	●	●	●	●		●	●				●
Hühnerbrüstchen mit Senfkruste	140	¾ x	1 ¼ x	1 ¼ x	2 ½ x	●	●	●	●		●	●					●
Pilzhähnchen	141	1 x	1 ½ x	1 ½ x	2 ½ x	●	●	●	●			●					●
Verhüllte Entenbrust	141	1 x	1 ½ x	1 ½ x	2 ½ x	●	●	●	●	●							●
Ente au Pêcher	142	1 x	1 ½ x	1 ½ x	2 ½ x	●	●	●	●								
Gefüllte Putenbrust	143	¾ x	1 x	1 x	2 ½ x	●	●	●	●	●					●		●
Putenbrust in Salzkruste	143	¾ x	1 ¼ x	1 ¼ x	2 ½ x	●	●	●	●	●		●	●				
Süß-saure Putenkeule	144	¾ x	1 ¼ x	1 ¼ x	2 ½ x	●	●	●	●				●		●		●
Gefüllte Babypute	144	1 x	1 ½ x	1 ½ x	2 ½ x	●	●	●	●								●
Martinsgans	145	1 x	1 ½ x	1 ½ x	2 ½ x			●	●								●
Gebeizter Lachs	146	1 x	1 ½ x	1 ½ x	2 ½ x	●	●	●	●	●			●				
Lachs aus dem Bratschlauch	146	1 x	1 ½ x	1 ½ x	2 ½ x	●	●	●	●				●				●
Fischpäckchen mit Käsesauce	147	1 x	1 ½ x	1 ½ x	2 ½ x	●	●	●	●				●				●
Lachsforelle in Pergament	147	1 x	1 ½ x	1 ½ x	2 ½ x	●	●	●	●								
Knusperfisch mit Zucchini	148	1 x	1 ½ x	1 ½ x	2 ½ x	●	●	●	●			●	●				
Karpfen auf Gemüsebett	148	1 x	1 ½ x	1 ½ x	2 ½ x	●	●	●	●				●				●
Gefüllter Hecht	149	1 x	1 ½ x	1 ½ x	2 ½ x	●	●	●	●								●
Flambiertes Edelpilzragout	150	1 x	1 ½ x	1 ½ x	2 ½ x	●	●	●	●							●	
Gefüllte Mangoldrolle	150	1 x	1 ½ x	1 ½ x	2 ½ x	●	●	●	●			●		●			
Gefüllte Artischocken	151	1 x	1 ½ x	1 ½ x	2 ½ x	●		●		●							

Fest-Rezept-Wegweiser

Rezepte

Rezepte	Seite	Menü für 6	Menü für 10	Buffet für 10	Buffet für 20	Frühling	Sommer	Herbst	Winter	Gut vorzubereiten	Schnell	Preiswert	Einfach zu machen	Vegetarisch	Exotisch	Bodenständig	Edel
Biskuitrolle m. Käse-Tomatenfüllung	152	1 x	1 1/2 x	1 1/2 x	2 1/2 x	●	●	●	●			●		●			●
Gefüllter Blumenkohl	152	1 x	1 1/2 x	1 1/2 x	2 1/2 x	●	●	●	●			●		●			
Lauch-Käse-Braten	153	1 x	1 1/2 x	1 1/2 x	2 1/2 x	●	●	●	●	●				●			●
Geflügelfrikassee	155	1/2 x	1 x	1 x	2 x	●	●	●	●			●	●				
Indisches Biryani	155	1/2 x	1 x	1 x	2 x	●	●	●	●	●		●	●	●			
Chili con carne	156	1/2 x	1 x	1 x	1 1/2 x	●	●	●	●	●		●	●			●	
Borschtsch	156	3/4 x	1 1/2 x	1 1/2 x	2 1/2 x	●	●	●	●	●		●	●				
Paella	157	1/2 x	1 x	1 x	2 x	●	●	●	●						●	●	
Geflügel-Gyros	157	1/2 x	3/4 x	3/4 x	1 1/4 x	●	●	●	●		●		●			●	●
Lammcurry	158	1/2 x	3/4 x	3/4 x	1 1/4 x	●	●	●	●	●			●		●		●
Geschnetzeltes mit Spargel-Brokkoli	158	1/2 x	1 x	1 1/2 x	2 x	●		●	●				●				
Nudelbuffet	159	1/2 x	1 x	1 x	2 x	●	●	●	●		●		●				
Spargelgratin mit Lachs	160	1/2 x	1 x	1 x	2 x	●					●						●
Moussaka	161	1/2 x	1 x	1 x	2 x	●	●	●	●	●		●				●	
Shepherd's Pie	161	1/2 x	1 x	1 x	2 x	●	●	●	●	●				●			
Tomaten-Meeresfrüchte-Topf	162	1/2 x	1 x	1 x	1 1/2 x	●	●	●	●				●		●		
Bouillabaisse	163	1/2 x	1 x	1 x	2 x	●	●	●	●								
Edles Fischragout	163	1/2 x	3/4 x	3/4 x	1 1/4 x	●	●	●	●		●						●
Kartoffelgratin	165	3/4 x	1 1/4 x	1 1/4 x	2 1/2 x	●	●	●	●			●		●		●	
Gefüllte Kartoffeln	165	1 x	1 1/2 x	1 1/2 x	2 1/2 x	●	●	●	●			●	●	●			
Mini-Kartoffel-Soufflés	166	1 x	1 1/2 x	1 1/2 x	2 1/2 x	●	●	●	●					●			●
Knusperkartoffeln	166	1/2 x	1 x	1 x	2 x	●	●	●	●		●	●		●			
Pommes Duchesse	167	3/4 x	1 1/4 x	1 1/4 x	2 1/2 x	●	●	●	●			●		●			●
Kräuter-Gnocchi	167	1 x	1 1/2 x	1 1/2 x	2 1/2 x	●	●	●	●	●		●		●			
Nudel-Gemüse-Röllchen	168	1 x	1 1/2 x	1 1/2 x	2 1/2 x	●	●	●	●	●				●			
Möhrenspätzle	169	3/4 x	1 1/4 x	1 1/4 x	2 1/2 x	●	●	●	●	●	●	●		●			
Spinat-Serviettenknödel	169	3/4 x	1 1/4 x	1 1/4 x	2 1/2 x	●		●					●	●			
Semmelknödel	169	3/4 x	1 1/4 x	1 1/4 x	2 1/2 x	●	●	●	●	●				●		●	
Kokosreis	170	3/4 x	1 1/4 x	1 1/4 x	2 1/2 x	●	●	●	●		●		●	●	●		
Basmatireis	170					●	●	●	●		●		●	●			
Bulgur	170					●	●	●	●		●		●	●	●		
Pilzrisotto	170	3/4 x	1 1/4 x	1 1/4 x	2 1/2 x	●	●	●	●		●	●	●			●	
Bunter Reis	171	3/4 x	1 1/4 x	1 1/4 x	2 1/2 x	●	●	●	●				●	●			
Polentaschnitten	171	1 x	1 1/2 x	1 1/2 x	2 1/2 x	●	●	●	●	●				●			
Frühlingsgemüseplatte	172	3/4 x	1 1/4 x	1 1/4 x	2 1/2 x	●								●			●
Sommergemüseplatte	173	3/4 x	1 x	1 x	2 x		●							●			●
Herbstgemüseplatte	174	3/4 x	1 x	1 x	2 x			●						●			●
Wintergemüseplatte	175	3/4 x	1 1/4 x	1 1/4 x	2 1/2 x				●					●			●
Leipziger Allerlei	176	3/4 x	1 1/2 x	1 x	2 x	●	●	●	●		●					●	
Ratatouille	176	3/4 x	1 x	1 x	2 x	●	●	●	●				●	●			
Wok-Gemüse	177	1 x	1 1/2 x	1 1/2 x	2 1/2 x	●	●	●	●		●	●		●			
Grillgemüse	178	1/2 x	1 x	1 x	2 x	●	●	●	●				●	●			
Blattspinat	178	3/4 x	1 1/4 x	1 1/4 x	2 1/2 x	●		●						●			
Fächerzucchini	179	1 x	1 1/2 x	1 1/2 x	2 1/2 x	●	●	●	●		●	●		●			●
Lauch-Pilz-Kräuterrahm	179	3/4 x	1 1/2 x	1 1/2 x	2 1/2 x	●	●	●	●		●			●			
Fondue Chinoise	181	1 x	1 1/2 x			●	●	●	●	●			●				
Fondue Bourguignon	181	1 x	1 1/2 x			●	●	●	●	●	●					●	
Zigeunermischung (Dip)	181	1 x	1 1/2 x	1 1/2 x	2 1/2 x	●	●	●	●	●	●	●	●	●			
Dip à la Dijon	181	1 x	1 1/2 x	1 1/2 x	2 1/2 x	●	●	●	●	●	●	●	●	●		●	
Meeres-Fondue	182	1 x	1 1/2 x			●	●	●	●	●	●						●
Gemüse-Fondue	182	1 x	1 1/2 x			●	●	●	●	●				●			

Rezepte	Seite	Menü für 6	Menü für 10	Buffet für 10	Buffet für 20	Frühling	Sommer	Herbst	Winter	Gut vorzubereiten	Schnell	Preiswert	Einfach zu machen	Vegetarisch	Exotisch	Bodenständig	Edel
Käse-Fondue	183	1 x	1 ½ x			●	●	●	●	●				●		●	
Raclette	183	1 x	1 ½ x			●	●	●	●	●	●		●	●		●	
Mariniertes Putenfilet mit Zucchini	184	1 x	1 ½ x	1 ½ x	2 ½ x	●	●	●	●				●				
Marinierte Scampi	184	1 x	1 ½ x	1 ½ x	2 ½ x	●	●	●	●	●			●				●
Grillbrötchen	184	1 x	1 ½ x	1 ½ x	2 ½ x	●	●	●	●	●	●		●			●	
Gartenbrötchen	184	1 x	1 ½ x	1 ½ x	2 ½ x	●	●	●	●	●	●		●			●	
Italienische Brotscheiben	184	1 x	1 ½ x	1 ½ x	2 ½ x	●	●	●	●	●	●		●				
Taco-Variationen	185	1 x	1 ½ x	1 ½ x	2 ½ x	●	●	●	●						●		
Orangenhuhn mit Mandel-Möhren	186	1 x	1 ½ x	1 ½ x	2 ½ x	●	●	●	●				●		●		
Fleisch-Spinat-Eierkuchen-Pfanne	187	1 x	1 ½ x	1 ½ x	2 ½ x	●	●	●	●				●			●	
Meeresmischung	187	1 x	1 ½ x	1 ½ x	2 ½ x	●	●	●	●						●		
Surf & Turf	188	1 x	1 ½ x	1 ½ x	2 ½ x	●	●	●	●				●				
Gefüllte Steaks	188	1 x	1 ½ x	1 ½ x	2 ½ x	●	●	●	●			●					●
Knusperflügel	188	1 x	1 ½ x	1 ½ x	2 ½ x	●	●	●	●	●		●					
Garnelen-Spieße	189	1 x	1 ½ x	1 ½ x	2 ½ x	●	●	●	●	●			●				●
Orientalische Spieße	189	1 x	1 ½ x	1 ½ x	2 ½ x	●	●	●	●	●	●		●		●		
Döner-Spießchen	189	1 x	1 ½ x	1 ½ x	2 ½ x	●	●	●	●	●			●				
Sommergrütze	191	½ x	1 x	1 x	2 x		●	●			●	●	●	●			
Gestürzte rote Götterspeise	191	¾ x	1 ¼ x	1 ¼ x	2 ½ x	●	●	●	●	●		●		●		●	
Kefirkranz mit Erdbeeren	192	1 x	1 ½ x	1 ½ x	2 ½ x	●	●	●	●			●	●	●			
Rotweinbirnen auf Baiser-Insel	192	1 x	1 ½ x	1 ½ x	2 ½ x	●	●	●	●	●		●		●			●
Zitronencreme	193	1 x	1 ½ x	1 ½ x	2 ½ x	●	●	●	●		●	●	●	●			
Weincreme mit Trauben	193	½ x	1 x	1 x	2 x	●	●	●	●	●		●		●			●
Zwetschen-Charlotte	194	½ x	1 x	1 x	2 x	●	●	●	●	●			●	●			●
Welfenspeise	195	1 x	1 ½ x	1 ½ x	2 ½ x	●	●	●	●			●		●			●
Rot-gelbe Marquises	195	1 x	1 ½ x	1 ½ x	2 ½ x		●	●		●				●			●
Vanille-Bavaroises mit Kiwimark	196	1 x	1 ½ x	1 ½ x	2 ½ x	●	●	●	●	●	●			●			
Marzipan-Früchte-Chaudeau	196	1 x	1 ½ x	1 ½ x	2 ½ x		●	●			●			●			●
Erdbeer-Joghurt-Mousse	197	1 x	1 ½ x	1 ½ x	2 ½ x	●	●			●	●	●	●	●			
Mousse au chocolat	197	1 x	1 ½ x	1 ½ x	2 ½ x	●	●	●	●	●				●			●
Zweierlei Sorbets	198	1 x	1 ½ x	1 ½ x	2 ½ x	●	●	●	●				●	●			●
Tartuffo	198	½ x	1 x	1 x	2 x	●	●	●	●	●				●			●
Schwarzwälder Kirscheisbombe	199	1 x	1 ½ x	1 ½ x	2 ½ x	●	●	●	●	●				●			●
Tiramisu	200	¾ x	1 x	1 x	2 x	●	●	●	●	●	●			●			●
Pfirsich-Quark-Schichtspeise	200	½ x	1 x	1 x	2 x	●	●	●		●	●	●	●	●			
Grapefruit-Sabayon	201	¾ x	1 ¼ x	1 ¼ x	2 ½ x	●		●	●	●				●			●
Crème caramel à l'orange	201	1 x	1 ½ x	1 ½ x	2 ½ x	●	●	●	●	●		●		●			●
Schokosahne auf Ananas	202	½ x	1 x	1 x	2 x	●	●	●	●		●	●	●	●	●		
Petits Fours	203	½ x	1 x	1 x	2 x	●	●	●	●	●				●			●
Schoko-Petit-Fours	203	½ x	1 x	1 x	2 x	●	●	●	●	●				●			●
Äpfel mit Häubchen	204	1 x	1 ½ x	1 ½ x	2 ½ x				●		●	●		●			●
Obstcarrés	204	¼ x	½ x	½ x	1 x	●	●	●	●	●				●			
Frucht-Savarin	205	1 x	1 ½ x	1 ½ x	2 ½ x	●	●	●	●					●			●
Käse-Schoko-Kuchen	205	½ x	1 x	1 x	2 x	●	●	●	●	●		●		●			
Obsttarte	214	½ x	1 x	1 x	2 x	●	●	●	●	●	●	●	●	●			
Pitta-Party-Torten	216	1 x	1 ½ x	1 ½ x	2 ½ x	●	●	●	●	●	●		●				
Geburtstagskuchen	225	½ x	1 x	1 x	2 x	●	●	●	●	●	●	●	●			●	

Sachregister/Rezeptregister

Sachregister

Rezeptregister

Rezeptregister nach Zutaten

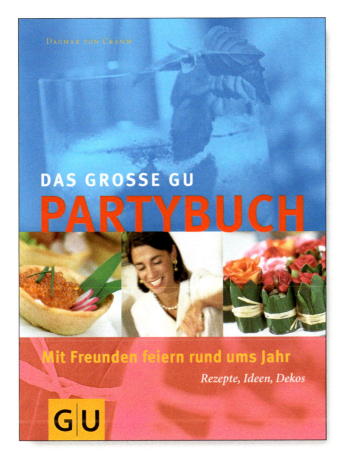

Impressum

Dagmar Freifrau von Cramm
Die Freifrau sammelte die ersten Erfahrungen in Sachen Gästebewirtung in der Luft – als Stewardess der Lufthansa. Während des anschließenden Studiums der Oecotrophologie jobbte sie regelmäßig beim Lufthansa Party Service und vertiefte dort ihr organisatorisches Know-how – für kleine wie für große Feste. Nach wie vor ist die freie Fachjournalistin für Ernährung und Kochbuchautorin eine begeisterte Gastgeberin und hat schon mehrere Titel zum Thema Gäste und Feste veröffentlicht. In Funk und Fernsehen ist sie häufig als Expertin für Gäste und Feste zu sehen und zu hören, in Zeitschriften setzt sie neue Ideen auch optisch um.

Barbara Bonisolli
Food Fotografie
Barbara Bonisolli begann 1989 ihre Laufbahn als Fotografin. Die Liebe zum Kulinarischem brachte sie 1993 zur Foodfotografie. Neben gutem Essen gilt ihr Interesse allen schönen Dingen rund um Tisch und Küche. Das ansprechende Ambiente für ihre Fotos gestaltet Barbara Bonisolli deshalb selbst. Zu ihrem Kundenkreis gehören Zeitschriften und Kochbuchverlage, daneben arbeitet sie für Werbung und Industrie.

Michael Brauner
Food Fotografie
Michael Brauner arbeitete nach Abschluss der Fotoschule in Berlin als Fotoassistent bei namhaften Fotografen in Frankreich und Deutschland, bevor er sich 1984 selbständig machte. Sein individueller, atmosphärenreicher Stil wird in der Werbung ebenso wie in vielen bekannten Verlagen sehr geschätzt. In seinem Studio in Karlsruhe setzt er die Rezepte zahlreicher GU-Titel stimmungsvoll ins Bild.

GRAFE UND UNZER VERLAG
Redaktion Kochen & Verwöhnen
Postfach 86 03 25
81630 München
Fax 089/419 81-113
e-mail: leserservice@graefe-und-unzer.de

Redaktionsleitung:
Birgit Rademacker
Redaktion: Anne Taeschner
Redaktionsassistenz im Redaktionsbüro Dagmar von Cramm: Kirstin Ellert, Dagmar Kühnert, Inga Pfannbecker
Lektorat: Margit Proebst
Umschlaggestaltung:
Independent Medien Design
Fotografie:
Barbara Bonisolli
Michael Brauner: Titel (alle Rezeptbilder), S. 20, 26,. 27, 29, 52, 69, 74, 81, 83, 88, 91, 95, 102, 103, 108, 112, 113, 116, 127, 130, 131, 137, 138, 139, 141, 148, 163, 178, 185, 199, 209, 225
Bildnachweis: Angela Francisca Endress S. 218; Peter Nielsen Titel (Gläser), S. 14, 214, 216; Teubner FoodFoto S. 226

Produktion:
Maike Harmeier
Typografie, Gestaltung und Satz: Buchhaus Robert Gigler GmbH, München
Reproduktion: Fotolito Longo, Bozen
Druck, Bindung: Appl, Wemding

ISBN 3-7742-5469-9

Auflage 3
Jahr 2005 2004

Ein Unternehmen der
GANSKE VERLAGSGRUPPE